개정판 교육심리학

개정판

교육심리학

Educational Psychology

신봉호 · 전상준 · 이수진 · 조영옥 · 조혜영 · 김회엽 · 서동기 · 류윤석 | 공저 |

동문사

머리말

아이가 떼를 쓰면서 울면 그에게 아무 것도 주지 말라. 아이의 울음이 그쳤을 때 그에게 원하는 것을 주어라. 아이는 투정부려서 얻을 수 있는 것이 하나도 없음을 깨달아야 한다. 아이가 잘못한 일이 있으면 항상 꾸짖고, 그가 좋은 운을 갖고 태어났음을 일찍부터 알려주어라(세네카, 화에 대하여, 교육학 명문 100선).

나는 어느 날 우연히 광양의 한 시냇가를 지나다 겨울 철새 한 마리가 바위에 앉아서 한 곳을 응시하는 장면을 발견했다. 한참을 움직이지 않고 한 자리에서 한 곳을 계속해서 바라보며 어떻게 하면 원하는 먹잇감을 사냥할까를 고민하는 모습이 너무 역력했다.

교육은 개인의 천성과 자질을 찾아내어 이를 계발시켜 주어 사회발전에 기여할 수 있도록 해야 한다. 인간의 천성은 수많은 유형이 있지만 그것이 교육을 통해 올바르게 발휘되어야 할 책무성도 우리 교육자들과 사회구성원들의 몫이다. 또한 교육은 궁극적으로 자아를 발견하고, 그 삶의 가운데 진실한 가치와 올바른 관계를 일깨워 내는 인간의 행동을 탐구하는 것이라 할 수 있다. 인간의 행동을 누가 어떻게 항상 바람직한 방향으로 변화시킬 수 있는가를 고민해야 하며, 이러한 문제의 해답을 교육심리학에서 찾고자 한다. 교육학과 심리학 이론들을 접목시켜 형성된 학문영역이 교육심리학이다. 교육현장에서 일어나는 교육에 관련된 여러 가지 문제를 심리학적으로 연구함에 있어서 교육적인 방향을 목표로 하는 경험과학이며, 늘 일어나고 있는 개인과 집단의 교육문제를 심리학적인 방법과 절차에 따라 교육목적에 맞도록 해결하는 원리와 기술을 찾으려는 학문 분야이다.

‘수업이 바뀌지 않으면 학교가 바뀌지 않고, 학교가 변화하지 않으면 교육이 새롭게 변화하지 못한다.’라는 말처럼, 교육의 한 영역 가운데서 가르치고 배우는 것은 핵심 중의 핵심이다. 우리는 수업을 하면서 이 문제에 대하여 끊임없이 어떻게 가르칠 것인가를 고민하여 왔다. 떼를 쓰는 아이에게 어떻게 하면 울음을 그칠 수 있도록 할까 하는 문제는 철새가 먹잇감을 어떻게 물어야 하는지와 같은 맥락에서 해야 하는 고민이다. 루소에 의하면, 인간의 삶의 각 단계는 나름의 고유한 특성을 지니고 있으며, 학생들을 교육하기 위해서는 무엇보다도 먼저 자신이 가르치고 있는 학생들을 잘 알아야 한다고 했다. 교실의 모습은 여러 가지 모습이며, 그 안에 있는 학생들의 색깔도 제각각이다. 교육은 이러한 학생의 가치관, 태도, 행동양식, 사고방식 등의 특성을 올바르게 이해하는 데서 시작해야 한다. 나는 교단생활 30여 년 동안 끊임없이 어떻게 가르칠 것인지를 위해 많은 교수방법과 그 적용의 노력을 아끼지 않았다. 교실에서의 작은 변화 노력, 즉 수업의 변화는 우리의 교육을 올바르게 변화 시킬 수 있는 큰 노력이 될 것이다. 그 변화의 길잡이가 되길 바라는 조그마한 바람으로 여기 미완의 결과물을 조심스럽게 세상에 내밀어 본다.

여기에 내놓은 조그마한 자료들이 여러분들의 목마름을 풀기에는 부족함이 많지만, 여유와 사랑으로 감싸주시길 바란다. 이제부터 옥고가 되어가기까지는 수많은 충고와 담금질이 필요하다고 생각한다. 이 책을 접하는 모든 분들의 절대적인 도움이 필요하다고 생각한다. 여러 가지로 부족한 점들에 대해서는 여러분들의 꾸지람과 질책을 바탕으로 계속 보완해 나갈 생각이다.

이 책은 제1장 교육심리학의 기초(전상준), 제2장 학습발달과 교육(조영옥), 제3장 학습이론(김회엽), 제4장 학습자의 인지적 특성(이수진), 제5장 학습자의 정의적 특성(조혜영), 제6장 특수한 학습자(류윤석), 제7장 생활지도와 상담(신봉호), 제8장 수업이론(서동기), 제9장 교육평가의 이해(전상준)로 책임 집필하였으며, 내용상 순서대로 3장씩 크게 세 부분으로 나누어졌다.

이 중에서 제9장 교육평가의 이해는 위의 집필진이 중심이 되어 2015년에 출간한 교육학개론(동문사)의 원고를 그대로 가져왔음을 밝혀 둔다.

그동안 이 책이 나오기까지 한 단어 한 문장을 어떻게 써내려갈까를 노심초사하면서 18개월 동안 고민을 거듭해 온 저자들과 그 배우자 및 가족 여러분들의 보이지 않는 수고로움과, 또한 이 책의 머리말을 수정하는 과정뿐 아니라 특히 표지디자인을 확정하는 과정에서 밤잠을 반납하면서까지 고견을 아끼지 않으신 '얼굴 없는 천사' 광양의 후배님께도 진심으로 감사드린다. 마지막으로 부족한 원고의 출판을 기꺼이 허락해주신 동문사 이중수 사장님과 신명선 과장님, 그리고 편집부 직원분들께 이 자리를 빌어 다시 한 번 진심으로 감사드린다.

2016년 8월

전남 광양에서

저자 대표 전상준

차 례

CHAPTER

01

교육심리학의 기초

1. 교육심리학의 개념
2. 교육심리학의 성격
3. 교육심리학의 영역
4. 교육심리학의 발달과정
5. 교육심리학의 연구방법

교육은 궁극적으로 자신의 존재를 발견하고, 삶의 가운데 진실한 가치와 올바른 관계를 일깨워 내는 인간의 행동을 탐구하는 것이라 할 수 있다. 인간의 행동을 누가 어떻게 항상 바람직한 방향으로 변화시킬 수 있는가를 고민해야 하며, 이러한 문제의 해답을 교육심리학에서 찾고자 한다. 그리하여 여기에서는 교육심리학의 개념, 성격, 영역, 발달과정, 연구방법을 개괄적으로 살펴보고자 한다.

1 교육심리학의 개념

교육은 근본적으로 학습자의 바람직한 변화를 목적으로 하는 활동으로, 가치지향적인 입장을 취하고 있다. 심리학은 인간의 행동과 정신과정을 연구하는 학문(Hilgard, 1981)으로 개인이 환경에 대한 반응으로 나타나는 행동에 관한 사실, 즉 개개인의 행동 발생과 변화에 대해 과학적으로 관찰 및 기술하고 필요에 따라서는 설명이나 해석하는 가치중립적인 학문이다. 그러므로 심리학의 연구 주제는 과학적인 방법으로 측정할 수 있는 주제가 중심이 된다. 교육과 심리학 모두가 인간의 행동과 행동변화 내지 변용에 대해 계획적, 조직적, 의도적인 접근을 하고자 하는 공통점을 가지고 있다(김청자, 2014). 여기서 교육심리학은 교육학과 심리학 이론들을 접목시켜 형성된 학문영역이다. 교육현장에서 일어나는 교육에 관련된 여러 가지 문제를 심리학적으로 연구함에 있어서 교육적인 방향을 목표로 하는 경험과학이며, 늘 일어나고 있는 개인 및 집단의 교육문제를 심리학적인 방법과 절차에 따라 교육목적에 맞도록 해결하는 원리와 기술을 찾으려는 학문 분야이다.

이러한 교육심리학의 개념을 여러 가지 각도에서 살펴보면 다음과 같다.

첫째, 1910년에 출판된 교육심리학 학술지인 「*Journal of Educational Psychology*」에 의하면, 교육심리학이란 감각, 본능, 주의, 습관, 기억, 학습기술 등의 개념적 문제뿐 아니라 아동과 청소년의 정신발달, 유전, 개인차, 정신능력의 측정과 관계성, 정신위생 등에 관해 실험적, 통계적, 문헌적 방법으로 다루어야 한다고 제시하고 있다(이신동 외, 2011 재인용). 이처럼 초기 교육심리학은 매우 다양한 영역에 관심을 보였다.

둘째, 교육심리학의 개념을 교육과정에 대한 이해의 측면으로 보는 견해도 있다. 먼저 위트락(Wittrock, 1992)은 교육심리학은 무엇보다도 교육과정에 대한 이해와 향상을 우선적인 목적으로 삼는다고 하였다. 즉, 교육적 장면에서의 학습과 교수활동, 기타 교육적 개입을 둘러싼 상호작용에서 나타나는 문제를 해결하기 위한 방법으로서 심리학적 지식과 원리를 사용하는 것이다(신희경 외, 2011 재인용).

또한 베를리너(Berliner, 2006)는 교육심리학은 심리적인 개념과 연구방법론을 사용하여 학교상황에서 학생들의 행동을 만들어내는 과학적인 학문이며, 울포크(Woolfolk, 2014)는 교육심리학이란 그 자체의 이론, 연구방법, 문제 및 기법들을 가진 독특한 학문이라고 하였다(조한익, 2015).

그밖에도 임규혁, 임웅(2007)은 교육심리학이란 교육의 목표를 효과적으로 달성하기 위해 교육현상을 연구대상으로 하여 이에 필요한 이론과 실천적 방법을 연구하는 학문이라고 하였으며, 구광현 등(2010)은 교육의 과정에서 일어나는 여러 가지 문제를 심리학적 측면에서 연구하여 원리를 정립하고, 방법을 제시함으로써 교육의 효과를 극대화하려는 응용심리학 또는 교육학의 한 분야라고 정의하였다.

이러한 학자들의 정의를 종합해보면, 교육심리학이란 교육에 관련된 여러 가지 문제를 심리학적인 방법과 절차에 따라서 개선하고자 하는 교육과학이다. 보다 구체적으로는 학습이나 수업 그리고 생활지도의 방향이나 방법의 개선에 기여하고, 나아가 교육목표의 설정이나 교육과정의 구성은 물론 학교나 학급의 경영, 교육의 평가 등 교육 목적에 맞도록 해결하는 원리와 기술을 찾으려는 학문 분야라고 할 수 있다.

2 교육심리학의 성격

교육심리학의 성격은 학자와 관점에 따라 다양하게 해석될 수 있다. 초기의 교육심리학은 심리학의 연구결과를 교육활동의 실천에 응용하는 분야로 출발하였으므로, 심리학의 원리와 방법을 응용하는 하나의 응용분야에 지나지 않았다. 그러나 오늘날의 교육심리학은 심리학으로부터 출발하였지만 심리학의 이론과 방법의 단순한 응용뿐 아니라, 독자적인 연구대상과 방법을 특징으로 하는 과학적 학문으로서 그 영역을 구축하게 되었다(오만록, 2008).

교육심리학의 학문적 성격은 학교교육에 초점을 두고, 교사와 학생 간에 상호작용하면서 학교 실제에서 발생하는 여러 문제들을 이해하는 데 관련된 학문이다. 교육과정을 학습자의 교육환경과의 상호작용의 맥락 속에서 파악해야 하며, 또한 인간행동의 이해에 도움을 주는 중요한 지식을 모두 활용하여 학문 간의 접근과 과학적 방법론을 채택해야 한다. 그러므로 교육심리학의 이론과 연구는 단순히 인간행동에 대한 이해에 머물지 않고, 그 이해를 바탕으로 교육의 효과성과 목적 달성을 위한 다양한 연구에 기여하고 있다. 따라서 교육심리학의 분야는 다양한 학문적 범위와 영역에서 학생들의 학습활동이나 바람직한 행동발달에 도움을 주고자 노력한다(임규혁 외, 2009).

〈표 1-1〉 교육심리학과 심리학

구 분	심리학	교육심리학
교육 목적	인간행동에 관한 보편타당한 원리와 법칙을 발견한다.	교실이라는 특수 상황에서 개개인의 행동변화에 관심을 둔다.
학문적 입장	특수영역을 제외하고는 가치중립적 입장의 사실적 기술의 학문이다.	바람직한 방향으로의 가치지향적이며 결과를 중시하는 입장의 학문이다.
연구 방법	많은 원리와 법칙들에 대한 연구나 실험은 주로 엄격히 통제된 실험실이나 제한된 장소에서 실시하여 밝힌다.	교육은 자연 상태에서 가까운 교실이라는 특수한 집단에서 나타나는 과정을 연구한다.
학문적 성격	객관적이고 보편타당한 원리를 밝히는 광의의 학문이다.	심리학의 원리와 법칙을 응용한 협의의 응용학문이다.

출처: 김희수(2011). 교육심리학. 신정. p31

3 교육심리학의 영역

교육심리학이 관심을 갖고 탐구하는 영역은 크게 학습자에 대한 이해, 학습에 대한 이해, 교수에 대한 이해, 수업과정에 대한 이해, 교육평가에 대한 이해로 나눌 수 있다.

첫째, 학습자에 대한 올바른 이해가 없이는 효과적인 교육을 할 수 없다. 학습자의 인지발달, 성격과 사회성, 도덕성의 발달, 지능과 창의성, 학습자의 다양성 등을 이해하는 것이다. 학습자의 인지적 특성은 어떤 영역보다 교육심리학에서 중요시하는 측면으로 지능, 창의성, 문제해결력 등이며, 정의적 특성에는 흥미, 태도, 가치, 동기, 자아개념, 성격 등이 있다. 학습자의 이해는 이러한 요인의 시기에 따른 발달적인 변화와 그 수준을 이해하는 측면과 더불어, 각각의 학습자가 지닌 개인차를 이해하는 측면으로 다루어진다(신명희 외, 2011).

둘째, 교수지에 대한 이해이다. 교육은 교육의 대상인 학습자와 교육의 주체인 교수자의 상호작용 과정이다. 교사는 학생의 인지적, 정의적 발달을 촉진하는 데 가장 중요한 변인이다. 교사는 학습자 변인에 대한 이해를 기초로 하여 최선의 학습결과가 나올 수 있도록 최적의 교육환경을 마련하고 제공한다. 즉, 효과적이고 효율적인 교육목표 달성을 위해 여러 가지 다양한 수업방법을 선정하여 수업에 임한다(문은식 외, 2011).

셋째, 학습의 과정에 대한 이해이다. 학습이 어떻게 일어나는지에 대한 이론은 행동주의 학습이론과 인지주의 학습이론으로 나누어진다. 학습자에게 학습이 가장 중요하며, 학습행동과 관련된 문제, 학습현상, 학습조건, 학습동기, 학습의 전이, 기억과 망각 등에 관한 지식을 제공해 준다(유승구, 2012).

넷째, 교육활동의 평가에 대한 이해이다. 평가변인은 교수·학습과정의 마지막 활동으로서 교사가 수업과 생활지도를 수행하고 나서 그 성과를 평가하는 것이다. 학생의 학습과정과 결과에 대한 평가는 결국 교사의 수업에 대한 평가이며, 동시에 교사가 모든 교육적 노력을 평가하는 것이어야 한다(김희수, 2011).

4 교육심리학의 발달과정

교육심리학의 발달과정을 20세기 이전과 이후로 크게 나누어 살펴보고자 한다. 오늘날의 교육심리학은 심리학에서부터 출발하였으며, 하바트(Herbart)는 교육방법을 심리학에서 얻으려고 한 것이 심리학을 교육에 응용하는 첫 출발이었으며, 그 뒤 하버트 학파는 교육현상을 과학적 연구에 심리학적 방법을 적용시켰다.

1) 20세기 이전

20세기 이전은 교육심리학 발전의 태동기라고 할 수 있는데, 이 당시에는 철학적 사고가 중심이 되었다. 오늘날의 과학적 심리학과는 달리 학문이 철학으로부터 완전하게 독립되지 못한 상태의 사변적 심리학이었다. 20세기에 들어서면서 미국 심리학자를 중심으로 독립된 학문으로서의 체제를 갖추기 시작하였다. 그리고 교육심리학을 독립된 학문 분야로 발전시킨 사람은 콜롬비아 대학의 손다이크(Thorndike)이다(김희수, 2011).

2) 20세기 이후

20세기 전반은 교육심리학이 학문으로서의 기초를 형성하였던 시기이다. 손다이크가 『*Educational psychology*』(1903)를 저술하였고, 제임스(James)도 'Talks to teacher of psychology and to student on some of life's ideals'라는 제목으로 교사들에게 기능과 실제를 강조하는 심리학을 강의를 하였다. 또한 훈트(Wundt)는 심리학 실험실을 창설하여 심리학을 과학적으로 접근하였으며, 홀(Hall)은 인간발달과 아동행동에 관한 연구, 『*Adolescence*』와 『*Educational problems*』를 저술하였으며, 최초로 질문법을 창안했다. 카텔(Cattell)은 인간 능력 측정에서 '검사'라는 용어를 처음 사용하였고, 『*Psychology review*』를 창간하였으며, 갤턴

(Galton)은 유전 형질과 개인차에 대한 연구, 비네와 시몽(Binet & Simon)은 지능에 대한 연구를 시작하였다.

이후 20세기 후반은 교육심리학이 독립적인 학문으로서의 성장하는 시기이다. 이러한 발전에 크게 공헌한 사람은 스키너(Skinner)이다. 그는 행동주의 강화원리에 근거하여 프로그램 학습자료와 교수기기를 발명하여 교육을 공학화하는 데 기여한 바가 크다(김희수, 2011).

또한 교육 프로그램의 개발에 가네(Gagné)의 위계적 분석방법도 사용되기 시작하였으며, 메이저(Mager)의 교육목표 설정, 가네의 'Condition of learning'에서 수업설계 연구에서 그 개념적 기초를 제공하였다. 또한 글래서(Glaser)의 개별처방 교수법, 캘러(Keller)의 개별화 교수 체제, 블룸(Bloom)의 완전학습이론 등의 수업 체제에 대한 연구설계도 발전하였다.

최근의 교육심리학은 인간의 지적·정의적 측면의 교육 관점에서 심리학적 접근으로 그 초점이 맞춰지고 있다. 따라서 앞으로의 교육심리학은 학습자, 교수, 학습, 생활지도 및 상담, 그리고 평가 등 교육과 관련된 광범위한 영역에서 연구가 이루어지게 될 것이며, 이론체계 수립 및 효과적인 적용을 위해서도 다양한 노력들이 진행될 것이다(김희수, 2011).

5 교육심리학의 연구방법

교육관련 연구는 접근방법에 따라 양적 연구와 질적 연구로, 연구목적에 따라 기초연구, 응용연구, 실행연구(현장연구)로, 연구방법에 따라 실험연구와 조사연구로 구분된다.

교육에서 우리는 왜 연구를 해야 하며, 연구결과가 어떻게 기여하게 되는가? 여기서 우리는 왜 교육에 관한 연구를 수행하느냐에 의문을 가지게 된다. 이러한 의문은 대부분의 교육연구 결과에서는 얻어진 지식이나 이론들이 학생들을 가르치는 데 직접적인 영향을 주지 못한다고 믿기 때문이다. 그러나 한편으로 교사들은 어떻게 하면 학생들을 잘 가르칠 수 있을지, 혹은 더 좋은 수업방법, 학생을 이해할 수 있는 방법이나 평가방법을 찾게 된다. 학생들을 잘 가르치기 위하여 교사는 새로운 지식과 이론을 탐구하게 되고, 이러한 연구결과가 교육을 개선시키고 발달시키게 된다(김제한 외, 2007). 또한 교육심리학과 관련된 연구들도 일반적인 교육연구와 크게 다르지 않은 경험과학이다. 이처럼 교육과 관련된 많은 문제와 질문에 대한 답을 위해 여러 형태의 연구가 진행되고 있으며, 여기에서는 가장 보편적인 연구방법인 조사연구, 실험연구, 상관연구, 기술연구를 중심으로 살펴보고자 한다.

1) 조사연구

조사연구(survey research)는 고대 이집트에서 인구조사, 농산물의 수확량 파악, 그리고 세금부여 등을 목적으로 처음 사용되었다. 현상을 알기 위하여 자주 사용되는 연구방법 중의 하나로, 원인과 결과를 분석하기보다는 현재의 실체를 알아보기 위한 목적을 지니고 있다. 사회현상을 알기 위한 조사일 경우 사회조사연구란 용어를 사용하고 있으나, 교육현상 등 많은 현상을 파악하기 때문에 일반적으로 조사연구라 한다(성태제, 2002). 대표적인 조사연구방법은 질문지법과 면접법이 있다.

첫째, 질문지법(Questionnaire)은 응답자가 구체적인 질문에 직접 기술하도록 하는 자기보고식 방법(self-report method)으로, 개인의 지각, 신념, 감정, 동기와 같은 정의적 특성을 측정한다. 그 종류에는 구조화된 질문지와 비구조화된 질문지로 나눌 수 있다. 질문지법의 장점은 짧은 시간에도 비교적 많은 사람을 대상으로 특성을 알아볼 수 있지만, 언어능력, 표현능력이 부족한 아동의 경우에는 적용에 유의해야 한다.

둘째, 면접법(interview method)은 개인에 대한 많은 자세한 정보를 알고 싶을 때 사용하며, 비언어적 행동까지 관찰하며 응답의 타당성을 높일 수 있다. 대상은 누구에게나, 문자해독력이 없는 대상에게도 가능하며, 피면접자와 친밀 관계가 형성될 때 신뢰성 있는 응답이 가능하다. 질문 내용은 정해져 있으나 응답은 고정되어 있지 않으며, 구조화된 면접과 비구조화된 면접, 전화면접 등으로 구분할 수 있다. 참고로, 정리된 자료가 별로 없고 통계모형을 통한 분석을 하기 어려울 때 관련 전문가들을 모아 의견을 구하고 종합적인 방향을 전망해 보는 델파이 기법이 있다. 설문조사에 의한 기술예측 방법으로는 예를 들어, 과학기술의 발전이나 신제품 개발 따위가 미래의 산업구조나 국민 생활에 미칠 영향을 예측하는 것 등이 있다.

2) 실험연구

교육심리학의 연구방법의 하나인 실험연구(experimental study)는 변인 간의 인과 관계를 규명하는 가장 효과적인 연구방법으로서, 실험 상황에서 관심의 대상이 되는 변인을 조작하여 그와 관련된 다른 변인의 변화를 살펴보는 연구이다. 이때 영향을 주는 변인을 독립변인(처치변인)이라고 하며, 영향을 받는 변인을 종속변인이라 한다(김희수, 2011).

실험연구에서는 처치를 받는 집단인 실험집단과 아무런 조작이나 처치도 받지 않는 통제집단(비교집단)으로 집단을 나누어 연구를 진행하는데, 여기에서 처치변인은 연구 상황에서 가해지는 변인으로서 연구결과의 변화를 유도하는 변인을 말한다.

또한 조사연구는 통제되지 않은 자연적 상황에서 질문을 통하여 현상을 파악하는 연구로서 변수들의 인과관계보다는 상호관계 분석을 연구의 목적으로 하고 있다. 반면 실험연구는 처치, 자극, 환경 조건을 의도적으로 조작 혹은 통제하여 연구대상이나 물체에 어떤 변화가 있는지를 분석함으로써 인과관계를 밝히는 연구이다(성태제, 2002).

3) 상관연구

상관연구(correlational research)는 어떤 현상에 내재되어 있는 변인들이 서로 관계가 있는지를 알아보기 위하여 있는 그대로를 연구하는 방법이다. 정적 상관은 한 변인의 높은 값이 다른 변인의 높은 값에 상응되는 변인들 간의 상관관계를 나타내며, 부적상관은 한 변인의 높은 값이 다른 변인의 낮은 값에 상응되는 두 변인들의 상관관계를 말한다. 그리고 상관계수(correlation coefficient, r)는 두 변인 간의 관계의 정도를 측정하는 것으로, 한 변인의 변화에 따라 다른 변인이 어떻게 변화하느냐의 관계를 표시하여 주는 통계치이다. 기호로는 보통 r로 표시되며, 이 계수의 값은 −1.00에서 +1.00까지의 숫자들로 나타낸다.

이 연구의 장점은 연구자가 인위적인 상황을 만들지 않고 변인을 있는 그대로 연구할 수 있으며, 여러 변인들의 상호관계를 동시에 연구할 수 있다는 것이다. 그러나 두 변인이 서로 상관이 있다는 것은 알 수 있지만, 실험 연구처럼 어떤 변인이 다른 변수의 원인이 되는지 그 인과관계를 밝힐 수 없다는 단점을 지니고 있다.

4) 기술연구

기술연구(descriptive research)는 학생과 교사와의 상호작용 관계 또는 학교의 환경에서 발생하는 제반 사건이나 사실들을 있는 그대로 밝히는 것으로, 실제 생활 속의 특정 상황 안에서 일어나는 사건들을 단순히 기술하는 것이다. 어떤 조작이나 통제도 가하지 않고 자연적인 상황에서 있는 그대로를 파악하여 정확하게 기술하는 것을 연구 목적으로 하며, 어떠한 상황이나 현상의 특징을 기술하기 위하여 관찰이나 검사, 면담, 설문 등의 방법을 사용한다(신명희 외, 2011).

기술연구는 현상에 대한 정확한 이해에서 모든 연구가 출발해야 하기 때문에, 새로운 영역의 연구를 시작할 때 선행되어야 하는 기초적인 형태이다. 기술연구의 장점은 발달과정을 세밀하게 파악할 수 있고, 평균적인 수준과 상대적인 차이를 알 수 있다는 데 있다(이현림 외, 2008).

기술연구는 교육현상, 교육의 진행과정, 교육의 구조 등에 대하여 총체적이고 과학적으로 접근하여 교육과 관계된 현상이나 사실을 묘사하거나 설명하는 문화기술적 연구(ethnography)가 있다. 이 연구는 어떤 특정 집단 구성원들의 삶의 방식, 행동, 그들이 만들어 사용하는 사물들을 현지인 관점에서 이해하고 과학적으로 기술하기 위한 방법론이다. 이 연구의 특징은 현상을 연구하는 학문으로 자연적으로 일어나는 현상을 서술하며, 학급, 학교 혹은 교육에 관계된 어떤 집단을 대상으로 현장 연구를 한다. 연구자는 일정 기간 동안 그 문화 속에 들어가 관찰대상과 함께 생활하며 참여관찰을 통해 자기보고, 현장관찰 노트, 면접 등의 방법을 함께 사용하면서 그 문화의 생활과 특징을 기술하고 해석한다는 측면에서 현장관찰연구(field observation)라고 할 수 있다.

이는 문화인류학, 민속학, 고고학에서 주로 사용하는 연구 방법이지만 연구자가 자신의 문화에 대한 가치관이나 연구자가 관심을 갖고 있는 이론적 배경 등으로 인해 상황을 선택적으로 관찰하여, 잘못 해석하는 실수를 범할 수 있다는 문제점을 지닌다. 실험연구나 조사연구처럼 구체화된 가설이 아니라, 연구의 목적을 달성할 수 있는 일반적이고 총체적인 가설을 설정한다. 이렇게 산출된 결과를 다른 문화에 일반화하여 적용하는 데 무리가 있다.

5) 사례연구

앞에서 기술한 상관연구와 실험연구에는 통계적인 접근방법을 사용한다. 즉, 상당히 많은 수를 포함하고 있는 집단의 평균적인 현상을 찾아내는 것이다. 사례연구(case research)는 집단의 현상보다는 어떤 특정의 개인이 가지고 있는 문제를 풀기 위하여 사용되는 경우도 있고, 또 많은 대상에게 동시에 적용할 수 없는 방법의 효과를 밝히기 위해서 사용되기도 한다. 예를 들어, 가출의 원인에는 공통적인 것보다는 서로 다른 것이 더 많을 수도 있다(유기섭, 2009).

사례는 개인, 집단 또는 조직이 당면한 어떤 문제 장면에서 일어나는 인간경험의 사실적 설명이다. 사례연구는 질적 연구방법 가운데 하나로서 어떤 문제가 생겼을 때, 여러 사례들을 수집, 비교, 분석하여 해결방안을 모색하기 위한 논의를 하며 이를 통해 일반적인 원리를 찾아내는 연구방법이다. 개인이나 집단, 또는 기관 등을 하나의 단위로 택하여 그 특수성을 정밀하게 연구 및 조사하는 연구방법으로, 학습자의 모든 사례, 즉 사람의 작품, 자서전, 일기, 생활기록이나 Case Method, 개인의 사회적 부적응 문제 등이 연구대상이다.

이 연구의 특징은 일정하게 표준화된 형식이 없으며, 연구자의 편리에 따라 양식을 만들어 사용하며, 한 대상의 여러 변인을 동시에 심층적으로 연구할 수 있다.

연습문제

객관식

1 다음은 교육심리학의 성격과 영역 및 발달과정에 대한 설명이다. 이 중 거리가 먼 것은?

① 초기의 교육심리학은 심리학의 연구결과를 교육활동의 실천에 응용하는 분야로 출발하였다.

② 초기의 교육심리학은 심리학의 원리와 방법을 응용하는 하나의 응용분야에 지나지 않았다.

③ 교육심리학의 학문적 성격은 학교 교육에 초점을 두고, 교사와 학생 간에 상호작용 하면서 학교 실제에서 발생하는 여러 문제들을 이해하는 데 관련된 학문이다.

④ 교육심리학이 관심을 갖고 탐구하는 영역은 크게 학습자에 대한 이해, 학습에 대한 이해, 교수에 대한 이해, 수업 과정에 대한 이해, 교육 평가에 대한 이해로 나눌 수 있다.

⑤ 교육심리학을 독립된 학문 분야로 발전시킨 사람은 콜롬비아 대학의 J · F Herbart 이다.

2 다음 글이 설명하고 있는 교육심리학의 연구방법은 무엇인가?

> 어떤 조작이나 통제도 가하지 않고 자연적인 상황에서 있는 그대로를 파악하여 정확하게 기술하는 것을 연구 목적으로 하며, 어떠한 상황이나 현상의 특징을 기술하기 위하여 관찰이나 검사, 면담, 설문 등의 방법을 사용한다.

① 조사연구　② 실험연구　③ 기술연구

④ 사례연구　⑤ 상관연구

3 **다음 중 실험연구의 특징에 해당하지 않는 설명은 무엇인가?**

① 현상을 알기 위하여 자주 사용되는 연구방법 중의 하나로 현재의 실체를 알아보기 위한 목적을 지니고 있다.

② 변인 간의 인과 관계를 규명하는 가장 효과적인 연구방법이다.

③ 실험 상황에서 관심의 대상이 되는 변인을 조작하여 그와 관련된 다른 변인의 변화를 살펴보는 연구이다.

④ 처치를 받는 집단과 아무런 조작이나 처치도 받지 않는 집단으로 나누어 연구를 진행한다.

⑤ 처치, 자극, 환경 조건을 의도적으로 조작 혹은 통제하여 연구대상이나 물체에 어떤 변화가 있는지를 분석함으로써 인과관계를 밝히는 연구이다.

정답

1. ⑤ 2. ③ 3. ①

주관식

1 교육심리학을 독립된 학문 분야로 발전시킨 사람은 누구인가?

2 다음 글과 관련된 교육심리학의 연구방법은?

> 변인 간의 인과 관계를 규명하는 가장 효과적인 연구방법으로, 관심의 대상이 되는 변인을 조작하여 그와 관련된 다른 변인의 변화를 살펴보는 연구이다. 또한 이 연구에서는 처치, 자극, 환경 조건을 의도적으로 조작 혹은 통제하여 연구대상이나 물체에 어떤 변화가 있는지를 분석함으로써 인과관계를 밝히는 연구이다.

3 어떤 특정 집단 구성원들의 삶의 방식, 행동, 그들이 만들어 사용하는 사물들을 현지인 관점에서 이해하고 과학적으로 기술하기 위한 교육심리학의 연구방법은?

4 조사연구방법의 대표적인 두 가지 방법은 무엇인가?

5 어떤 현상에 내재되어 있는 변인들이 서로 관계가 있는지를 알아보기 위하여 있는 그대로를 연구하는 방법을 무엇이라고 하는가?

6 어떤 조작이나 통제도 가하지 않고 자연적인 상황에서 있는 그대로를 파악하여 정확하게 기술하는 것을 연구 목적으로 하며, 어떠한 상황이나 현상의 특징을 기술하기 위하여 관찰이나 검사, 면담, 설문 등의 방법을 사용하는 연구 방법은?

7 질적 연구방법 가운데 하나로서 어떤 문제가 생겼을 때, 여러 사례들을 수집, 비교, 분석하여 해결방안을 모색하기 위한 논의를 하며 이를 통해 일반적인 원리를 찾아내는 연구방법은?

정답

1. Thorndike 2. 실험연구 3. 문화기술적 연구 4. 질문지법, 면접법 5. 상관 연구 6. 기술 연구 7. 사례 연구

CHAPTER

02

학습자의 발달과 교육

1. 발달의 개념 및 원리
2. 발달과업
3. 인간발달이론
4. 정의적 발달

인간은 서로 다른 유전적 속성을 갖고 태어나 환경의 영향을 받으면서 신체적·심리적으로 꾸준하게 변화하고 발달한다. 여기에서 변화는 바람직한 방향일 수도 있고, 그렇지 않을 수도 있지만 교육의 목표는 인간 행동의 바람직한 변화를 추구한다.

교육의 목표를 실현하고, 효과적인 교육활동이 이루어지기 위해서는 학습자의 발달단계에 따른 심리적 특성을 이해해야 한다. 따라서 본 고에서는 교육과 관련한 학습자의 심리적 특성을 인지적 관점과 정의적 관점에서 살펴보고자 한다.

1 발달의 개념 및 원리

1) 발달의 개념

인간은 태어나서 죽을 때까지 환경의 영향을 받으며 신체적, 심리적으로 끊임없이 변화하고 발달한다. 발달(Development)을 심리학적 관점에서 정의해 보면, 발달은 인간의 생명이 시작되는 수정의 순간부터 죽음에 이르기까지 전 생애를 통해 이루어지는 체계적이고 연속적인 변화 과정이다(박선영 외, 2010). 즉, 수정되는 순간부터 성장하고 노화하는 과정뿐만 아니라 죽음에 이르기까지 끊임없는 변화과정을 '발달'이라 한다.

발달에 대해 각각 다른 관점에서 접근해보면 다음과 같다. 협의의 관점에서는 출생 후부터 청년기까지의 상승적인 변화 과정만을 의미한다. 반면, 보다 넓은 광의의 관점에서 보면 출생 후부터 죽음에 이르기까지 상승적, 하강적 변화 과정 모두를 포함한다. 최근에는 인간 발달을 전 생애적 관점으로 확대하여 보다 넓은 의미로 정의하고 있다. 모든 연령대에서 성장과 감소를 동시에 포함하여 나타나는 것으로 어느 단계에서든 성장과 감소는 함께 존재한다.

인간 발달과정에서 나타나는 상승적, 하강적 변화과정은 양적 또는 질적 변화과정의 속성을 갖는다. 즉, 양적 변화는 몸무게나 체중이 늘어나고, 어휘력의 수가 증가하는 것을 의미한다. 질적 변화는 지능이나 창의성과 같이 정신작용에서의 각 구조나 기관들이 점점 더 정교해져 가는 것을 말한다. 코프카(K. Koffka, 1995)는 인간의 발달이 성장과 학습의 두 가지 유형이 있고, 유기체와 각 기관이 양적으로 증대하고 구조적으로 정밀화되며 기능적으로는 유능화 되는 것이라 정의한 바 있다(오만록, 2004. 재인용).

종합해보면 발달은 인간의 전 생애를 걸쳐 나타나는 양적 또는 질적으로 변화하는 과정으로 상승적, 하강적 변화 모두를 포함하는 것이라 정의할 수 있다.

2) 발달의 원리

(1) 발달에는 일정한 순서와 방향이 있다.

발달에는 일정한 순서가 있다. 신체발달적 측면에서 보면, 아기는 2개월 정도면 목을 가누고, 6개월 정도 앉을 수 있으며, 10개월 정도면 서고, 첫 돌 무렵 한 발짝 떼어 걷기 시작하여 활동반경이 점점 넓어진다. 언어 발달적 측면에서도 옹알이를 하고, 한 단어를 말하고, 점차 간단한 문장을 사용할 수 있게 되면서 언어의 양과 질이 좋아진다. 정서발달은 기쁘고, 슬픈 것과 같은 1차 정서를 먼저 표현하고 점차 수치심, 질투심 등과 같은 2차 정서로 발달한다.

또한 발달은 일정한 방향이 있다. 신체발달과 운동기능의 발달 측면에서도 일정한 방향을 보인다. 첫째, 두미(頭眉) 방향으로 진행된다. 즉, 머리 부분이 몸통이나 팔다리 부분보다 먼저 발달한다. 둘째, 근원(近遠, proximodistal) 방향으로 진행된다. 인체의 중심부가 말초부분보다 먼저 발달한다(박아청, 2002). 셋째, 일반적인 것에서 특수한 것으로 진행된다. 영아기는 미분화된 근육을 사용하여 행동하기 때문에 거칠지만, 점차석으

[그림 2-1] 영아의 모습

로 분화되고 정밀한 행동으로 발달한다. 예를 들면, 영아기에 손가락을 사용하여 연필을 집어 들 수 없지만, 점차적으로 집게손가락만으로도 연필을 집어들 수 있게 된다.

(2) 발달에는 개인차가 있다.

모든 인간은 발달속도와 과정이 동일하지 않다. 동일한 연령이라고 해도 신체적인 성장속도, 인지능력 등이 개인에 따라 현저한 차이를 보이며, 심지어 쌍생아들 간에도 개인차가 존재한다.

따라서 같은 연령대 학습자라고해도 발달수준은 천차만별이므로 학습자의 인지적, 정의적, 신체·운동적 측면을 다각적으로 파악하여 지도해야 한다.

(3) 발달에는 결정적 시기가 있다.

발달의 결정적 시기(critical period)는 인간의 전체 성장과정 중에서 신체기관이나 기능이 급격히 진행되는 최적기가 있음을 의미한다. 즉, 언어를 습득해야 할 시기 또는 애착이 형성되는 최적의 시기(optimum period)가 있으며, 이 시기 욕구의 결핍이나 박탈경험이 있을 경우 발달 지연 및 장애를 초래할 수 있다. 어렸을 때 영양상태가 좋지 않아 발육상태가 현저히 떨어졌던 아동에게 이후 충분하게 영양을 보충해 준다 하더라도 발육은 정상적이지 않다. 또한 생후 어머니와 정서적 애착이 형성될 시기를 놓치면, 이후 사랑과 관심을 주더라도 친밀감형성에 부정적 영향을 미치게 된다.

(4) 발달은 유전과 환경의 상호작용 결과이다.

인간발달이 유전적 요인에 의해 영향을 받는지, 아니면 환경의 영향을 받는지 아직 정확히 판명되지는 않았지만 최근에는 유전과 환경이 상호 영향을 미치는 것으로 본다.

유전이 인간발달에 지배적인 영향을 미치고 있다는 것을 입양아의 연구를 통해 밝혔다. 성숙론을 지지하는 학자들은 입양아와 친부모와의 지능이 .52의 상관관계가 있었고, 양부모와의 지능 상관관계는 .14라고 밝혔다. 어렸을 때 헤어져 서로 다른 환경에서 양육된 쌍생아가 성인이 되어 재결합하였을 때 그들의 행동특성이나 선호하는 것 등에서 유사점이 발견되었다(임창재, 1999)는 연구결과도 일맥상통한다.

반면, 환경론자들은 후속적인 인간의 경험이 발달에 지대한 영향을 미치는 것이라 주장한다. 호주 텔레그라프(www.telegraph.co.uk, 2006)는 우크라이나의 옥사나 말라야에 대해 보도한 바 있다. 옥사나는 3세부터 5년 동안 개 사육장에서 개들에 의해 키워졌고, 이후 발견되었을 때는 개처럼 행동하였다고 한다. 언어교육과 사회적응 훈련 등 충분한 지원이 있었음에도 불구하고, 23살이 되었을 때까지 6살 정도의 지능을 보였으며 타인과의 상호작용은 어려웠다. 옥사나는 보통의 사람이었지만 어린 시절 사람과 접촉이 없었기 때문에 사회화가 이루어지지 않은 것으로, 이는 환경의 중요성을 강조하는 사례이다.

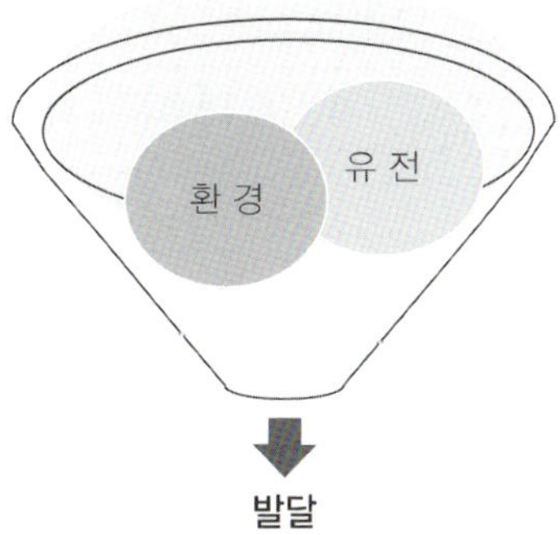

[그림 2-2]
유전과 환경의 상호작용

그러나 최근에는 어느 한 부분이 전적으로 영향을 미친다고 하기보다는 유전과 환경의 결과로 인간 형성이 이루어진다고 본다. 유전적으로 우월한 소인을 가졌다고 할지라도 적절한 환경조건이 마련되지 않는다면 충분히 발현되지 않는다는 것이다. 이처럼 인간발달은 유전과 환경과의 상호작용에 의해 결정된다.

2 발달과업

학습자의 발달과제 또는 발달과업(developmental task)은 발달단계에 따라 수행해야 할 과제를 말한다. 발달과제라는 용어는 헤비거스트(Havighurst, 1972)가 처음 제시한 것으로 "발달과제란 개인의 일생에 있어서 각 시기에 일어나는 과제로서 그것을 성공적으로 성취하면 장차 과업수행에 성공함으로써 행복하게 되고, 실패하면 자신의 불행, 사회의 무시, 이후 과업수행에 곤란을 겪게 된다."고 정의하고 있다. 학습자는 이 시기에 필수적으로 학습하고 달성해야 할 과제를 충실하게 수행하면 사회로부터 인정받게 되어 성취감을 얻게 되지만, 발달과업을 이루지 못하면 사회로부터 거부 또는 실패를 경험하게 되어 열등감을 갖게 될 수 있다.

헤비거스트의 대표적인 발달과업을 제시하면 다음과 같다(박아청, 2002).

1) 영아 및 유아기(0~6세)

① 걸음마 배우기
② 고형 음식물 먹기
③ 말 배우기
④ 노폐물 배설의 통제학습
⑤ 성차와 성적 성숙의 학습
⑥ 생물적 안정성 이루기
⑦ 사회적, 물리적 현실에 대한 단순한 개념의 형성
⑧ 자기를 부모, 형제와 타인에게 정서적으로 관련짓기
⑨ 선악의 구별 및 양심을 발달시키는 것

2) 아동기(6~12세)

① 일상의 놀이에 필요한 신체적 기능의 학습

② 성장하여가는 생활인으로서의 자기에 대한 건전한 태도의 형성
③ 또래와 잘 지낼 수 있도록 하는 학습
④ 남성, 여성으로서의 적절한 성 역할 학습
⑤ 읽기, 쓰기, 셈하기의 기초 기능의 발달
⑥ 일상생활에 필요한 개념의 발달
⑦ 양심, 도덕, 가치 판단 기준의 발달
⑧ 개인적 독립의 달성
⑨ 사회적 집단과 제도에 대한 태도의 발달

3) 청소년기(12~18세)

① 남녀 간의 새롭고 보다 성숙한 관계형성
② 남성 혹은 여성으로서의 역할 성취
③ 자신의 육체를 수용하고 효율적으로 다루기
④ 부모와 다른 성인들로부터 정서적으로 독립하는 것
⑤ 경제적 독립에 자신감 갖기
⑥ 직업을 선택하고 준비하기
⑦ 결혼과 가정생활의 준비
⑧ 유능한 시민으로 필요한 지적기능과 개념을 발달시키기
⑨ 사회적으로 책임 있는 행동성취
⑩ 행동의 지침으로 가치관과 윤리관 확립

4) 성인초기(18~30세)

① 배우자 선택
② 배우자와 함께 생활하는 방법을 학습
③ 가정생활의 출발
④ 자녀 양육

⑤ 가정을 관리
⑥ 직업생활 시작
⑦ 시민의 의무를 완수
⑧ 마음에 맞는 사회적 집단 형성

5) 성인후기(30~60세)

① 성인으로서 시민적, 사회적 책임 학습
② 생활의 경제적 표준을 확립하고 유지하는 것
③ 10대 청소년들을 책임감 있고, 행복한 성인이 되도록 도와주는 것
④ 성인으로서의 여가활동 발달
⑤ 하나이 인격체로서 자기 배우자와 관계 형성
⑥ 중년기 생리적 변화를 인정하고 적응하는 것
⑦ 연로한 부모에 대한 적응

6) 노년기(60세 이후)

① 신체적 능력 및 약해진 건강에 적응
② 정년퇴직과 경제적 수입 감소에 적응하기
③ 배우자의 죽음에 대해 적응하기
④ 동년배 집단과 유대관계 강화
⑤ 사회적 역할을 수용하고 융통성 있게 적응하기
⑥ 만족할 수 있는 생활환경 조성 및 생활 관리를 확립하기

3 인간발달이론

1) 피아제(J. Piaget)의 인지발달이론

피아제(J. Piaget)

피아제(Piaget)는 1896년 스위스의 뉴샤텔에서 태어났고, 일찍이 동물에 관심이 많아 11세에 이미 박물학 학술지에 참새에 관한 논문을 기고하기도 하였다. 21세에는 생물학 박사학위를 취득한 바 있는 비범한 인물이었던 것으로 알려져 있다. 그는 생물학과 인식론을 결합하여 인간 지능의 형성과정을 탐구하는 것에 대한 실마리를 우선적으로 찾아냈고, 그것의 첫걸음은 아동이 세계를 어떻게 파악해 가는지에 관한 것이었으며 그에게 아동이 세계를 적응해가는 과정은 중요한 문제였다.

아동에 관한 연구를 프랑스 파리의 비네(Binet) 연구소에서 시작하였으며, 이곳에서 아동용 지능검사 만드는 일에 참여하게 되었다. 그는 아동의 정답과 오답을 채점하는 과정에서 중요한 사실에 주목하게 되었다. 오답으로 반응한 아동들의 사고과정이 성인들과는 다르다는 점을 발견한 것이다. 그래서 그는 아동의 독특한 사고를 밝히기 위해 1923년부터 연구를 시작하였다. 1920년대에서 30년대에 걸쳐 과거 제자였던 부인과의 사이에서 얻은 세 자녀를 통해 아이들의 행동을 관찰하고 면접하는 임상적 방식으로 연구를 하였다. 이러한 임상 과정을 통해 인지발달이론을 체계화하였고, 『아동의 언어와 사고』, 『판단과 추리』, 『세계관』, 『도덕 판단』과 같은 다수의 저서를 남겼다.

(1) 인지발달의 기본개념

인지(cognition)란 지각, 상상, 추리, 판단 등과 같은 지각활동을 포괄하는 개념을 말하는 것으로, Piaget는 인간이 외부세계와의 상호작용을 통하여 인지를 발달시키고 그 환경에 잘 적응해 나가는 것이라 정의한 바 있다. 행동주의자들이 인간을 보는 관점과는 달리 스스로 외부세계를 구성하고 환경에 적응해 나가는 능동적인 존재로 보았다.

인간은 외부 환경과 서로 상호작용하면서 사고를 변화시킨다. 사고를 변화시키는 네 가지 요인은 생물학적 성숙, 활동, 사회적 경험, 그리고 평형화이다. 생물학적 성숙은 개인이 유전적 프로그램에 의한 시간표대로 변화하는 것으로 인지발달에는 직접적인 영향을 미치지 않는다. 활동은 신체적 성숙이 이루어지면서 환경에 작용하고 환경으로부터 학습하는 능력이 증가한다. 즉, 환경에 작용을 가하여 실험하고, 탐구하는 검증과정을 거쳐 사고과정이 변화하게 된다. 사회적 경험은 타인과 상호작용을 하면서 학습이 이루어진다. 이와 같이 생물학적 성숙과 활동, 사회적 경험은 인간의 인지발달에 영향을 미치는 요인이다(김아영 외, 2003, 재인용).

Piaget의 인지발달이론을 설명하는 핵심개념은 도식(schema), 동화(assimilation), 조절(accommodation)이다. 생물학에서 주로 사용되는 도식은 사고의 기본단위로 개인이 형성한 인지구조 또는 사물이나 사건에 대한 이해의 틀이다. 즉, 사건이나 사물에 대해 정신적으로 표상하거나 행동하는 사고체계이나 행동체계라 할 수 있다. 도식은 적응과 조직의 과정을 통해 형성된다.

적응은 환경과의 상호작용을 통해 도식이 변화하는 과정으로써 동화와 조절의 통합적인 기능이다. 동화는 이미 가지고 있는 도식을 사용해서 주변세계를 이해하려 할 때 나타나는 인지과정으로 새로운 정보를 잘 융합시켜 적응한다. 예를 들어, 아동이 기존의 고양이에 대한 인지구조를 가지고 있을 때 처음 보는 다소 큰 고양이를 보더라도 인지적 갈등을 느끼지 않고 그 대상을 쉽게 이해하게 된다. 그러나 조절은 현재의 도식으로 새로운 사건이나 사물을 이해하기 어려울 때, 새로운 상황에 맞도록 현재의 도식을 새롭게 수정하여 인지하는 과정이다. 예를 들어, 기존의 휴대폰이 낡아서 새로운 기능이 추가된 휴대폰으로 변경했다고 하자. 이때 기존의 휴대폰에 대한 지식을 적용시키면 인지적 갈등을 경험하게 되기 때문에 기존 지식을 수정하려 한다. 이때 매뉴얼을 읽거나 인터넷 검색 등을 통하여 기존 도식을 수정하여 새로운 휴대폰 기능을 획득하게 된다. 조직은 유기체가 일관성 있는 체계를 형성하도록 통합하는 기능이다.

[그림 2-3] 인지활동

동화와 조절은 인지발달에 있어서 불변의 기능으로 보며, 이 두 기능이 서로 평형을 유지하게 될 때 이것을 균형 또는 평형이라고 한다. 그러나 외부환경은 새로운 자극을 끊임없이 제시하고 기존의 인지구조로는 새로운 환경에 적응할 수 없기 때문에 인지적 갈등이 유발되는 상황에 직면한다. 이때 인지적 갈등을 인지의 불평형(disequilibrium)상태라 한다. 인간은 인지의 불평형상태를 최소화하기 위해 끊임없이 동화와 조절 과정에 관한 인지구조를 분화시켜 나가고, 평형상태가 될 때 이전보다 더 높은 인지수준에 도달하게 된다. 이로써 학습자는 점점 더 복잡해지는 외부세계에 적응하게 된다.

Piaget는 인지발달 단계를 감각운동기, 전조작기, 구체적 조작기, 형식적 조작기로 구분한다. 이 네 단계는 질적으로 구분할 수 있는 순서를 거쳐 발달하는 것으로 몇 단계를 뛰어넘어 발달하지 않는다. 즉, 인지발달은 계속적인 질적 변화의 과정이며, 이전 단계의 발달이 완성되어야만 이후 단계로 나아갈 수 있다.

(2) 인지발달 단계

❶ 감각운동기(출생~2세)

[그림 2-4] 감각과 운동활동

출생에서부터 2세까지의 시기를 말한다. 출생 직후 유아는 주로 빨기, 잡기반사를 통해 외부세계를 대처해 나간다. 이 시기는 감각이나 운동 기능을 통해서 환경을 탐색하고 인지구조를 형성해가며, 가장 기본적인 반사행동으로 부터 목표지향적인 사고활동을 통하여 도식을 확장시켜 간다. 유아는 손에 잡히는 모든 것을 입에 가져가 빨아보고, 눈으로 보고, 손으로 만지고, 듣는 것을 통하여 인식하고 환경에 적응해 간다.

이 단계에서는 인지발달에서 가장 중요한 대상영속성(object permanence) 개념을 획득하게 된다. 대상영속성이란 모든 대상은 독립적인 실체로서 존재하며 물체가 시야에서 사라지더라도 계속 환경 속에 존재한다는 것을 이해할 수 있는 능력을 말한다. 4~8개월 이전 영아는 대상영속성의 감각이 발달하기 이전이므로 대상이 사라지더라도 대상이 더 이상 존재하지 않는 것처럼 행동한다. 그러나 8~12개월 유아는 대상영속성이 획득되어 물체가 사라진 지점에서 적극적으로 찾으려 한다.

다음으로, 또 다른 인지적인 성취는 반사행동에서 목표 지향적 행동(goal directed actions)으로 발전한다는 것이다. 유아는 목적에 도달하기 위해 여러 행동을 반복적으로 시도해보고, 기존의 도식을 수정하여 새로운 도식을 발달시킨다. 예를 들면, 장난감 북을 북채로 두드려보다가 옆에 있는 날카로운 연필, 블록 등 손에 잡히는 것으로 두드려보면서 그 결과가 흥미로우면 새로운 도식을 발달시켜 나간다. 이는 유아가 자신이 원하는 대로 장난감을 다룰 수 있는 것으로 목적을 위한 수단을 이용할 수 있게 되었다고 볼 수 있다.

❷ 전조작기(2~7세)

전조작기라 할 때 조작은 물리적인 조작을 의미하는 것이 아니라 논리적 사고를 통하여 조작할 수 있는 것을 말한다. 그래서 전조작기는 논리적인 정신작용이 발달하기 전 단계로서, 개념을 정신적 활동을 통하여 능숙하게 조작할 수 없다는 것을 뜻한다. 전조작기를 전개념적 사고기(2~4세)와 직관적 사고기(4~7세)로 구분할 수 있다.

전개념적 사고기에는 유아의 언어 기능이 급격히 늘어나, 다양한 어휘를 구사하게 되면서 여러 가지 대상과 사건에 대해 정신적으로 표상하는 이른바 상징 활동이 가능하다. 유아의 상징놀이는 가장놀이, 병원놀이, 소꿉놀이 등 흉내내기이다. 이는 실제 대상은 없지만 마치 있는 것처럼 놀이를 하는 것으로 예를 들어, 소꿉놀이를 할 때 컵에 물이 없는 데도 물이 있는 것처럼 마시는 흉내를 내는 것과 같다. 이 시기의 중요한 인지발달 특성은 자기중심성과 중심화, 물활론적 사고이다. 자기중심성은 유아가 사건이나 상황을 다른 사람의 입장에서 지각하지 못하고 자신의 관점에서만 보는 것을 말하고, 중심화는 어떤 대상의 여러 측면을 탐색하지 못하고 한 측면에서만 사고하거나 주의를 기울이는 것을 말한다. 그러나 4~7세 정도가 되면 타인조망 수용능력이 어느 정도 발달하여 자기중심적인 사고와 언어가 점차 사라져 간다. 유아는 생명이 없는 대상을 생명이 깃들여 있다는 물활론적 사고를 하기도 한다.

직관적 사고기에는 언어와 상징들이 정신적 사고로부터 나오지만 사고는 비논리적이고 직관적이다. 이 시기에는 자기중심성이 다소 감소하고 보존개념의 특성을 이해하기 어려워한다. 보존 개념은 사물의 양이나 수가 더하거나 빼지 않는 한 그 속성은 변하지 않는다는 것을 인식하는 것을 말한다. Piaget는 보존실험을 통해 전조작기 사고 특징인 직관적 사고와 중심화를 설명하고 있다. 보존 실험 과정을 예를 들어, 실험자는 5세인 민희에게 모양이 같은 두 개의 컵에 똑같은 양의 우유를 붓도록 한다. 민희에게 두 컵의 우유 양이 어떤지 질문하면 두 개의 컵 안에 똑같은 양의 우유가 담겨 있다고 말한다. 그 다음 한 컵의 우유를 모양이 긴 컵에 붓고, 또 다른 컵의 우유를 모양이 넓은 컵에 부은 다음 민희에게 각 컵에 담긴 우유의 양을 묻는다. 이때 민희는 모양이 긴 컵의 우유가 더 높기 때문에 많다고 한다. 이 실험을 통해 민희는 우유의 높이라는 차원에만 주의를 집중하는 직관적 사고의 특성을 보이고, 우유의 넓이 차원을 간과하고 있다는 것을 알 수 있다.

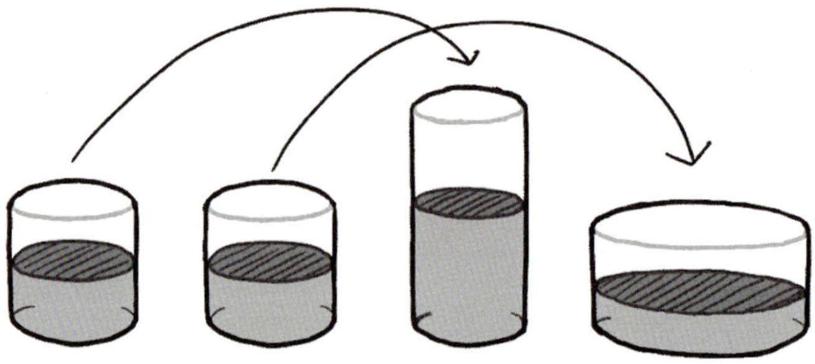

[그림 2-5] 보존성에 대한 실험

❸ 구체적 조작기(7~11세)

구체적 조작기는 실제 사물이나 구체적인 대상에 한해서 체계적이고 논리적인 사고를 할 수 있게 되는 시기이다. 앞서 기술했듯이, 조작이란 아동이 논리적인 정신작용을 할 수 있는 것이므로 이 단계의 아동은 비록 구체적인 사물과 실제적 상황, 사실에 한정되긴 하지만 논리적인 사고와 문제해결이 가능하다. 또한 자기중심성이 약해지고 탈중심화가 나타나 타인 조망수용능력을 갖는다. 즉 사물이나 현상의 다른 차원이나 측면을 고려하는 것이 가능하고, 타인의 관점과 생각이 자신과 다를 수 있음을 이해하게 된다. 7세 이후 아동은 수, 길이, 양, 무게, 넓이, 부피에 있어서 보존개념을 획득하게 되고, 유목화도 가능한 시기이다. 보존 문제를 해결할 수 있다는 것은 가역성, 상보성, 동일성의 원리를 이해한다는 것으로, 첫째, 가역성은 변형된 물체를 다시 조작을 가하면 원래의 상태로 돌아갈 수 있다는 것을 이해하는 능력을 말한다. 둘째, 상보성은 하나의 변화가 다른 변화로 인해 서로 상쇄되는 것을 의미한다. 셋째, 동일성은 다른 어떤 것을 첨가하거나 제거하지 않는 한 그 물질은 동일하다는 논리다.

이 외에도 구체적 조작기 아동은 유목화와 서열화의 개념을 이해하게 된다. 유목화는 물체를 여러 가지 속성에 따라 다양하게 분류해 낼 수 있다. 즉, 물체의 상위유목과 하위유목 간 관계를 이해할 수 있게 된다. 예를 들면, 말, 개, 고양이가 있다면 이들은 '동물'이라는 상위유목으로 개념화 되고, 집에서 기르는 동물과 그렇지 않은 것이라는 하위유목으로 분류할 수 있는 능력을 갖게 된다. 서열화는 물체를 크기나 무게와 같이 하나의 기준에 따라 순서대로 배열할 수 있는 것을 의미한다.

[그림 2-6] 유목화, 서열화

이와 같이 7세 이후의 아동은 보존개념을 획득하고, 자기중심화가 약해지며, 탈중심화와 타인 조망수용능력을 갖게 되고, 유목화와 서열화 개념을 이해하게 된다.

❹ 형식적 조작기(13세 이후)

형식적 조작기는 구체적이고 실제적인 상황을 넘어서는 문제해결이 가능한 시기로 추상적인 개념에 대한 논리적 사고가 가능하고, 가설연역적 추론과 조합적 사고가 가능하다. 추상적 사고는 눈에 보이지 않는 대상에 대해서도 추상적으로 추론하고, 가설을 세울 수 있으며 체계적으로 검증해 나갈 수 있다. 즉 평화, 양심 등과 같은 추상적인 개념과 풍자와 비유적 표현 등을 이해할 수 있게 된다. 가설연역적 추론은 다양한 현상에 대해 가설적 상황을 설정하고, 이를 도출하기 위해 자료를 수집하여 체계적으로 실험하고, 타당성을 검증해 나가는 것을 말한다. 즉, '만일 ~이면 … 이다.'라는 사고가 가능하다. 조합적 사고는 어떤 문제에 직면했을 때 그 문제를 해결하기 위해 필요한 요인을 추출하고, 체계적으로 구성하여 결론을 이끌어내는 것을 말한다.

(3) 교육적 시사점

Piaget의 인지발달이론이 교육현장에 시사하는 것 중 가장 주목할 것은 학습자의 자발성이다. 이는 아동이 스스로 외부세계를 탐색할 수 있도록 호기심을 자극하는 수업방법이 요구되는 것이기도 하다. 아동의 흥미를 유발시킬 수 있는 적합한 과제를 제시함으로써 스스로 동기화되어 문제를 해결할 수 있도록 해야 한다.

다음으로 학습자의 인지발달 수준에 맞는 수업자료와 활동을 제공해야 한다. 학습 자료를 제공할 때는 학습자의 출발점 행동을 면밀히 파악하여 구성되어야 한다. 영유아기는 오감을 자극할 수 있는 자료로 구성한다. 다양한 물체를 보고 만지고 느껴볼 수 있는 시·청각 자료를 통해 스스로 동기화될 수 있도록 한다. 발달 수준이 낮을수록 직접경험과 활동이 도움이 된다. 아동기는 구체적이고 실제적인 사물이나 상황을 제시하여 환경에 적응하고 조직할 수 있도록 한다. 학생 지도는 구체적 대상으로부터 시작하여 추상적이고 일반적인 수준으로 높혀 가는 것이 좋다. 청소년기는 보이지 않는 대상에 대해서도 사고하고 추론할 수 있는 능력이 있으므로, 주제를 통한 토론학습을 장려하는 것이 좋다.

마지막으로 인지의 불평형상태는 인지적 성장을 고무시킨다. 학습자에게 과제를 제시할 때 너무 어려워도 안 되고, 너무 쉬워도 동기화되기 어렵다. 그러므로 새롭고 약간의 난이도가 있는 과제를 제시하여 인지의 갈등을 불러일으킬 수 있도록 해야 한다.

2) 비고츠키(Vygotsky) 인지발달이론

러시아의 심리학자인 비고츠키(Vygotsky, 1896~1934)는 Piaget와 동시대에 태어났지만 그의 연구가 알려지기 시작한 것은 Piaget에 비해 20년 늦은 1980년대 초부터였다. 비록 1920년대부터 1934년 폐결핵으로 사망하기 직전까지 짧은 생애를 살았지만, 그의 연구는 사후에 더욱 빛을 보게 되었다. 아동의 사고에 관한 수많은 연구물들은 그의 제자들을 통해 현재에 이르게 되었는데, 저서로는 『장애아동의 발달과 교육진단』, 『고등정신기능의 발달사』, 『학령기의 인지발달과 교수문제』 등을 포함하여 180여 편이다.

(1) 인지발달의 기본개념

비고츠키
(L. S. Vysgtsky)

Vygotsky는 아동의 인지발달에서 어른들과의 상호작용이 중요하고 좀 더 일반적으로 사회·문화·역사적 맥락 속에서 이루어지는 것이라 주장하였다. 이때 성인이나 유능한 또래들과의 상호작용이 인지발달에 영향을 미치는 바가 크다. 예를 들면, 할머니와 같은 단순한 개념을 생각해볼 때, 형식적 수업을 받지 않은 아동이 할머니에 대해 아는 개념은 매우 한정될 가능성이 크다. 왜냐하면 개인적 경험(나의 할머니는 머리카락이 희고, 안경을 착용하고 있으며, 주름이 많다.)에 기초하고 있기 때문이다. 그러나 학교에서 가계도와 같은 수업을 받고 할머니에 대한 기본성격에 대해 도움을 받았다면 보다 넓은 깊이 있는 개념을 이해하게 된다. 그래서 이러한 개념을 가지고 가족 구조를 친구와 비교해할 수 있게 되고 이후 더 깊이 있는 연구를 할 수도 있다(Tappan, 1998).

(2) 언어와 사적언어

Vygotsky는 아동의 인지발달에 가장 중요하게 영향을 미치는 것을 언어와 대화라고 하였다. 언어와 대화는 타인과의 상호작용과정에서 필수적이기 때문이다. 아동의 언어발달에 대한 중요성을 Piaget와 Vygotsky는 견해를 달리하고 있다.

Piaget에 의하면, 인지발달단계의 전조작기에 나타나는 자기중심적 언어(egocentric speech)는 "아동이 자기 자신만을 위해서 말하기 때문이기도 하지만, 보다 근본적으로는 아동이 청자의 관점에서 자신을 바라보려고 하지 않기 때문에 자기중심적이다."라는 것이다. 즉, 아동기에 나타나는 혼잣말을 자기중심적 언어로 보고 이 혼잣말은 인지적으로 아직 미성숙함을 대변한다는 것이다.

반면, Vygotsky는 아동이 초기능력을 바탕으로 사고와 언어가 각각 분리되어 발달하고, 2세경이 되면 서로 연합하여 언어와 사고가 일치된 개념을 형성하게 된다고 보았다. Vygotsky의 이론에서 언어는 사고와 인지발달에 중요한 영향을 미친다. 자기중심적 언어를 아동이 스스로 문제를 해결할 수 있도록 돕는 사고의 도구로 보았으며, 이때 나타나는 혼잣말을 사적언어(private speech)라 하였다. 사적언어는 아동이 복잡한 문제를 해결하기 위해 마음속으로 사용하는 언어를 말한다.

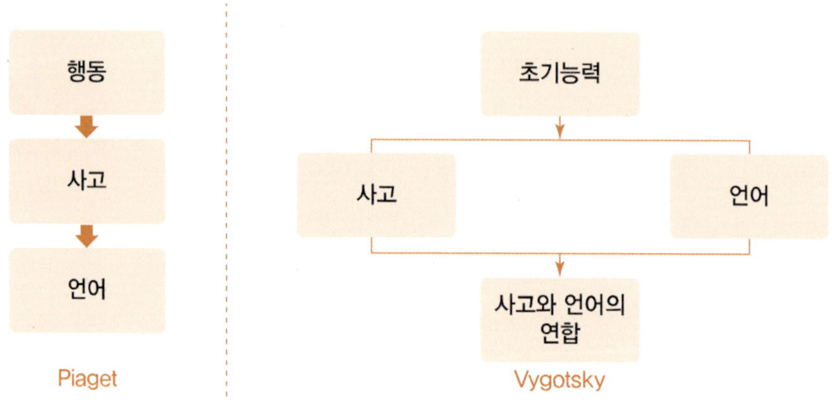

출처 : 임규혁, 2001

[그림 2-7] Piaget와 Vygotsky의 언어와 사고의 발달과정 비교

이처럼 아동의 언어는 학습과 발달을 매개하는 중요한 요인임에 틀림없다. 사적언어는 타인들과의 상호작용을 통해서 발달하지만 처음에는 문제해결을 위해서 혼자 중얼거리고, 혼잣말은 속삭이는 언어로 발달해가며 나아가 내적언어(inner speech)로 전환되어 문제해결에 중요한 기능을 한다.

(3) 근접발달영역(Zone of Proximal Development : ZPD)

아동이 혼자서는 문제를 해결할 수 없지만, 교사나 부모 또는 또래의 조력을 받으면 성공적으로 문제를 해결할 수 있는 과제의 범위가 있다. 이를 근접발달

영역이라 한다. 근접발달영역은 실제적 발달수준과 잠재적 발달수준으로 구분한다. 실제적 발달수준은 아동이 독자적으로 문제를 해결할 수 있는 수준을 의미하며, 잠재적 발달수준은 성인이나 유능한 또래의 도움을 받아 문제를 해결할 수 있는 더 높은 수준을 말한다.

아동이 주위 어른들로부터 협력적인 도움과 지원을 받아 과제를 시도할 때 근접발달영역 내에서 이루어지는 것이며, 이때 인지발달이 이루어진다.

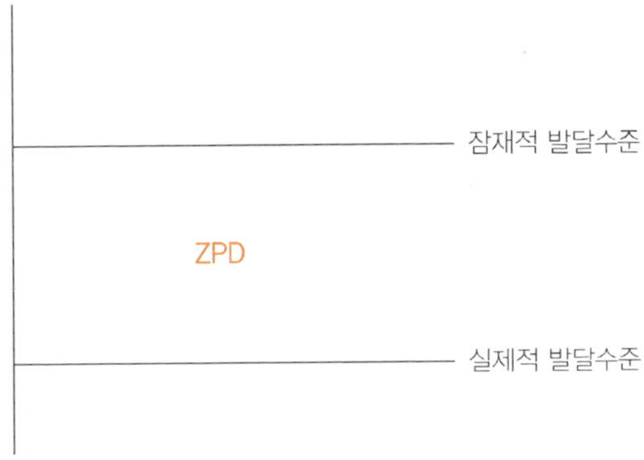

[그림 2-8] 근접발달영역

학생들이 근접발달영역을 통과해 나가도록 단서제공, 시범보이기, 질문하기, 격려하기 등을 제공하게 되는데, 이를 발판 또는 비계설정(scaffolding)이라 한다. 발판을 제공하는 것은 학생들이 스스로 학습하지 못할 수도 있는 지식과 기능의 습득을 도와주기 위한 것이다. 학생들이 스스로 문제를 해결할 때까지 조력의 수준을 적절히 조설하여 종국에는 타인의 도움 없이 혼자서 수행해 나갈 수 있도록 한다. 근접발달영역에서 효과적으로 발판을 제공하기 위해 다음의 4가지 성분 모형을 제안한다(Tappan, 1998).

❶ 학업행동을 열망하는 시범 보이기

아동은 독립적으로는 나타내 보일 수 있는 능력을 가지고 있지 않은 많은 행동을 모방할 수 있고, 이러한 경험은 학생들이 스스로 그에 따라 행동하도록 자극한다.

❷ 학생과 대화하기

개념, 절차, 원리에 대한 아동의 이해는 아동의 근접발달영역 안에서 이루어지는 교사와 아동 간의 질문, 설명, 피드백 교환의 결과로 보다 체계화되고 조직화된다. 시범 보이기에서와 마찬가지로, 이 대화의 효과성은 적어도 부분적으로는 교사와 학생 각자가 상대방의 욕구를 만족시키기 위해 진정으로 노력하는 관계를 형성 및 유지하기 위해 헌신하는 정도에 의해 결정된다.

❸ 연습하기

연습은 학생들이 관찰하고 다른 사람과 토론한 사고 기능을 내면화하는 속도를 빠르게 한다.

❹ 승인하기

다른 사람을 승인하는 것은 그가 어느 정도의 도움을 받아 할 수 있는 일에 집중함으로써 그 사람의 좋은 점을 이끌어 내는 것이다. 그리고 이 과정은 교사와 학생 간에 서로 신뢰하고 상호 지원적인 관계를 형성하는 데 도움이 된다. 예를 들어, 학생에게 "이 과제가 지금 당장은 어렵게 보이고, 전에도 이와 유사한 과제를 하는 데 어려움이 있었다는 것을 알지만, 내가 잘 도와주면 너는 아주 잘 할 수 있다는 것을 확신한다."고 말할 수 있을 것이다.

이와 같이, Vygotsky는 모든 아동이 자기 자신뿐만 아니라 부모, 교사, 또래와의 상호작용을 통해 많은 것을 습득하게 되고, 사회적 관계 속에서 인지발달이 이루어진다고 보았다.

(4) 교육적 시사점

Vygotsky의 인지발달이론에서 교육현장에 시사하는 가장 중요한 점은 학습자에게 실제적 수준보다 조금 난이도가 있는 과제를 부여하는 것이 인지발달을 촉진시키는 데 도움이 된다는 것이다. 효과적인 교수활동은 학습자의 근접발달영역 내에서 이루어지는 것으로, 교사는 학습자가 혼자서 문제를 해결할 수 있는 내용을 제시하기보다는 주변의 도움을 받을 수 있는 조금 앞서는 과제를 부여하여 발달을 주도해 나갈 수 있다.

다음으로 학습자의 사회·문화적 환경이 인지발달에 중요하게 영향을 미친다. 특히 부모, 교사, 또래들이 인지발달을 촉진시키는 중요한 요인임을 강조한다. 그 중에서도 또래들과의 협동학습은 서로 다른 사적언어들이 공유되어 상호 간 발전될 수 있는 모델을 제시하고, 이를 모방하여 성장을 촉진할 수 있다. 따라서 교사는 수업내용뿐만 아니라 적절한 수업환경을 조성하는 데 주의를 기울여야 할 것이다.

4 정의적 발달

1) 성격발달이론

성격은 영어 'personality'에서, 라틴어 'persona'에서 유래되었다. 페르조나(persona)는 그리스의 연극에서 배우들이 쓰던 '가면'을 일컫는다. 이런 의미에서 성격은 사회적 역할을 수행할 때 겉으로 드러난 모습 또는 특성이라고 할 수 있다. 성격에 대한 체계적인 연구는 프로이트(Freud, 1856~1939)의 '정신분석학'으로부터 발달하기 시작하였다. 본 절에서는 프로이트의 심리성적 성격발달과 에릭슨(Erikson, 1902~1994)의 심리사회적 성격발달이론에 대해 고찰해보고 교육현장에 적용할 수 있는 방안을 살펴보기로 한다.

(1) 프로이트(Freud)의 심리성적 성격발달이론

❶ 심리성적 성격발달이론 기본개념

프로이트(Sigmund Freud, 1856~1939)의 정신분석학은 20세기 정신의학과 심리학의 발달에 큰 공헌을 한 이론이며, Freud는 인간의 정신세계를 분석적으로 접근한 최초의 인물이다.

지그문드 프로이드
(S. Freud)

Freud는 인간의 정신수준을 의식(consciousness), 전의식(preconsciousness), 무의식(unconsciousness)으로 구분하였다. 정신수준을 빙산에 비유하여 수면 위에 떠있는 작은 부분을 의식 영역이라 하였고, 물속에 잠겨 있는 거대한 부분을 무의식이라 하였으며, 파도에 의해 수면 위로 드러났다 잠겼다 하는 부분을 전의식이라 하였다. 이를 좀 더 구체적으로 살펴보면, 의식은 경험했던 것을 떠올릴 수 있는 정신영역으로 무엇을 했는지 질문을 받았을 때에 기억해 내고 대답을 할 수 있는 영역이다. 전의식은 조금만 주의를 집중하고 노력하면 기억해 낼 수 있는 정신영역을 말하며, 무의식은 마음속 깊이 잠겨있어 전혀 기억하지 못하는 영역을 말한다. 전혀 자각하지 못하는 무의식은 인간의 사고와 행동을 지배하는 보이지 않는 힘이며 성적 에너지의 원천이다.

Freud에 의하면, 인간의 성격구조는 원초아(id), 자아(ego), 초자아(superego)의 세 체계로 구성되어 있고, 이 세 체계의 균형 있는 발달은 성격형성에 아주 중요하다고 보았다.

첫째, 원초아(id)는 성격의 가장 원초적인 부분으로 본능을 포함하고 있으며 자아와 초자아가 분화되어 나오는 심리적 에너지의 원천이다. 원초아는 쾌락원리(pleasure principle)에 따라 비논리적이고 비도덕적인 것으로써 현실을 고려하지 않고, 즉각적으로 욕구를 충족하여 쾌락이나 만족을 얻고 고통을 회피하려고 한다.

둘째, 자아(ego)는 원초아의 즉각적 욕구를 억제하고 현실상황을 고려하여 합리적으로 욕구를 충족하려는 현실원리(reality principle)에 의해 지배된다. 즉, 외부 현실을 구별할 수 있고 논리적인 사고에 따라 판단하고 행동할 수 있다.

셋째, 초자아(superego)는 성격의 도덕적인 부분으로서 부모와 상호작용 과정을 통해서 사회화과정이 내면화되어 발달한다. 초자아의 주된 기능은 도덕적 판단과 완성을 추구하는 정신구조로서 도덕적 원리(morality principle)를 따른다.

Freud는 초기 5세까지의 경험이 성격발달에서 중요한 것으로 보았다. 심리성적 에너지인 리비도(libido)는 일생 동안 일정한 순서에 따라 신체 각 부위에 집중하게 되는데, 이때 신체 각 부위를 성감대(erogenous zone)라고 한다. 신체

각 부위는 연령에 따라 구강기, 항문기, 남근기, 잠복기, 생식기의 5단계로 구분한다.

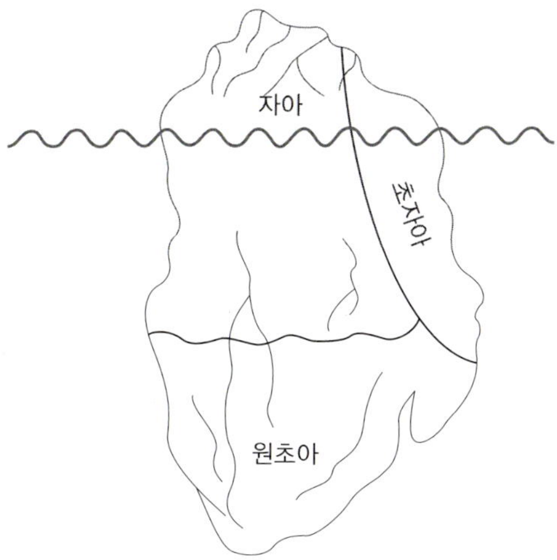

[그림 2-9] Freud의 성격 구조

❷ 심리성적 성격발달 단계

• 구강기(oral stage)

구강기는 출생에서 18개월까지를 말하는데, 이 때 삶의 즐거움을 추구하는 부위가 입과 입술 등이다. 즉, 리비도가 입과 입술에 집중되는 시기로 주로 입으로 빨기, 씹기, 깨물기 등과 같은 행위를 통해 쾌감을 느낀다. 이 시기는 수유 욕구를 충족시키는 것이 성격형성에 중요한데, 구강기의 욕구 충족이 결핍되거나 과도하게 충족되는 경우 다음 단계로 넘어가지 못하고 구강기 고착(fixation) 성격을 갖는다. 수유를 지나치게 엄격히 통제하거나 이유를 너무 빨리하여 욕구불만을 느끼게 되면 유아는 구강기 고착 성격을 갖게 된다. 고착 증상은 과도한 흡연, 과식, 과음, 손가락 빨기, 손톱 물어뜯기, 수다, 타인에 대한 의존성 등의 행동을 보인다.

- 항문기(anal stage)

항문기는 18개월부터 3세까지이며, 신경계의 발달로 괄약근을 수의적으로 조절할 수 있는 시기이다. 항문을 통해 리비도의 만족을 추구하는 단계로 일정 기간 동안 괄약근을 수축시키거나 이완시킴으로서 쾌감을 얻으며, 리비도가 구강에서 항문으로 옮겨가기 때문에 이 시기를 항문기라 부른다.

이 시기에는 부모에 의한 적절한 배변훈련이 성격형성에 중요하게 영향을 미치게 되는데, 지나치게 억압하거나 엄격하게 훈련하였거나 반대로 훈련에 무관심하거나 시기적으로 늦게 이루어질 경우 '항문고착(anal fixation)' 성격을 갖게 된다. 항문기적 쾌감이 박탈될 경우 고착성격을 갖는다. 고착증상은 결벽증, 수전노, 질서, 정확함, 순종적, 소극적, 완벽주의 특성을 보이며, 주변을 어지럽히거나 낭비벽, 잔인하거나 파괴적인 성격의 소유자가 되기도 한다.

- 남근기(phallic stage)

남근기는 3세 이후부터 5세까지를 말하며, 리비도가 항문영역에서 성기로 옮겨가는 시기이다. 이 시기에 이르면 이성부모에 대해 강한 성적 애정을 느끼고 근친상간적 소망을 가지게 된다. 남아의 경우 오이디푸스 콤플렉스(Oedipus complex)를 경험하게 되고, 여아의 경우 엘렉트라 콤플렉스(Electra complex)를 갖는다.

남아는 어머니에게 강한 성적 애착을 느끼게 되고, 어머니에 대한 근친상간적 욕망은 아버지를 경쟁자로 생각하여 적대감을 갖게 한다. 이 과정에서 남아는 거세불안(castration anxiety)이 유발된다. 거세불안을 감소시키기 위해 아버지에 대한 적대감을 무의식속으로 억압하고, 대신에 아버지를 동일시하여 남성다움을 발달시켜 간다.

여아는 무의식적으로 아버지에 대한 성적 애착을 갖게 되는데, 이를 엘렉트라 콤플렉스라 한다. 여아는 자신에게 남근이 없다는 것을 알고 남근에 대한 부러움 즉, 남근선망(penis envy)을 갖는다. 이 시기에 고착되면 남근기적 성격으로 남자는 경솔하고, 자기과시와 허세를 부리는 경향이 있으며, 여자는 유혹적이며 경박스러운 특성을 보인다.

• 잠복기(latency stage)

잠복기의 아동들은 성적 욕구나 갈등이 억압되어 다른 단계에 비해 비교적 평온한 시기를 보낸다. 이 시기를 6세부터 12세까지로 본다. 이 단계는 이성에 대한 관심은 줄어들고 대신에 동성의 또래들과 어울리면서 실생활에 필요한 여러 가지 사회적 기술을 습득하고, 운동, 게임 등 놀이나 지적활동을 통해 에너지를 발산한다. 이 시기에 고착될 경우 과도한 성적 욕구의 억압에서 비롯되는 수치감, 혐오감 등이 나타날 수 있다.

• 생식기(genital stage)

생식기는 사춘기가 시작되는 12세 이후부터 19세까지 잠복해 있던 성적 욕구가 다시 활발해지는 시기이다. 이제는 동성 또래와의 관계를 벗어나 이성에 대한 진정한 관심을 가지고 성숙한 사랑을 찾으려 한다. Freud는 이전 단계까지는 자기 신체를 통한 성적 쾌감을 추구하는 자기애적 경향을 보였으나, 이 단계부터는 이성으로부터 성적인 만족을 추구하려 한다고 하였다. 이 단계까지 원만한 발달을 이룩한 사람들은 이성과 친밀한 관계를 형성하고, 성숙한 사랑을 하며, 생산적인 활동에 전념하게 된다.

❸ 교육적 시사점

Freud의 심리성적 발달이론에서는 부모교육과 유아교육 현장에 시사점을 준다. 초기 5세까지의 경험이 인간의 성격형성에 결정적인 시기로 보았던 것으로, 양육자와의 애착관계 형성, 가정환경, 부모양육태도 등이 중요함을 일깨워 준다.

(2) 에릭슨(Erikson)의 심리사회적 발달이론

❶ 심리사회적 성격발달이론 기본개념

에릭슨(Erik Erikson, 1902~1994)은 청소년의 자아정체감(ego-identity) 형성에 주된 관심을 가졌던 학자이다. Erikson은 독일 프랑크푸르트에서 태어났고, 실

에릭슨(E. H. Erikson)

제 그의 부모는 덴마크인이었다. 그러나 그의 아버지가 사망하고 어머니가 유대인과 재혼하면서 혼란스러운 어린 시절을 보냈다고 한다. 그가 자아정체감에 관심을 갖게 된 것 또한 자신의 사춘기 시절 혼돈의 과정에서 비롯되었다고 볼 수 있다.

Erikson은 인간의 성격발달을 전생애적 관점으로 확대하여 8단계로 구분하였으며, 사회문화적 환경이 성격발달에 중요한 요인임을 강조하였다. 특히 인간 발달은 사회 속에서 맺게 되는 사회적 관계들 간 상호작용에 의해 결정된다고 보았다. 각 단계에는 해결과 관련된 발달과업이 있으며, 발달과업은 긍정적 대안과 잠재적으로 건강하지 못한 대안 간 갈등을 포함한다.

과업을 수행하는 과정에서 발달적 위기를 겪게 되는데 이를 적절히 해결해 나가야 한다. 이는 어느 한 단계를 성공적으로 해결하지 못하더라도 다음 단계를 경험할 수 있지만 발달지연 또는 성격형성에 부정적인 영향을 미친다.

❷ 심리사회적 성격발달 단계

• 기본적 신뢰감 vs 불신감 : (출생~1세)

유아가 해결해야 할 과제는 신뢰감을 갖는 것이다. 신뢰는 유아가 맺게 되는 최초의 사회적 관계를 통해 발달하게 되는데, 주 양육자 또는 어머니와의 관계 속에서 이루어진다. 어머니의 일관성 있는 양육태도가 유아의 건강한 성격 발달에 밑거름이 된다. 어머니가 유아의 신체적, 심리적 욕구를 적절히 충족시켜 주면 유아는 어머니를 신뢰하게 되어 신뢰감을 발달시키지만, 유아의 요구를 무시하거나 일관성 없게 대하면 유아는 불신감을 발달시키게 된다. 일단 유아가 어머니에 대한 기본적 신뢰감을 형성하게 되면 이후 다른 대상이나 상황에서도 신뢰감을 갖게 된다. 신뢰감은 이후 생의 과정에서 맺게 되는 사회적 관계에서의 성공여부와 밀접한 관련이 있기 때문에, 기본적 신뢰감을 균형 있게 발달시키는 것은 매우 중요하다(임경희 외, 2013).

• 자율성 vs 수치 및 의심 : (1~3세)

이 단계는 유아의 신체 및 인지발달이 빠르게 발달하는 시기이다. 유아는 스스로 행동하고 주변 환경을 탐색하려 시도하며, 여러 상반된 욕구들 사이에서 스스로 선택하고자 하는 자율성을 발달시킨다. 이때 유아는 자신의 의지대로 행동하려 하고, 부모는 사회적으로 적합한 행동을 하도록 훈육한다. 그런데 훈육과정에서 부모가 너무 엄격하여 유아의 고집을 꺾으려 하거나, 반대로 무관심한 양육방식을 갖게 되면 유아는 수치감을 발달시키게 된다. 이 시기 유아가 발달적 위기를 해결하는 데 부모의 훈육방식이 많은 영향을 미치게 되므로, 유아의 행동에 대해 인내심을 갖고 기다려주고 격려와 칭찬으로 발달을 도와야 한다.

• 주도성 vs 죄의식 : (3~6세)

이 단계는 유아가 스스로 목표와 계획을 세워 시도해보려고 노력하는 시기이다. 유아가 주도적으로 무엇인가를 시도하려 할 때 부모가 목표를 완수하도록 격려하고 지지해주면 주도성을 발달시키게 되지만, 지나치게 간섭하거나 질책을 하게 되면 죄의식을 갖게 된다. 따라서 유아가 적극적이고 주도적으로 목표를 달성해가도록 적절한 인정과 격려를 하는 것이 도움이 된다.

• 근면성 vs 열등감 : (6~11세)

이 단계는 '자아'가 형성되는 결정적인 시기이며, 가족의 범주를 벗어나 교사, 또래 등 활동반경이 넓어지는 시기이기도 하다. 또한 지적 욕구가 활발하여 인지적 기술과 사회적 기술을 습득하고 숙달시키게 된다. 아동이 또래와 부모로부터 긍정적인 평가를 받고 잘 할 수 있다는 격려와 성공적인 경험을 갖게 된다면 근면성이 발달한다. 그러나 자신의 능력을 발휘하지 못하고, 실패의 경험이 누적되거나 결과에 대한 부정적 피드백을 받게 되면 열등감을 발달하게 된다. 따라서 학생의 현재 수준에 맞는 적절한 과제를 제시하고 성취감을 경험하도록 격려하며, 작은 성공경험 그 자체를 가치 있게 다루어 주어야 한다.

• 정체감 vs 역할혼미 : (12~18세)

이 단계는 청소년기에 해당하는 시기로 급격한 신체적 변화와 지적, 감정적 변화를 경험하는 시기이다. 급격한 신체 변화와는 달리 정신적 성장은 이를 따라가지 못하기도 한다(신명희 외, 2010).

Erikson은 이 시기를 자아정체감을 발달시켜야 하는 가장 중요한 시기라 보았다. 자기 존재에 대한 경험과 탐색이 시작되고, 타인이 자신을 어떻게 생각할 것인지에 대해 관심을 가지게 되며, 불확실한 미래에 대한 갈등에 직면하는 시기이다. 이 단계 청소년들은 '나는 누구인가?', '나는 무엇을 하며 살아갈 것인가?' 와 같은 자기 존재와 역할에 대한 해답을 찾으려 애쓰며 고민과 방황의 탐색기를 갖는다. 이 단계를 긍정적으로 해결하면 자아정체감을 형성하게 되지만, 고민과 방황이 계속되어 삶의 방향성을 잃으면 역할혼미를 발달시키게 된다.

• 친밀성 vs 고립감 : (20~40세)

부모로부터 독립하여 직업을 선택하고 타인과의 관계에서 친밀함을 갖는 시기이다. 일과 사랑을 통하여 진정한 자기탐색의 시기를 경험하게 되며 다른 사람과 친밀한 관계를 맺을 준비가 되어 있다. 이 과정에서 사랑하는 사람이나 사회적 관계 속에서 맺는 동료들과 공유적 정체감을 갖게 되어 친밀감을 발달시킨다. 반면, 친밀한 관계 형성에 실패하면 고립감을 느끼게 된다.

• 생산성 vs 침체성 : (40~65세)

이 단계는 가정생활과 직장, 사회활동이 활발한 생산성을 발달시키는 시기이다. 가정적으로는 자녀를 낳아 기르고, 가르치며, 직장에서는 직업적 역량을 발휘하여 생산성과 업무능력 향상을 통하여 승진을 하게 되며, 사회적으로는 후세대를 양성하는데 관심과 노력을 기울이는 단계이다. 반면, 생산성을 발휘하지 못하고 자기탐닉에 빠지면 침체성을 갖게 된다.

- 통합성 vs 절망감 : (65세 이후)

노년기에 해당하는 시기로 자신이 지금까지 살아온 생애를 돌아보면서 자신의 인생이 만족스러웠다고 회상하는 단계이다. 이 시기에는 있는 그대로의 자신을 수용하고, 인생에 대해 관조할 수 있을 때 통합성이 형성된다. 반면, 인생을 후회하고 죽음을 두려워할 때 절망감에 빠진다.

〈표 2-1〉 Erikson의 심리사회적 발달단계

연령	발단단계	기본덕목	관계
출생~1세	신뢰감 vs 불신감	희망	주양육자(어머니)
1~3세	자율성 vs 수치/의심	의지	부모
3~6세	주도성 vs 죄의식	목적	가족
6~11세	근면성 vs 열등감	유능감	학교, 교사, 또래
12~18세	정체감 vs 역할혼미	충실	또래, 집단
20~40세	친밀성 vs 고립감	사랑	사랑하는 사람, 친구, 직장동료
40~65세	생산성 vs 침체성	배려	지역사회
65세 이후	통합성 vs 절망감	지혜	사회, 세상

출처 : Erikson, Erikson, & Kivnick(1986). (이신동, 2011 재인용)

❸ 교육적 시사점

Erikson의 심리사회적 성격발달이론이 교육현장에 시사하는 바는 학습자가 과제를 완수해 낼 수 있을 정도의 양을 난이도를 조절하여 제시하고, 과제에 대한 성공경험을 누적시키도록 하여 근면성을 향상시키는 것이다. 학습자의 작은 성공경험은 내적 동기를 강화시키고 긍정적 자아개념을 갖는데 도움이 된다.

다음으로 학습자의 자기정체성 확립을 위해 다양한 체험과 역할을 탐색할 수 기회를 제공한다. 행복학교와 같은 국가적 프로젝트와 같이 자기 탐색과 진로 선택 및 결정을 위한 다양한 체험기회를 부여하고, 현장의 전문가들을 초청하여 생생한 경험과 진로선택 과정에 대한 이야기를 들을 수 있는 기회를 제공한다.

2) 도덕성발달 이론

도덕성(morality)이란 개인이나 사회집단이 사회구성원으로서 도덕적 행위를 할 수 있는 능력, 도덕적 원리나 규칙 등을 합리적으로 판단하고 추론할 수 있는 것으로 규정할 수 있다. 먼저 Piaget의 도덕성 이론에 대해 살펴보려고 한다. Piaget는 아동의 공기놀이를 관찰하면서 아동의 사고활동과 도덕적 발달에 관심을 갖게 되었다고 한다. 다음으로 Piaget의 이론을 더욱 정교화한 Köhlberg의 도덕성 발달단계를 고찰해 보기로 한다.

(1) 피아제(Piaget)의 도덕성 발달이론

Piaget는 아동이 공기놀이를 어떻게 하는지 관찰하는 과정에서 도덕적 발달단계에 관심을 가지게 되었다고 한다. 10세 이전 아동의 놀이 활동에서 규칙을 못하지만 이를 따르려고 노력하는 것을 발견하였고, 10세 이후의 아동은 규칙을 상호 합의하에 결정하는 것으로 협의가 가능한 것으로 본다. Piaget는 이러한 연구들을 바탕으로 하여 도덕성 발달단계를 타율적 도덕성(heteronomous morality)과 자율적 도덕성(autonomous morality)로 구분하였다.

첫째, 타율적 도덕성은 외재적 도덕성(external morality)이라고도 하는데, 10세 이전의 아동들에게서 주로 나타나는 사고형태이다. 아동은 규칙이 권위자에 의해 만들어졌고, 절대적으로 지켜져야 하며, 불변하는 것으로 인식한다. 또한 행위자의 동기나 의도를 고려하여 선악을 판단하기보다는 결과에 주안점을 두고 판단하는 시기이다.

둘째, 자율적 도덕성은 내재적 도덕성(internal morality)이라도 하며, 10세 이후의 아동들에게서 나타나는 도덕적 사고의 형태를 말한다. 이 시기 아동은 규칙이 타인과 상호 협의 하에 결정된다는 것을 이해할 뿐만 아니라, 절대적일 수 없다는 것을 깨닫게 된다. 또한 행위자의 동기와 의도를 고려하여 옳고 그름을 도덕적으로 판단할 수 있게 된다.

(2) 콜버그(Köhlberg)의 도덕성 발달이론

❶ 도덕성 발달개념 및 단계

콜버그(Köhlberg)는 피아제의 도덕적 사고와 발달에 대한 이론을 더욱 정교화한 학자이다. Köhlberg에 의하면, 도덕적 추론은 고정된 단계를 따라 순서대로 발달해가고(Köhlberg, 1963, 1975), 도덕적 발달은 학습을 통해 가속화 될 수 있다고 보았다. 그는 소년들을 대상으로 '하인즈의 딜레마(Heinz's dilemma)'와 같은 도덕적 딜레마 상황을 제시하여 그 결과를 분석하였고, 이들의 도덕적 추론의 변화를 3수준 6단계로 구분하였다. 말년에 6단계에 우주영생지향단계를 추가하여 모두 7단계를 제안하였다(문은식 외, 2007).

콜버그
(L. Köhlberg)

- 제1수준 : 전인습 수준

전인습 수준의 아동은 도덕적 규칙을 완전히 이해하지 못하고 처벌 받는 행동은 나쁘고, 보상받는 행동은 좋은 것으로 추론한다.

- 제1단계(처벌과 복종 지향) : 처벌을 피하기 위해 힘을 가진 사람의 명령이나 요구에 복종하는 단계이다.
- 제2단계(욕구 충족을 위한 수단으로서 도덕성) : 자신과 타인의 욕구 충족이 도덕적 판단의 기준이 된다.

- 제2수준 : 인습 수준

인습 수준에서는 타인과의 상호작용을 통해 다른 사람의 승인과 인정을 받기위한 방향으로 추론하고, 사회질서를 유지하기 위해 법을 절대적인 가치로 믿고 따르려고 한다.

- 제3단계(착한 소년·소녀 지향) : 다른 사람의 인정을 중시하고 다른 사람에게서 칭찬 받는 행위가 도덕적 판단의 기준이 된다.

–제4단계(법과 사회질서 지향) : 사회 질서와 법을 준수하는 것이 도덕적 판단의 근거가 된다.

- 제3수준 : 후인습 수준

후인습 수준에서는 개인적인 차원과 집단적인 권리를 초월해 도덕적인 가치와 원리에 따른다.

–제5단계(사회계약 지향) : 법이나 규칙을 중시하지만, 사회적 유용성에 따라 법이나 제도가 바뀔 수 있다는 생각을 한다.

–제6단계(보편적 도덕원리 지향) : 인간의 존엄성, 사회정의, 평등 등 보편적 원리를 지향하며, 양심의 결단에 따라 도덕적 판단을 한다.

–제7단계(우주영생 지향) : 인간의 도덕성을 분절적인 접근이 아니라, 우주적 질서 속에 통합되는 원리에 입각하여 도덕적 판단을 한다.

〈표 2-2〉 Heinz의 딜레마

유럽의 한 부인이 무서운 암에 걸려서 죽어가고 있었다. 그 부인의 병을 치료하는 데는 오직 한 가지 약밖에 없는 것으로 알려져 있었다. 이 약은 같은 마을에 사는 어느 약사가 최근에 발명한 약이었다. 그 약을 만드는 데 원가는 200달러가 들었지만 그 약사는 약값을 원가의 10배를 요구하였다. 병든 부인의 남편인 하인즈는 돈을 구하기 위해 아는 사람을 모두 찾아다녔으나 그 약값의 절반밖에 마련하지 못했다. 할 수 없이 하인즈는 그 약사를 찾아가서 자기 부인이 지금 죽어가고 있다고 말하고 그 약을 반값에 팔거나, 아니면 다음에 나머지 돈을 갚겠다며 간청했다. 그러나 약사는 거절하였다. 절망에 빠진 하인즈는 결국 약방 문을 부수고 들어가 그 약을 훔쳤다.

❷ 교육적 시사점

Köhlberg의 도덕성 발달이론이 교육현장에 시사하는 점은 학생들에게 교과주제와 관련된 도덕적 딜레마 상황을 제시하여 도덕발달 수준을 증진시킬 수 있다는 것이다. 학생들이 각 상황에 대해 집단으로 토론하고 발표를 하도록 함으로써 각자의 도덕적 추론과 사고를 확인해 볼 수 있다. 이때 토론을 통해 자신의 발달수준보다 상위의 사고에 노출되어 도덕성 발달이 증진된다.

연습문제

객관식

1 인간발달의 원리에 관한 설명 중 가장 적합한 것은?

① 인간은 특수한 것에서 일반적인 것으로 발달한다.
② 인간의 성장과 발달은 유전과 환경의 영향을 받는다.
③ 발달지연과 결함이 있었더라도 충분한 영양공급이 제공되면 정상적인 발육이 가능하다.
④ 인간의 발달은 말초부분부터 중심부로 진행된다.
⑤ 발달은 유전의 영향을 받는다.

2 다음 중 바르게 연결된 것은?

① 피아제(Piaget) - 자아정체감
② 에릭슨(Erikson) - 도식, 동화, 조절
③ 프로이드(Freud) - 원초아, 자아, 초자아
④ 콜버그(Köhlberg) - 타율적 도덕성, 자율적 도덕성
⑤ 비고츠키(Vygotsky) - 감각운동기, 전조작기, 구체적조작기, 형식적조작기

3 보기는 피아제(Piaget)의 인지발달이론에서 감각운동기 단계에 획득되는 개념이다. 해당하는 것은?

> \- 보기 -
> 영아가 눈 앞에서 대상이 사라지더라도 그 대상이 어딘가에 존재한다는 것을 이해하는 것

① 대상영속성　② 중심화　③ 물활론적 사고
④ 보존개념　⑤ 조망수용능력

4 피아제(Piaget)의 인지발달이론에서 형식적조작기의 주요한 발달 특징으로 묶여진 것은?

① 가설연역적 사고, 조합적사고, 추상적사고
② 가설연역적 사고, 추상적 사고, 보존개념
③ 자기중심성, 탈중심화, 물활론적 사고
④ 자기중심성, 중심화, 물활론적 사고
⑤ 추상적 사고, 조합적사고, 직관적사고

5 에릭슨(Erikson)의 심리사회적 성격발달단계에 관한 것으로, 각 단계에서 성취해야 할 긍정적인 과업과 부정적 과업으로 바르게 연결된 것은?

① 자율성 - 죄의식　② 근면성 - 열등감
③ 친밀감 - 침체성　④ 정체감 - 수치심
⑤ 생산성 - 절망감

6 콜버그(Köhlberg)의 도덕성 발달단계에서 "타인의 인정을 중시하고 칭찬 받는 행위가 도덕적으로 올바른 행위"라고 판단하는 단계는?

① 1단계　② 2단계　③ 3단계
④ 4단계　⑤ 5단계

정답

1. ②　2. ③　3. ①　4. ①　5. ②　6. ③

주관식

1 다음의 용어를 정의하시오.

① 도식(schema)
② 대상영속성
③ 근접발달영역
④ 발판화
⑤ 리비도
⑥ 자아정체감

2 인간발달의 일반적 원리에 대해 설명하시오.

3 Piaget의 인지발달단계에 대해 설명하시오.

4 Piaget와 Vygotsky의 인지발달이론을 비교하고, 설명하시오.

정답

1. ① 도식(schema): 개인이 형성한 인지구조 즉 사고의 기본단위를 말한다.
   ② 대상영속성: 사물이 보이지 않더라도 그 대상이 존재한다는 것을 인식하는 능력을 말한다.
   ③ 근접발달영역: 실제적 발달수준과 잠재적 발달수준 간의 격차를 의미한다.
   ④ 발판화: 혼자 해결하기 어려운 과제를 해결할 수 있도록 근접발달영역 범위에서 조력하는 과정(단서제공, 시범보이기, 질문하기, 격려하기 등)을 말한다.
   ⑤ 리비도: 정신활동의 원천인 성본능, 성적 에너지를 말한다.
   ⑥ 자아정체감: 자기존재와 역할에 대한 분명한 인식을 말한다.
2. 인간 발달의 원리를 4가지로 구분하면 다음과 같다. 첫째, 발달은 일정한 순서와 방향에 따라 이루어진다. 즉 두미방향과 근원방향 그리고 일반적인 것에서 특수한 것으로 진행된다. 둘째, 발달에는 개인차가 있다. 셋째, 발달은 결정적 시기가 있다. 넷째, 발달은 유전과 환경의 상호작용 결과이다.
3. 피아제 인지발달 단계는 4단계로 구분되는데, 네 단계는 질적으로 구분할 수 있는 순서를 거쳐 몇 단계를 뛰어넘어 발달하지 않는 계속적인 과정이다. 1단계 감각운동기는 감각운동기능을 통해 외부세계를 탐색하여 인지구조를 형성해간다. 2단계 전조작기는 논리적인 정신작용 발달 전 단계로 상징적 사고활동, 물활론적 사고, 중심화, 자기중심성 등의 특징을 나타낸다. 3단계 구체적 조작기는 탈중심화와 보존개념을 획득하는 시기이다. 4단계 형식적 조작기는 청소년기로 보이지 않는 대상에 대해서 추상적 사고와 추론이 가능하고, 가설연역적 사고활동이 가능하다.
4. 첫째, 인지발달에 있어서 Piaget에 따르면 학습자가 주체적으로 인지구조를 조직해 나가는 반면, Vygotsky는 사회 및 문화 환경이 인지발달에 영향을 미친다고 주장하였다. 둘째, 자기중심적 언어에 대해 Piaget는 아동의 혼잣말은 인지적으로 아직 미성숙함을 대변하는 것으로 간주하였으며, Vygotsky는 사적언어가 아동이 복잡한 문제를 해결하는 사고의 도구로 인지발달 촉진하는 것이라 보았다.

CHAPTER

03

학습이론

1. 학습의 개념
2. 학습의 행동주의적 관점
3. 학습의 인지주의적 관점

인간은 태어나면서부터 죽을 때까지 거의 매일 자신이 원하든 원하지 않든, 새로운 것들을 보고, 느끼고, 접하고, 그에 관해 생각하면서 경험하고 관찰하면서 여러 가지 다양한 학습을 한다. 손다이크(Thorndike, 1931)는 '자신을 변화시킬 수 있는 인간의 능력, 즉 학습능력은 인간이 갖고 있는 가장 독특한 특징이다.'라고 하였다. 인간의 학습능력은 다른 동물과 비교할 수 없을 정도로 광범위하고 정교하기 때문에 인간이 갖고 있는 모든 문명은 인간의 학습능력의 산물이다.

1 학습의 개념

인간의 삶을 풍요롭게 하고 사회의 문화를 보존하고 발달시키는 데 중요한 역할을 하는 학습은 인간의 행동변화를 설명하는 중요한 용어이지만 관점과 이론에 따라 다양하게 정의된다. 가네(Gagné, 1985)는 학습을 '일정 기간 이상 인간의 성향이나 능력의 변화이며, 단순히 성장과정에서 나타나는 변화는 학습이 아니다.'라고 하였다. 또한 올슨과 허겐한(Olson & Hergenhahn, 2009)은 학습이란 '경험의 결과로서 질병, 피로, 약품 등에 의한 일시적인 신체적 상태에 귀인 시킬 수 없는 행동 또는 행동 잠재력의 비교적 영속적인 변화이다. 메이어(Mayer, 1987)는 '경험으로 인한 인간의 지식이나 행동에서 비교적 영속적인 변화'라고 정의하였다. 이와 유사하게 이성진(1996)은 학습이란 '경험과 연습에 의하여 행동에 비교 영속적인 변화를 초래하는 과정'이라고 정의하였다. 즉, 학습이란 인간이 일생 동안 살아가면서 많은 경험과 연습을 통하여 행동의 변화를 가져오는 지속적인 능력으로 볼 수 있다.

학습에 대한 정의나 학습의 원인, 과정, 결과와 관련된 주장은 다양하지만 학습에는 다음과 같은 몇 가지 기본적인 요소들이 포함된다(Hohn, 1995).

첫째, 학습은 행동변화나 미래에 특정한 행동을 할 수 있는 능력상의 변화를 포함한다.

둘째, 학습은 비교적 영속적인 행동의 변화가 수반되어야 한다.

셋째, 학습은 수행(performance)에서의 변화를 통해 추론(infer)할 수 있는 하나의 과정이다.

넷째, 학습은 경험과 연습을 통해서 발생한다. 성장이나 성숙 등과 같은 발달에 의해 수반되는 행동의 변화는 학습으로 간주되지 않는다.

다섯째, 학습은 사고(thinking)와 동일하지 않다.

여섯째, 학습은 비의도적으로 발생할 수 있다. 학습은 학습자의 의도와 관계없이 일어날 수 있으나, 심리학자들은 의도적(intentional) 학습과 우연적(incidental) 학습으로 구분한다.

2 학습의 행동주의적 관점

행동주의 심리학은 일반적으로 자극(stimulus)과 반응(response)의 연합으로 본다(S-R이론). 자극(stimulus)이란 환경으로부터 학습자에게 제시되는 모든 것으로 사물, 소리, 감각 등이고, 반응(response)이란 자극으로 인한 행동으로 누군가 자신에게 위협을 가하려고 하면 도망치는 행동, 얼음물이 몸에 닿았을 때 급히 움츠리는 행동 등의 반응을 의미한다. 이와 같이, 행동주의는 자극과 반응의 연합을 학습으로 이해하려고 한다. 행동주의 심리학은 파블로프의 영향을 받아 1913년 왓슨에 의하여 처음 제창되어, 손다이크, 스키너 등에 의하여 발전되었다. 기존의 심리학이 주로 인간 내부의 현상을 연구한 반면, 행동주의 심리학은 겉으로 나타나는 행동, 즉 객관적이고 관찰 가능한 행동에 초점을 맞추고 있다.

이러한 행동주의 학습이론의 유형으로 파블로프(Pavlov)의 고전적 조건화, 손다이크(Thorndike)의 시행착오학습, 스키너(Skinner)의 조작적 조건화, 반두라(Bandura)의 사회학습이론으로 구별될 수 있다.

1) 고전적 조건형성

(1) 고전적 조건형성의 과정

고전적 조건형성(classical conditioning)은 러시아의 생리학자인 파블로프에 의해 발전된 이론으로, 환경을 적절하게 조작함으로써 원하는 학습이 형성될 수 있다는 원리를 제공한 이론이다. 파블로프는 개에게 음식을 주고 생리적인 반응을 관찰한 실험으로 개에게 음식을 줄 때 종을 같이 치면서 음식을 주면 나중에는 종소리만 들어도 개가 침을 흘리는 결과를 증명하였다. 즉, 무조건 자극과 무조건 반응의 관계 사이에 조건자극을 주면 나중에 조건반응의 결과를 얻는 실험결과를 토대로 학습은 학습자가 자극과 반응을 연결함으로써 발생한다는 것을 증명하였으며, 기초개념은 다음과 같다.

❶ 무조건자극(Unconditioned Stimulus : UCS)

이전의 훈련이 없어도 반응을 유발하는 것이다. 예를 들면, 개가 음식물을 먹으면 자동적으로 침을 분비하는 것과 같이 유기체에서 어떤 반응을 자동적으로 유발하는 자극을 의미한다(음식).

❷ 무조건반응(Unconditioned Response : UCR)

자극에 의해 무조건 일어나는 반응으로 학습되지 않은 생득적인 것을 의미한다(침 분비).

❸ 조건자극(Conditioned Stimulus : CS)

어떤 중성자극이 무조건자극과 짝지어짐으로써 새로운 반응을 유발하게 될 때, 그 자극을 조건자극이라고 한다(종소리).

❹ 조건반응(Conditioned Response : CR)

조건자극이 무조건자극과 함께 짝지어졌을 때 생기는 학습된 반응을 조건반응이라고 한다(침 분비).

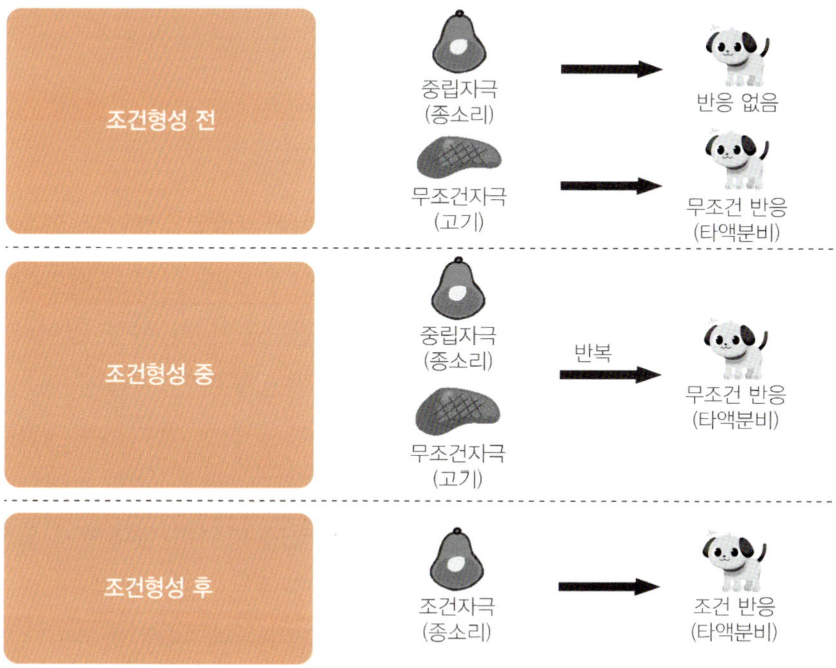

[그림 3-1] 고전적 조건형성의 과정

파블로프의 고전적 조건형성과정은 <표 3-1>과 같다.

〈표 3-1〉 파블로프의 고전적 조건형성과정

조건형성 전	조건형성과정	조건형성 후
음식 → 침 분비 (UCS) (UCR) 종소리 → 무반응 (NS)	종소리 + 음식 → 침 분비	종소리 → 침 분비 (CS) (CR)

이처럼 고전적 조건형성이란 본능적 또는 반사적 반응과 유사한 불수의적(involuntary) 정서 또는 생리적 반응을 유발시키는 학습의 한 가지 형태이다(Eggen & Kaucgak, 2004).

(2) 고전적 조건형성의 주요개념 및 원리

❶ 주요개념

• 소거와 자발적 회복

파블로프의 개에 관한 실험에서 조건형성이 되었더라도, 개에게 자극(음식)을 주지 않고 조건자극(종소리)만 계속 주게 되면 개는 더 이상 조건반응(침)이 일어나지 않는데, 이렇게 조건자극을 주어도 조건반응이 더 이상 일어나지 않는 것을 소거(extinction)라고 한다. 그러나 소거가 이루어진 이후에 어느 정도 시간이 경과한 후에 종소리만 들려주어도 개는 다시 침을 흘리는 반응이 나타나는데, 이를 자발적 회복(spontaneous recovery)이라고 한다. 이와 같이, 조건형성과정에서 학습된 반응은 소거 절차가 있다고 해도 영원히 없어지지 않고, 조건자극이 다시 제시되면 학습된 행동이 다시 나타나는 것을 알 수 있다. 그러나 자발적으로 회복된 반응의 강도는 처음의 조건반응에 비해 약하고 쉽게 없어진다.

• 일반화와 변별

파블로프의 개에 관한 실험에서 개는 조건자극(종소리)과 비슷한 자극에도 조건반응(침)이 일어나는 현상을 일반화(generalization)라고 한다. 예를 들면, 중간 정도의 밝기에서 침을 흘리도록 조건형성이 된 개는 그보다 약한 불빛이나 강한 불빛에도 정도의 차이는 있겠지만, 침을 흘리도록 조건반응을 한다. 이와 다르게 처음의 조건자극에 대해서만 반응하고, 다른 자극에 대해서는 반응하지 않는 각기 다르게 반응하는 현상을 변별(discrimination)이라고 한다.

• 고차적 조건형성

파블로프의 개에 관한 실험에서 조건자극(종소리)에도 조건반응(침)을 보이는 개에게 이번에는 조건자극(종소리)이 아닌 번쩍이는 불빛을 통해서도 조건반응(침)이 일어날 수 있다. 즉, 종소리와 번쩍이는 불빛을 짝지어 제시하게 되면 번쩍이는 불빛이 또 다른 조건자극이 되어 개는 불빛이 번쩍이기만 해도 침을 흘리게 되는 것처럼, 첫 번째 자극이 두 번째, 세 번째 조건자극과 연합하는 현상을 고차적 조건형성(higher-order conditioning)이라고 한다.

❷ 학습원리

파블로프는 고전적 조건형성이론에 의한 학습의 원리로 크게 시간의 원리, 강도의 원리, 일관성의 원리, 계속성의 원리가 있다고 하였다.

• 시간의 원리

시간의 원리란 조건자극과 무조건자극 사이의 시간적 관계가 중요하다고 보는 원리로, 조건자극은 무조건 자극과 동시에 제시될 수도 있고(동시조건형성), 무조건 자극보다 먼저 제공될 수도 있다. 조건자극이 무조건자극보다 먼저 제공되었을 때는 조건반응이 쉽게 형성된다. 예를 들면, 아이들이 교실에서 떠들고 있을 때 선생님이 헛기침을 하고 아이들을 쳐다본 뒤 몇 초 후에 탁자의 종을 치면 아이들이 조용해진다. 이런 절차를 몇 번 반복하면 아이들은 선생님의 헛기침만 들어도 조용하게 된다는 원리이다.

• 강도의 원리

강도의 원리란 무조건자극은 조건자극보다 동일하거나 좀 더 강해야 한다는 이론으로, 나중의 자극이 먼저의 자극보다 동일하거나 더 강하면 바람직한 반응을 유발하는 데 효과적이라는 것이다. 예를 들면, 종을 세게 치거나 횟수를 늘리면 아이들은 더 조용해지는 원리이다.

• 일관성의 원리

일관성의 원리란 조건자극은 조건화가 성립되기 위해서는 일관되게 주어져야 한다는 원리로, 자극물을 제시할 때는 질적으로 같은 자극물을 제시해야 효과적이라는 것이다. 예를 들면, 수업시간에 선생님이 아이들에게 질문을 할 때 날짜의 끝자리와 일치하는 번호의 아이들에게만 질문하는 경우이다.

• 계속성의 원리

계속성의 원리란 자극과 반응의 결합관계가 반복되는 횟수가 많을수록 조건화가 잘된다는 원리로, 피아노 연습, 한글학습 등은 계속적으로 이루어져야 학습이 더 잘된다는 것이다.

(3) 고전적 조건형성의 교육적 시사점

파블로프의 고전적 조건형성의 발견은 다양한 상황과 사건에 대한 정서적, 인지적 반응으로 우리 주변에서 항상 일어나고 있는 학습원리 중 하나이다. 학교에서 교사들이 고전적 조건형성을 교육적으로 적용시킬 수 있는 방법은 다음과 같다.

첫째, 복습과 연습을 반복하라. 자극과 반응 간의 연합을 반복하게 되면 그 연합은 강화된다.

둘째, 긍정적인 정서적 반응을 유발시킬 수 있는 학급풍토를 조성하라. 교사는 학생들의 불안이나 실망, 또는 분노를 이끌어 내는 상황보다는 즐거움, 열정, 기쁨과 같은 긍정적인 정서를 이끌어 낼 수 있도록 학급풍토를 조성해야 한다.

셋째, 두려움이나 불안을 극복시키기 위해 체계적 둔감법(systematic desensitization), 홍수법(fllod method)을 사용하라. 체계적 둔감법은 울페(Wolpe, 1958)가 제안한 기법으로, 근육을 이완시킨 상태에서 불안을 유발시키는 상황을 약한 것에서부터 강한 것까지 차례로 경험시킴으로써 특정 상태에 대한 불안을 제거시키는 방법이다. 이 기법을 사용하기 위해서는 먼저 불안을 일으키는 자극을 세분화시켜 불안 위계 목록을 작성해야 한다. 홍수법은 불안이나 공포를 일으키는 조건자극을 장시간 충분히 경험시켜 공포나 불안을 소거시키려는 방법으로 ㅈ아시간 노출되면 스트레스를 유발할 수 있다는 문제점이 있다.

넷째, 나쁜 습관을 고치기 위해 특정한 자극-반응 연결을 다른 것으로 대체하라. 학생들이 좋은 행동습관을 갖도록 돕는 것은 교육의 중요한 목적 중 하나로, 나쁜 습관을 깨뜨리는 데는 피로법(fatigue method), 식역법(threshold method), 양립 불가능 반응법(incompatible response method) 등이 있다(Guthrie, 1935).

이와 같이, 고전적 조건형성은 실제적으로 환경의 모든 요소가 정서적 반응을 유발하는 자극과 결합될 수 있다는 것이다. 예를 들어, 교사의 다정한 말과 미소는 아이들에게 긍정적인 인상을 주지만, 꾸지람과 거친 말투는 아이들에게 두려움과 긴장을 유발시키는 무조건자극이 된다.

2) 시행착오학습

(1) 시행착오학습의 과정 및 원리

미국의 심리학자인 손다이크(Thorndike)는 환경적 조작의 영향을 보여주기 위해 파블로프의 연구를 확장하여 어떤 행동을 한 결과가 어떻게 행동을 증가시키는가를 설명하는 이론을 제창하였다. 그는 1899년에 '동물의 지능(animal intelligence)'에서 빗장 문이 설치되어 있는 나무로 만든 상자 안에 굶주린 고양이를 넣고, 상자 바깥에 먹이를 두었다. 상자 밖으로 나오는 방법을 모르는 고양이가 이리 저리 뒹굴고, 몸부림을 치다가 우연히 상자의 문을 여는 지렛대를 눌렀을 때, 문이 열려 밖으로 나와 먹이를 먹을 수 있게 되었다. 그 고양이를 다시 상자 안에 넣고 반복 실험을 한 결과, 상자에서 빠져 나와 먹이를 얻는 속도가 빨라졌다. 이때 고양이는 탈출방법을 간파하였으나 통찰에 의해서보다는 반복적인 시행착오(trial-and-error)방법으로 학습하게 된다는 것이다. 이와 같이, 손다이크는 실험을 통해 연습과 시행착오를 거듭함에 따라 탈출시간이 줄어들고 성공의 횟수는 높아지는 것에 연구의 중점을 두었고, 학습이 학습자의 시행착오적 반응 자체만으로는 자극과 반응의 결합이 불가능하고, 먹이와 같은 보상의 강화가 있어야 한다고 보았으며 시행착오학습의 학습 원리는 다음과 같다.

❶ 연습의 법칙(law of exercise)

연습의 법칙(law of exercise)은 빈도의 법칙, 사용의 법칙이라고도 한다. 연습의 시행이 거듭될수록 정확한 반응은 많아지고 부정확한 반응은 적어진다. 즉, 연습의 횟수나 사용빈도가 증가할수록 결합이 강화되고, 연습의 횟수가 적어지거나 사용하지 않을 때는 결합이 약화된다는 것이다. 그러나 손다이크는 1930년 뉴헤븐(New Haven)에서 개최된 세계 심리학회에서 연습의 법칙을 수정하였다. 즉, 단순한 반복학습이 학습을 증대시키는 것이 아니라, 보상과 같은 효과요인이 제공되면 연습 횟수가 줄어들더라도 학습은 훨씬 증대될 수 있다고 보았다.

❷ 효과의 법칙(law of effect)

효과의 법칙(law of effect)이란 행위가 만족할 만한 반응들은 학습되고, 불만족할 만한 반응들은 줄어드는 경향이 있다는 것이다. 즉, 학습이 자극과 반응간의 단순한 접근보다는 반응의 결과에 의해 달라진다는 것을 의미하는 것으로, 손다이크는 현재 행동의 결과가 다음 행동을 결정하는 데 중요한 역할을 한다는 것을 보여주었다. 그러나 1930년 이후에 이 법칙도 수정하여 인간행동이 만족감과 쾌락에 의해 학습되는 것만은 아니며, 처벌이나 비판 등의 불만족요인에 의해서도 학습이 강화된다고 하였다.

❸ 준비성의 법칙(law of readiness)

준비성의 법칙(law of readiness)은 학습자의 준비성에 따라 학습의 효과가 달라진다는 의미로, 학습자가 학습할 준비, 목표지향적인 행동을 할 준비가 되어 있을 때 학습이 만족스럽게 이루어질 수 있다고 보는 것이다. 손다이크는 어떤 사람이 무엇인가를 할 준비가 된 상황에서는 효과를 얻을 수 있지만, 준비가 되어 있지 않을 때 학습한다면 효과를 얻을 수 없다는 것이다.

(2) 시행착오학습의 교육적 시사점

손다이크의 시행착오학습의 교육적 시사점은 다음과 같다(권대훈, 2006).

정확한 반응을 할 때 보상을 주면 학습이 촉진된다. 이것은 학교에서 교사가 학생들에게 다양한 반응을 할 기회를 준 다음, 정확한 반응으로 하면 보상을 주라는 것을 말한다. 또한 새로운 장면에서 반응을 하는 데는 자세 또는 태도가 영향을 미친다고 보고 이 학생들의 자세나 태도를 확인하는 것이 중요하다고 하였다. 교사는 학생의 태도에 영향을 미칠 수 있다. 교사가 창의성을 중시하는 태도를 갖도록 고무하면 학생들도 창의적 행동을 중시하고 창의적 행동을 할 가능성이 커진다.

이와 같이 시행착오학습이란 학교에서 교사가 학습을 할 때에는 학습자에게 다양한 반응을 할 수 있도록 기회를 주고, 그것이 정확하지 않더라도 학습자에게 더 많은 기회를 주는 것이 학습자의 자세나 태도에 영향을 미친다고 보는 것이다.

3) 조작적 조건형성

(1) 조작적 조건형성의 과정

스키너(1904~1990)는 유기체가 외부 자극에 의해 기계적으로 반응하는 것이 아니라, 외부자극에 능동적이고 적극적으로 반응하는 자발적인 존재로 보았다. 즉, 조작적 조건형성(operant conditioning)은 반응의 확률을 증가시키거나 감소시키는 방식으로 반응의 결과를 조작하는 학습과정이다. 조작(operant)이란 환경에 영향을 미치기 위해 스스로 방출한 반응을 말한다.

조작적 조건형성은 스키너가 조건화 연구를 위해 고안한 창의적인 장치인 '스키너 상자(Skinner Box)'를 통해 실험되고 증명되었다. 이 스키너는 지렛대를 누르면 먹이접시에 먹이가 떨어지도록 고안되어 있는 상자 안에 배가 고픈 쥐를 넣어 두었다. 배가 고픈 쥐는 우연히 지렛대를 누르게 되고, 이때 음식이

접시에 떨어지게 된다. 배가 고픈 쥐는 지렛대를 누르게 되면 그 행동의 결과로 자신이 좋아하는 먹이를 얻을 수 있다는 것을 알게 되어, 반복적으로 지렛대를 누르게 된다. 스키너는 동물의 이런 반응들을 환경에 어떤 조작을 가하는 것이라는 의미에서 조작행동(operant behavior)이라고 불렀다. 조작행동이란 특정 행동의 결과가 긍정적일 때 행동은 증가되고, 결과가 부정적일 때 행동은 감소하는 경향이 있다는 것이다. 이렇게 유기체의 행동의 결과에 의해 특별한 행동을 조성하고 유지시키는 과정을 조작적 조건형성 또는 도구적 조건형성이라 한다(Skinner, 1953; 1972).

(2) 조작적 조건형성의 주요 개념

❶ 강화(reinforcement)

조작적 조건형성의 핵심개념으로 행동의 발생 빈도나 강도를 증가시키는 과정을 의미하며, 강화에는 정적강화와 부적강화가 있다.

첫째, 정적강화(positive reinforcement)란 가치 있는 어떤 강화물을 제공함으로써 바람직한 행동의 강도와 빈도를 증가시키는 것을 의미한다. 즉, 학생이 바람직한 행동을 하였을 때 그것을 보상해주어 행동이 더 잘 일어나도록 해 나가는 과정으로 칭찬, 인정, 상품, 돈, 사탕 등과 같은 보상을 정적강화자극(강화물)이라 한다. 강화가 효과적이기 위해서는 학생의 특성에 적합한 강화물을 제공하는 것이 중요하며, 행동을 한 직후에 일관성 있게 계속적으로 주어야 한다.

둘째, 부적강화(negative reinforcement)란 특정 행동의 강도를 증가시킨다는 점에서는 정적강화와 비슷하지만 방법적인 면에서 조금 다르게 혐오자극을 제거함으로써 반응의 빈도가 증가하는 것을 말하다. 즉, 학생이 어떤 바람직한 행동을 하였을 때 그 학생이 싫어하는 것을 없애 주거나 감소시켜주는 것으로 청소나 과제물 등을 제외시켜주는 것이다. 이와 같이, 학생의 부적응 행동을 없애기 위해 부적강화를 사용할 때는 학생들이 부적응 행동 대신 학생이 할 수 있는 행동을 반드시 가르쳐 주어야 한다.

❷ 처벌(punishment)

처벌이란 바람직하지 못한 특정한 행동을 약화시키거나 발생 빈도를 감소시키기 위해 처벌인(punisher)을 사용하는 과정이다. 이는 학생이 교사에게 꾸지람을 들을 때처럼 불유쾌한 자극을 제공하여 행동의 발생 빈도를 감소시키는 수여성 처벌(presentation punishment)과 특정한 행동이 발생한 후에 긍정적 자극을 제거하거나 감소시킴으로써 행동의 발생 확률을 감소시키도록 하는 제거성 처벌(removal punishment)이 있다. 예를 들면, 요즘 학교 현장에서 행해지는 체벌이 갖는 교육적 의미에 대한 논란이 많이 제기되고 있다. 체벌의 교육적 효과보다는 체벌이 갖는 부정적 효과가 더 크기 때문에 체벌은 심사숙고하여 행해져야 한다. 특히 체벌을 받는 순간 느끼는 불쾌감과 좌절감은 공격성을 갖기에 충분하다. 체벌자가 행하는 공격방법이 학습되는 것도 문제이다. 이 밖에도 체벌은 장소와 연합되어 조건형성될 수도 있다. 즉 부모나 선생님에게 체벌을 받는 경우 부모나 선생님이 싫어지기도 하고 체벌을 받았던 장소도 싫어져 집이 싫고, 학교가 싫어지게 된다(김순혜 외, 1996). 그러나 권대훈(2006)은 처벌을 할 경우 다음과 같은 사항에 유의해야 한다고 한다.

- 처벌은 처벌적이어야 한다. 즉, 처벌은 반응을 약화시키는 기능이 있어야 한다.
- 행동이 끝난 즉시 처벌해야 한다.
- 처벌을 하기 전에 미리 경고를 하는 것이 좋다.
- 처벌하는 행동을 분명하고 구체적으로 정의해야 한다.
- 처벌하는 이유를 분명하게 설명해야 한다.
- 처벌 강도는 너무 강하거나 너무 약하지 않고 적당하게 해야 한다.
- 처벌 후 보상을 주지 말아야 한다.
- 대안적인 행동(바람직한 행동)을 분명하게 제시해야 한다.
- 일관성 있게 처벌해야 한다.
- 처벌받는 사람이 아니라 잘못된 행동에 대해 처벌해야 한다.
- 처벌할 때 개인적 감정을 개입시키지 말아야 한다.

〈표 3-2〉 강화와 처벌의 관계

절차	목표	목표행동	자극의 성질	자극제시 방법
정적강화	행동의 증가	바람직한 행동	유쾌자극	행동 후 제시
부적강화	행동의 증가	바람직한 행동	불쾌자극	행동 후 제거
정적처벌	행동의 감소	바람직하지 않는 행동	불쾌자극	행동 후 제시
부적처벌	행동의 감소	바람직하지 않는 행동	유쾌자극	행동 후 제거

❸ 강화계획(reinforcement schedule)

행동에 미치는 강화의 효과를 결정하는 다양한 요인들 중의 하나가 강화계획이다. 강화계획이란 행동을 통제하기 위해 어떤 반응을 어떻게 강화할 것인가에 대한 계획으로, 바람직한 행동이 발생할 때마다 주어지는 강화물의 적절한 시기와 방법에 대한 원칙을 말한다. 개인이 목표행동을 수행할 때마다 계속적으로 강화를 주는 계속적 강화계획(continuous reinforcement schedule)과 행동을 통제하기 위해 정해진 계획에 따라 긍정적인 강화를 불규칙적으로 가끔씩 강화를 주는 간헐적 강화(intermittent reinforcement schedule)로 분류한다. 여기에서는 강화물이 제시되는 시간간격과 반응비율이 고정적이냐 또는 변동적이냐에 따라 다음과 같이 분류한다.

• 고정간격 강화계획(fixed interval schedule)

반응이 일어난 후 일정한 시간이 경과한 후에 강화물을 제공하는 것이다. 여기서 유기체는 다음 강화가 주어질 시간을 예측할 수 있기 때문에 다음 강화가 제공되기 전까지는 천천히 반응하지만, 강화가 제공되는 시간이 가까워질수록 반응 비율이 급격히 상승하다가 강화가 제공된 후에는 반응을 거의 하지 않거나 천천히 한다. 중간고사, 기말고사, 일당, 주급, 월급 등이 여기에 속한다.

• 변동간격 강화계획(variable interval schedule)

강화가 제공되는 시간 간격이 불규칙한 방법으로 시간 간격이 매번 다른 것을 말한다. 이 강화계획에서 유기체는 강화가 언제 제공될지 모르기 때문에 비교적 지속적으로 반응하며, 그에 따라 소거에 대한 저항력 또한 강화된다. 낚시나 수업 중에 퀴즈를 실시하는 것 등이 여기에 속한다.

- 고정비율 강화계획(fixed ratio schedule)

일정한 반응의 횟수에 따라 강화가 제공되는 것을 말한다. 이 강화계획에서 유기체는 강화가 제공되는 시기를 예상할 수 있으므로, 강화가 예상되는 횟수에 가까울수록 반응이 빠르게 증가하지만 강화가 제공된 후에는 반응이 일시적으로 감소하는 경향이 있다. 즉 시험문제 10문제를 풀 때마다 강화를 주는 것과 같이 성과급 보수제도가 여기에 속한다.

- 변동비율 강화계획(variable ratio schedule)

일정한 수의 반응을 한 뒤에 강화가 주어지는 것은 확실하지만, 강화받기 위한 행동들의 변화하는 횟수가 불규칙한 것을 말한다. 이 강화계획에서 유기체는 강화를 받은 후에도 안정적으로 반응을 보이며 학습된 행동은 쉽게 소거되지 않는다. 즉 도박장의 슬롯머신에서 언제 동전이 쏟아져 내릴지 모르기 때문에 사람들은 계속해서 동전을 넣고, 손잡이를 당긴 것과 같이 도박이나 복권 등이 여기에 속한다.

간헐적 강화의 네 가지 기본 강화계획은 [그림 3-2]와 같이 두 차원의 조합으로 이루어진다.

	마지막 강화 후 시간	반응 수
고정 (시간간격이나 수)	고정 – 간격	고정 – 비율
고정 (시간간격이나 수를 변동)	변동 – 간격	변동 – 비율

[그림 3-2] 간헐적 강화의 네 가지 기본 강화계획(권태훈, 2015)

여기서 반응률이 높은 순서대로 계획을 나열하면, '변동비율계획 > 고정비율계획 > 변동간격계획 > 계속강화계획'의 순이다.

❹ 프리맥의 원리

프리맥의 원리란 1965년 프리맥(Premack)이 체계화한 원리로 학습자에게 다양한 활동을 할 기회를 주고 관찰하여 행동의 발생 빈도를 파악해서 낮은 빈도의 행동, 즉 선호하지 않는 행동을 높은 빈도의 행동, 즉 선호하는 행동을 하도록 하는 것이다(Premack, 1965). 즉 좀 더 선호하는 행동들을 증가시키는 원리이다. 프리맥의 원리가 효과적이기 위해서는 낮은 빈도의 행동이 먼저 일어나야 한다. 이에 교사는 강화물의 역할이 개인마다 다르기 때문에 학습자를 주의깊게 관찰하여 그들이 선호하는 대상이나 활동을 알고, 상황이나 개인에 따라 가장 선호하는 강화물을 주어야 한다. 학생들이 좋아하지 않거나 어려워하는 활동을 성공적으로 끝마치면 좋아하는 활동들을 하도록 프리맥의 원리를 활용할 수 있다. 예를 들면, 책상에 앉아 책을 읽는 것을 싫어하고, 컴퓨터 게임하기를 좋아하는 학생에게 교사가 책을 10장 읽을 때마다 컴퓨터 게임을 1시간씩 하도록 한다면 학생은 책을 읽는 빈도가 증가할 것이다.

(3) 조작적 조건형성의 교육적 시사점

스키너는 조작적 조건형성원리를 교육적으로 응용할 수 있는 방법으로, 교사의 도움을 적게 받으면서 학생 스스로 학습할 수 있다는 측면에서 프로그램 수업(programmed instruction)을 개발하고 교수기계(teaching machine)의 사용을 주장하였다(Skinner, 1963). 수업이 프로그램화되면 내용은 논리적 계열에 따라 소단위로 나누어져 제시되고, 각 부분마다 항상 학습자의 반응이 이루어지고 그 반응에 즉각적인 피드백이 주어진다고 하였다. 또한 이신동, 고영남, 최병연(2013)은 첫째, 학생들에게 바람직한 행동이 무엇인지 구체적으로 알려주고 그 행동이 나타나면 강화를 제공하라. 둘째, 바람직하지 않은 행동을 감소시키기 위해 처벌을 사용할 경우 신중하라. 체벌은 공격성을 가르칠 수 있다. 종종 체벌을 받은 사람은 후에 다른 사람에게 비슷한 체벌을 주는 행동을 한다(Bandura, 1986). 셋째, 생산적인 학습환경을 구성하라. 생산적인 학습환경이란 학습이 효율적으로 이루어지도록 안전하고 정돈된 교실환경을 구성하는 것이다. 넷째, 학습자의 심각한 문제행동을 체계적이고 집중적으로 변화시키고자 한다면 '응용행동분석'을 활용하라. '응용행동분석'은 심각한 문제행동은 과거와 현재의 반응-결과 간의 유관성의 결과라고 가정하며, 문제행동을 수정하기 위해 강화, 조형, 단서 제공, 소거, 처벌 등과 같은 행동주의와 관련된 다양한 개념들이 포함된다(Ormrod, 2008). 이 외에도 스키너의 조작적 조건형성원리를 교육현장에 체계적으로 적용하기 위해 다음의 네 가지 기본규칙이 필요하다(Snowman, J. & Biehler, R., 2003).

① 무엇을 가르칠 것인가를 명확히 하기
② 한 번에 하나씩 단계적으로 가르치기
③ 학습자의 능력과 학습속도에 따라 진행하기
④ 학습문제를 계획하기

이와 같이, 조작적 조건형성에서 교사가 학생들의 바람직한 행동과 학습의 효과 등을 증가시키기 위해서는 적절한 강화물을 사용해야 한다.

4) 사회학습이론

사회학습이론이란 인지적 행동주의 학습이론의 대표적 학자인 반두라(Bandura, 1973)가 개발한 이론으로 인간의 행동은 보상이나 처벌의 조작결과로서 형성되는 것이 아니라, 다른 사람의 행동을 관찰하고 모방하는 데서 오는 행동변화를 강조한 이론이다. 인간행동을 설명하는 데 선행되는 조건형성에 인지적 중재를 포함시켜 체계적이고 통합적인 개념 모델인 사회인지이론(A Social Cognitive Theory, 1986)에 바탕을 두고, 사회학습이론(social learning theory)을 설명하였다. 사회학습이론은 행동주의 이론의 원리를 대부분 받아들이지만 행동에 대한 사고, 사고에 대한 행동의 영향을 강조하면서 행동에 대한 단서와 내적 정신 과정들의 영향에 더 많이 초점을 맞추었다. 즉, 반두라(1971)는 유기체는 직접적인 보상이나 벌의 결과로서 바람직한 행동을 형성할 뿐만 아니라, 다른 사람의 행동과 그 결과를 관찰하는 방법으로도 학습한다고 주장했다.

(1) 관찰학습과정

반두라의 관찰학습과정은 주의단계, 파지단계, 재생단계, 동기화단계로 이루어진다(1977). 이 과정은 [그림 3-3]와 같다.

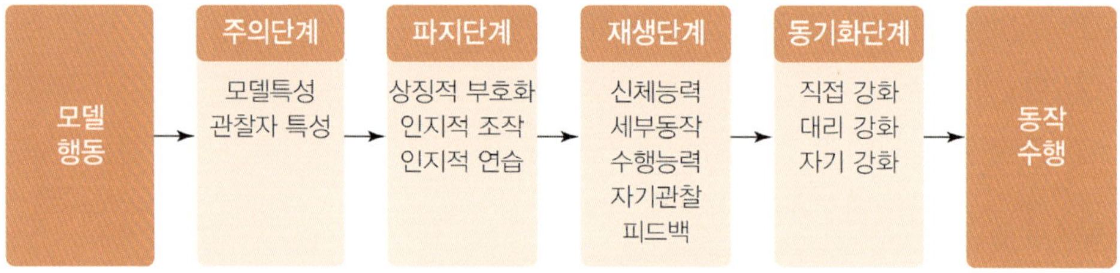

출처 : 권태훈, 2015

[그림 3-3] 관찰학습(모델링)과정의 단계

❶ 주의집중과정(attention process)

어떤 행동에 대한 관찰학습이 일어나려면 먼저 관찰자는 모델의 행동이나 특성에 주의를 기울여야 한다. 관찰자는 자신의 성별과 나이가 비슷한 사람, 좋아하는 사람, 사회적 지위가 높거나 인기가 많은 사람들에게 주의를 더 가진다. 또한 관찰자가 느끼는 행동의 중요성, 관찰자의 지각태도, 선행경험, 감각능력, 각성수준, 모델의 특성 등과 같은 관찰자의 특징이나 행동의 기능적 가치 역시 주의집중에 영향을 미칠 수 있을 것이다.

❷ 파지(기억)과정(retention process)

모델의 관찰에서 얻은 정보를 사용하기 위해서 일정 기간 동안 그것을 말로 저장하거나 심상을 형성하여 상징화하는 단계로, 반두라는 관찰한 행동을 오랫동안 파지하는 것이 가능한 이유는 관찰한 행동을 상징적으로 약호화해서 입력시키기 때문이라고 하였다. 즉, 모델의 행동을 회상하는 데 도움이 되도록 관찰자가 행하는 행위를 말한다.

❸ 운동재생(motor-production process)

관찰자가 새로 기억한 것을 행동으로 옮겨 능숙하게 수행할 수 있도록 연습하는 단계로, 모방하려는 행동은 기억만으로는 불충분하기 때문에 그것을 실제 행동으로 재연해 봄으로써 더 정확한 관찰학습이 일어나게 된다. 반두라는 모든 신체적 기제가 반응을 하기에 적절하게 구비되어 있다 하더라도, 관찰자의 행동이 모델 행동과 일치되기 전에 인지적 반복 기간이 필요하다고 주장하였다. 관찰한 행동은 많은 연습을 통해서 잘 재연할 수 있고, 자신의 행동을 관찰하고 자신의 행동과 모방하고자 하는 모델의 행동과의 비교를 통해서 자기행동을 수정하며, 관찰자가 정확하게 모방하지 못한 부분은 즉각적으로 피드백을 해주어 교정해야 한다.

❹ 동기화 과정(motivation process)

강화를 통해서 연습한 행동을 표출하도록 동기유발이 필요한 단계로, 관찰자가 실제행동으로 실현하고 싶은 동기는 모델행동의 결과가 어떤 것이었느냐에 따라 달라진다. 대부분의 관찰학습은 행동에 대해 강화를 받으면 그 행동은 지속되나, 처벌을 받으면 그 행동이 일어나는 비율은 감소한다. 반두라는 이와 같이 강화를 직접강화, 대리강화, 자기강화로 구분하였다. 직접강화란 바람직한 행동을 한 학생에게 직접 보상을 주는 것이고, 대리강화란 타인이 강화 받는 것을 관찰함으로써 자신의 행동도 강화되는 것이다. 그리고 자기강화란 스스로 자기행동을 강화하는 것으로, 다른 사람의 보상에 의존하지 않고 자신의 목표 수준에 도달하고자 노력하는 것이다.

(2) 관찰학습의 효과

관찰학습의 효과를 반두라가 1960년대 실시했던 세 가지 고전적인 실험을 통해 살펴보면 다음과 같다(J. Snowman, R. Biehler, 2003).

첫 번째 실험(Bandura, Ross, & Ross, 1961)은 아동 한 명을 책상에 앉혀 장난감 인형을 가지고 놀도록 하고, 다른 한 모델은 근처 책상에 앉아 10분 동안 인형을 가지고 조용히 놀도록 하였다. 이때 또 다른 모델은 몇 분 동안 인형을 가지고 공격적으로 놀았으며, 주먹을 날리고, 발로 차고, 깔아뭉개고, 망치로 때리는 등의 행동을 하였다. 이어서 아동의 놀이 상황을 관찰한 결과, 모델을 아예 관찰하지 않은 아동이나 비공격적인 모델을 관찰한 아동들은 낮은 공격성을 보인 반면, 공격적인 모델을 관찰한 아동의 경우 장난감 인형을 향해 공격적인 행동을 하였다.

두 번째 실험(Bandura, Ross, & Ross, 1963a)은 공격적인 행동을 하는 만화 캐릭터에 나오는 성인이나 영화에 나오는 성인을 관찰한 아동에게서 첫 번째 실험과 비슷한 반응이 나타난다는 것을 확인했다.

세 번째 실험(Bandura, Ross, & Ross, 1963b)은 아동의 모방행동이 공격적인 행동을 한 모델이 보상을 받았을 때 어떤 영향을 미치는지에 대해 실험하였다. 그 결과, 공격적인 행동을 한 모델이 벌을 받았을 때보다 그 모델이 긍정적인 보상을 받는 것을 본 후에 아동은 보다 공격적인 행동을 나타냈다.

이처럼 공격적인 내용을 보았다는 사실만으로도 공격적인 모방을 많이 한다는 실험결과는 현재 영화, 텔레비전, 컴퓨터게임 등에 나타나는 공격적인 행동을 보는 것이 공격성을 초래할 수 있음을 시사한다. 최근에는 대중매체의 무한한 발전으로 이와 같은 상징적 모델의 영향력도 더욱 커지고 있으며, 이를 통한 모방과 학습이 더 많이 이루어지고 있다.

(3) 사회학습이론의 교육적 시사점

사회학습이론은 인지과정의 강조, 심리치료 및 교육 실제의 적용을 통해 학습이론에 대한 새로운 접근을 시도하고 있다. 사회학습이론의 관점에서 볼 때 학습은 직접적인 경험뿐만 아니라, 관찰을 통해서 이루어질 수 있다고 보기 때문에 학습에 있어서 모델의 역할은 그 어느 요인보다도 중요한 의미로 간주된다. 따라서 실제 교육장면에서 교사는 중요한 모델변인으로 작용할 수 있으므로 긍정적이고 모범적인 모델이 되어 학생이 그것을 내면화함으로써 자기 평가기준으로 이용하게 해주어야 하며, 학생들이 적정 수준의 목표를 스스로 설정할 수 있도록 도와주는 것이 필요하다(송인섭 외, 2006). 이와 같이, 아이들이 다른 사람들의 행동을 관찰해서 새로운 기술을 익히는 것은 일상생활에서 매우 보편적인 것이다. 이러한 관찰은 아이들에게 다른 시간과 장소에서 사용할 수 있는 전략들을 가르치는 모델을 제공하므로, 학교에서 교사는 아이들의 중요한 모델변인으로 작용될 수 있으므로 모범적이어야 한다.

3 학습의 인지주의적 관점

학습에 대한 행동주의적 관점은 인간의 내적인 정신작용이나 활동보다는 외현적으로 나타나는 자극과 반응으로 나타나는 결과로, 학습자의 행동을 수정하고 통제한다. 반면 학습에 대한 인지주의적 관점은 학습이 발생하는 인간 내적 과정에서 일어나는 데 관심을 가지고 학습자가 경험을 통해서 갖게 되는 인지과정, 즉 지각, 인식, 의미, 이해, 기억, 사고, 동기, 목적, 문제해결 등이 인간의 행동이나 학습을 결정하는 주요개념으로 보았다. 즉, 학습은 행동의 변화가 아니라 인지구조의 변화를 의미하며, 자신과 세계를 이해하려는 개인의 정신활동을 통하여 이루어진다. 이러한 인지과정이 일어나는 상황을 면밀히 분석함으로써 학습을 설명하였고, 인간의 사고과정을 컴퓨터의 정보처리과정에 비유한 정보처리이론에 의해 발전되었다. 정보처리이론에서는 인간을 정보처리자로 간주하고, 학습과정에서 정보의 지각, 조직, 저장, 인출활동 등을 강조하였다. 즉, 사물을 인식하고 해석하고 기억하는 방법 등을 강조한다. 이 장에서는 초기 인지주의 이론인 형태주의 심리학과 정보처리이론에 대해 살펴보고, 이들 이론의 교육적 시사점을 제시하고자 한다.

1) 초기 인지주의 이론

(1) 형태주의 심리학

초기 인지주의 이론인 형태주의 심리학(Gestalt Psychology)은 독일의 과학자들이 형성한 학파로 대표적인 학자로는 베르트하이머(Wertheimer, 1880~1943), 퀼러(Köhler, 1887~1967), 코프카(Koffka, 1880~1941) 등이 있다. 여기서 형태라는 말은 전체를 의미하는 것으로, 인간의 지각내용은 현상 그 자체이지 현상을 구성하는 요소가 아니다. 형태주의자들은 복잡한 현상을 단순한 요소로 분해하는 것이 필연적 현상에 대한 과정을 무시하게 만든다고 주장하였다. 즉, 인간은 환경을 지각할 때 개개의 자극제로 지각하는 것이 아니라, 요소들 간의 관계를 기초로 전체를 지각한다는 것이다. 이와 같이, 형태주의 심리학자들은 인간의 감각기관을 통해 들어오는 정보 형태를 인지하고 해석하는 인간의 지각에 대한 문제에 가장 큰 관심을 가졌다. 베르트하이머, 퀼러, 코프카 등의 학자에 의하면, 우리 인간은 정보를 기록하는 것이 아니라 정보를 이해하기 위해 자료를 능동적으로 수집하고 재구조화한다고 하였으며, 사람들이 사용하는 것으로 보이는 많은 지각이 원리가 있다는 것을 발견했다. 또한 김아영, 김언주, 구광현(2000) 등은 이러한 지각의 원리를 다음과 제시하였다.

❶ 근접의 원칙(principle of proximity)

어떤 사물을 지각할 때 멀리 떨어져 있는 것보다는 가까이에 있는 것들을 한데 묶어 의미 있게 지각하려는 경향이다.

❷ 유사성의 법칙(principle of similarity)

형태, 규모, 색, 질감 등이 서로 유사한 것들끼리 한데 뭉쳐서 의미 있는 형태를 만들어 내는 현상이다.

❸ 계속성의 법칙(principle of continuity)

일정한 계속성을 갖고 있는 자극은 연속적으로 유사한 배열에 따라 부드럽게 연결되는 것처럼 인식되는 현상이다.

❹ 완결의 법칙(principle of dosure)

서로 독립된 부분 부분들이 연결되어 있지 않아도 완전하게 연결된 것처럼 만들어 지각하는 경향을 말한다.

❺ 전경과 배경(figure-ground)의 법칙

어떤 장면을 볼 때 사람들은 보다 기본적인 것으로 생각되는 곳에 주의를 집중하고 그것을 자세히 관찰하게 되며, 나머지 부분은 별로 중요하게 여기지 않게 된다. 이때 주의를 집중하여 관찰하는 부분이 전경(figure)이 되고, 그 밖의 부분은 배경(figure)이 되는 현상이다.

그렇다면 [그림 3-4]는 전경과 배경을 어떻게 구분하는가에 따라 2개의 전경이 번갈아 지각되는 전경과 배경의 분리이다. 그림 A의 경우 검은 모양을 전경으로 보면 트럼펫 부는 남자가 지각되고, 흰 모양을 전경으로 보면 여자 얼굴이 지각된다. 그림 B에서는 천사가 지각되기도 하고 악마가 지각되기도 한다. 동일한 자극이 보기에 따라 다른 모습으로 지각되는 전경과 배경의 원리를 잘 설명해 주고 있다.

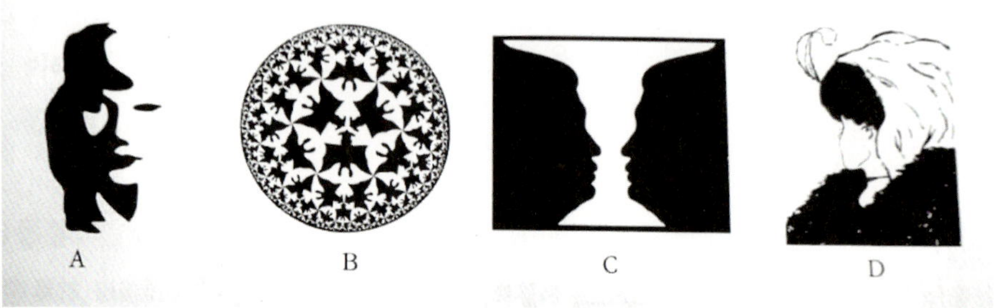

[그림 3-4] 전경과 배경의 분리

(2) 형태주의 심리학의 교육적 시사점

형태주의 심리학은 유기체가 환경을 있는 그대로 받아들이는 수동적 존재가 아니라, 능동적이고 적극적으로 구성하고 조직한다고 가정하고 유기체의 지각, 학습, 문제해결의 근본적인 과정에 관심을 두었으며, 후에 인지이론의 발달에 큰 영향을 주었다. 즉, 학습의 유의미성과 이해를 강조하며 부분은 전체와 관련되어야 하고, 기계적인 암기보다는 전체적인 이해와 내적 강화 등을 중요한 개념으로 들고 있다. 따라서 학습경험의 계획은 친숙한 것에서 출발해야 하며, 다음 단계는 전 단계에 기초를 두고 전체적인 개념과 경험에 연결시켜 주어야 한다(문은식, 2008). 결국 형태주의 심리학자들은 문제해결의 핵심을 문제의 조직 혹은 구성에 관한 것으로 이해하고 있다(Wertheimer, 1959). 이와 같이, 형태주의 심리학은 인간의 감각기관을 통해 들어오는 형태를 인지하고 해석하는 인간의 지각에 대한 문제를 이해하는 것이다.

2) 정보처리이론

정보처리이론(information-processing theory)이란 인간이 환경으로부터 새로운 정보를 받아들이고, 그 정보를 다시 여러 가지 방식으로 인출하는 과정을 말한다. 즉, '부호화-저장-인출' 기억의 3단계로 이루어진다. 이 이론은 1970년대 중반부터 학습과 기억이론을 이끌어 왔는데, 정보와 관련된 인간의 내적 처리과정을 컴퓨터의 정보처리과정에 비유하고 있다. 아킨슨(Arkinson)과 쉬프린(Shiffrin, 1968; 1971)은 인간의 기억현상을 설명하기 위해 정보처리 모형을 제안하였는데, 이 모형은 인간의 정보처리체계를 서로 다른 기억장치, 즉 감각등록기, 단기기억, 장기기억 사이에서 유지되고 변환된다고 보았다. 각 저장고는 정보를 저장하고 불러오는 데 요구되는 처리과정과 얼마나 많은 양의 정보를 저장하고 오랫동안 유지하는지에 대해서는 차이가 있다. 이러한 기억저장과 연합된 정보의 진행과정을 도식으로 나타내면 다음과 같다(Snowman, J. & Biehler, R., 2003).

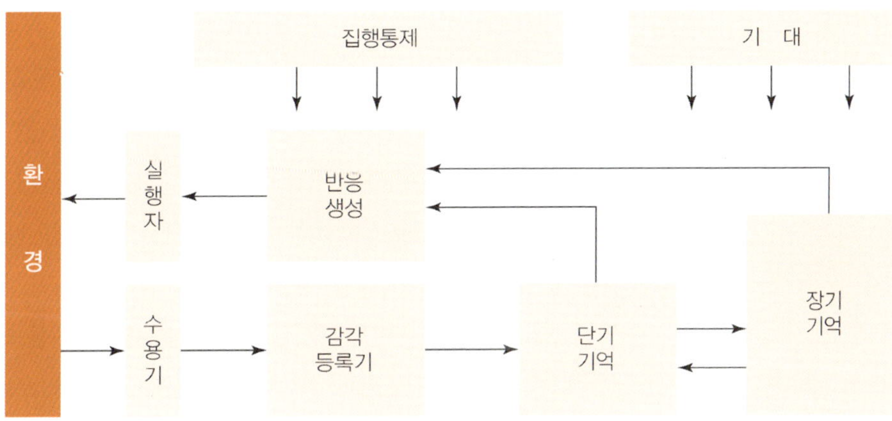

[그림 3-5] 정보처리모형

(1) 감각기억(sensory memory)

수많은 외부 자극으로부터 우리의 감각기관인 시각, 청각, 촉각, 후각, 미각 등과 같은 감각이 우리의 신체기관에 계속적으로 들어온다. 감각기억은 외부로부터 입력되는 정보들을 처리하는 기억체계를 구성하는 최초의 정보 저장소의 역할을 한다. 감각기억의 용량에는 한계가 거의 없지만 시각적 정보는 약 1초, 청각적 정보는 약 2~4초 정도 지속될 만큼 지속 시간은 매우 짧다. 이처럼 정보가 빨리 사라지는 것은 새로운 자극이 기존의 자극을 간섭하거나 시간의 흐름에 따라 점차 사라지기 때문이다. 따라서 특정한 정보를 계속 처리하기를 원할 경우에는 해당 정보에 주의(attention)를 기울여야 한다. 그러나 정보에 주의를 기울이는 것만으로 정보가 처리되는 것은 아니다. 정보를 처리하기 위해서는 주의집중을 통해 감각기억에 남아 있는 자극을 있는 그대로 받아들이는 것이 아니라 정신적으로 해석하여 의미를 부여하는데, 이것을 지각(perception)이라고 한다.

이러한 감각기억에는 시각적 이미지를 일시적으로 기억하는 것을 영상기억(iconic memory)과 청각적 자극을 일시적으로 기억하는 것을 잔향기억(echoic memory)이 있다.

(2) 단기기억(short-term memory)

단기기억은 작동기억이라고도 하며, 정보의 일시적인 저장과 처리를 동시에 수행하는 역동적 체계이다. 단기기억은 약 5~9개 정도의 서로 다른 정보를 한 번에 유지할 수 있고(Miller, 1956), 유입된 정보가 장기기억에 이르기 전에 통과해야 하는 병목지점(bottleneck)이다. 단기기억의 용량은 제한되어 있기 때문에 여러 가지 과제를 동시에 수행하기 어려우며, 의식적인 처리가 이루어지지 않으면 단기기억 내의 정보는 쉽게 쇠퇴해 버린다. 단기기억에 유입된 정보는 대략 15~20초인 것으로 알려져 있다. 피터슨과 피터슨(Peterson & Peterson, 1959)은 단기기억 속에 있는 정보는 그것을 지속적으로 기억하기 위한 노력을 기울이지 않을 경우, 다른 정보들의 간섭으로 쉽게 사라져 버린다는 것을 발견하였다. 또한 단기기억은 정보처리용량이 매우 작은 것으로 알려져 있다. 밀러(Miller, 1956)의 연구에 의하면, 피험자들은 대개의 경우 무의미 철자가 제시될 때 7개로 구성된 열에 대해서는 쉽게 재생해 낼 수 있는 반면, 9개 이상의 철자로 구성된 열들에 대해서는 쉽게 생각해내지 못하였다. 다소 개인 간의 차이는 있으나, 대개의 경우 5개에서 9개까지의 철자밖에 생각해내지 못하는 것을 발견했다. 이와 같이 교사가 학생들에게 수업을 진행하는 데 도움을 줄 수 있는데, 만약 어떤 문제를 암기시킬 경우 한 번에 모두 암기하도록 하는 것보다 매일매일 조금씩 나누어 암기시키는 것이 보다 효과적이다(임규혁, 1997).

(3) 장기기억(long-term memory)

장기기억은 무한한 정보를 영구적으로 저장할 수 있는 곳이다(Ashcraft, 1989). 단기기억에 있던 정보는 다양한 시연이나 부호화 과정을 거쳐 장기기억으로 옮겨간다. 부호화는 새로운 정보가 기존의 정보에 다양하게 통합되는 변환과정이며, 이를 통해 심리학자들이 말하는 인지구조, 즉 스키마(schema)에 변화가 일어나는 것이다(West, Framer, Wolff, 1991). 이 장기기억에서는 정보를 나중에 다시 사용할 수 있도록 잘 조직되어 저장되며, 평생 지속될 수도 있을 만큼 정보의 지속기간이 길다는 것이 특징이다(이용남 외, 1993). 장기기억은 우리가 실질적으로 알고 있는 모든 정보를 포함하고 있는 매우 복잡한 기억구조로 저장 용량이 무제한적이고, 지속시간이 영구적이며, 장기기억에 있는 정보에 접근하기 위해서는 어느 정도의 시간과 노력이 요구된다는 특징이 있다(이경화 외, 2004).

정보처리이론가들은 장기기억의 지식은 일상기억(episodic memory), 의미기억(semantic memory), 절차기억(procedural memory)으로 분류한다(강갑원 외, 2004). 일상기억이란 개인이 경험한 사건과 관련된 기록으로 우리가 보고 들은 것에 대한 마음속의 영화라 할 수 있다. 이 기억은 기억되는 경험이 매우 의미 있는 경우가 아닐 때는 가끔 인출에 실패하는 경향이 있는데, 이것은 최근에 발생한 정보로 인해 인출이 방해를 받기 때문이다. 의미기억이란 세상에 대한 일반적 지식과 관련된 문제해결 전략과 사고기술, 사실, 개념, 일반화, 규칙 등을 어떻게 사용하는가에 관한 일반적인 정보들을 포함하고 있다. 개인이 학교 교실 수업에서 배운 대부분의 내용은 의미기억 속에 저장되게 된다. 절차기억이란 무엇에 대해 아는 것이 아니라, 어떻게 하는가에 대해 아는 것을 의미한다. 이러한 기억들은 서로 다른 방법으로 정보를 저장하고 조직하는데, 일상기억의 정보는 언제 어디서 사건이 발생했는가에 근거해 조직된 심상의 형태로 저장되며, 의미기억 속의 정보는 아이디어나 개념들의 연결망 형태로 저장되며, 절차기억 속의 정보는 자극-반응의 연쇄나 복합체 형태로 저장되게 된다.

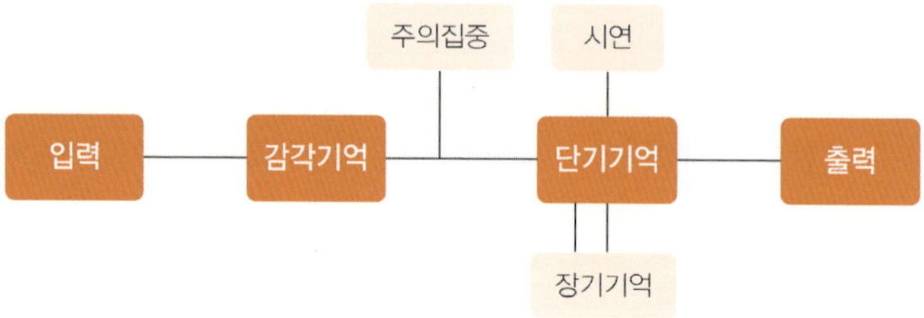

[그림 3-6] 학습의 정보처리이론(Snowman, J., & Biehler, R., 2003)

3) 정보처리과정

(1) 주의집중(selective attention)과 지각

주의집중과 지각은 감각기억에서 단기기억으로 정보가 이동하는 과정에서 발생하며 거의 동시에 이루어진다. 먼저 주의집중(attention)이란 학습의 출발점으로 자극에 반응하는 것을 의미한다. 주의집중의 독특한 특성은 그것이 선택적이라는 것이다. 감각기억에 들어온 수많은 자극들은 주의를 기울이지 않으면 곧 없어진다.

지각(perception)이란 경험에 의미와 해석을 부여하는 과정이다. 감각기억에 들어온 자극에 주의집중을 하게 되면 그러한 자극에 대해 지각을 하게 된다. 지각은 보통 과거 경험의 정도에 좌우되는데, 일반적으로 자극들을 잘못 지각할 경우, 지각이 장기기억에 전달된 경우, 그것을 제거하는 것은 상당히 어려운 경향이 있다.

(2) 시연(rehearsal)

단기기억 속에서 정보가 사라지지 않도록 하기 위한 전략으로, 정보를 원래 형태 그대로 소리 내어 읽거나, 속으로 되풀이하거나 그것의 형태와 관계없이 반복하는 전략이다. 시연은 단기기억 안으로 들어온 정보를 파지하기도 하고 장기기억으로 전이하는 기능도 한다. 우리는 단기기억 안에서 의도한 목적을 달성할 때까지만 시연을 하는 것이다. 예를 들면, 학업성취가 뛰어난 학생들의 경우, 교수의 강의내용 중 중요한 부분이라고 생각되는 내용에는 밑줄을 긋거나, 형광펜을 사용하여 덧칠하는 등의 방법을 사용하여 시연을 촉진시키려고 노력하는 모습을 볼 수 있다.

(3) 부호화(encoding)

부호화(encoding)란 장기기억 속에 존재하고 있는 기존의 정보에 새로운 정보를 연결하거나 연합하는 것으로서, 단기기억에서 장기기억으로 정보를 이동시키는 인지처리 과정을 의미한다. 부호화는 정보처리모형에서 가장 중요한 인지처리 과정이라고 할 수 있는데, 부호화가 일어나지 않는다면 우리가 받아들이는 대부분의 정보가 단지 일시적으로 저장될 수밖에 없기 때문이다. 즉, 장기기억에 정보를 효율적으로 저장하고, 저장된 정보를 단기기억으로 인출을 잘해내기 위해서는 부호화가 잘 이루어져야 한다. 정보가 의미 있게 기억되지 않고 단순 암기 상태로 부호화되는 경우, 새로운 정보는 망각되기 쉽고 인출하기도 어렵기 때문에 장기기억에서 쉽게 사라질 가능성이 매우 높아진다. 그렇지만 새로운 정보와 기존의 정보가 연결된다면 그 정보는 더욱 유의미해지고 장기기억 속에 오래 남을 수 있게 된다.

(4) 인출(retrieval)

인출(retrieval)이란 장기기억 속에 저장되어 있는 정보를 찾아내는 탐색과정으로, 부호화와 매우 밀접한 관련을 맺고 있으며, 효과적으로 부호화되지 않은 정보는 효과적으로 인출되지 않을 수도 있다. 일반적으로 인출의 성공과 실패는 이용 가능성(availability)과 접근성(accessibility)으로 설명된다. 즉, 저장된 정보는 장기기억의 어딘가에는 분명히 존재하고 있지만, 그 정보를 인출할 수 있느냐 없느냐는 그 정보가 필요할 때 바로 이용할 수 있는지, 얼마나 쉽게 접근할 수 있는지에 달려 있다는 것이다. 그렇다면 장기기억 속에 저장된 정보는 어떤 과정을 통해 인출되는가? 정보의 인출은 부호화 과정과 인출단서에 의해 결정되며, 인출단서는 기억 속에 저장되어 있는 정보에 접근하는 데 도움을 주는 실마리나 힌트를 말한다.

4) 다른 정보처리모형들

(1) 이중 부호화이론(dual coding theory)

파비오와 포스(Paivio & Foth, 1970; Clark & Paivio, 1990)는 이중 부호화이론(dual coding theory)을 장기기억 속의 정보가 시각적인(비언어적인) 형태와 언어적인 형태로 저장된다고 가정한다. 즉, 이 이론은 시각적 학습과 언어적 학습을 같이 할 때, 즉 두 가지 처리과정을 동시에 사용할 때 잘 기억하게 된다고 가정한다(구광현 외, 2006). 특히 언어와 비언어가 서로 관련된 것이라면 더 효과적으로 기억될 수 있게 한다. 이 이론에 따르면, 학습자의 단기기억에서 언어정보와 시각정보는 서로 다른 과정을 거쳐 처리되는데 이에 따라 각각 다른 표상을 가지게 된다. 구체적 단어는 추상적인 단어보다 더 잘 회상되는 것은 추상적인 단어는 언어적 형태로만 표상되지만, 구체적 단어는 언어적 형태와 심상적 형태로 표상되기 때문이다(권대훈, 2009). 즉, 독립적인 두 채널을 통해 정보를 처리하면서 서로 다르게 부호화된 정보들 중 한 가지만 떠올린다 하더라도, 다른 한 가지의 정보를 쉽게 떠올릴 수 있는 것이다. 따라서 언어 정보와 시각 정보를 별도로 제시하는 것보다 함께 제시하는 것이 더 효과적일 수 있다.

(2) 스키마이론(schema theory)

스키마란 우리가 갖고 있는 지식들은 통합되어 있다는 것을 설명하기 위하여 심리학자들이 개발한 개념이다. 즉, 기억 속에 체계적·조직적으로 저장되어 있는 지식의 구조를 의미하며, 단순한 언어적 지식뿐만 아니라 독자가 이미 경험을 통해 획득한 세상 지식 모두를 포함한 것이다. 또 스키마이론(schema theory)은 인지적 처리의 기본 요소인 '스키마타(schemata)'의 성격과 목적을 강조한다. 스키마타란 선행지식의 연결망을 가리키면서 학습의 효율성과 학습량에 영향을 준다. 스키마이론에서 가장 중요한 원리는 이미 존재하는 스키마에 꼭 들어맞는 정보가 그렇지 않은 정보보다 더 쉽게 이해되고, 학습되며, 저장된다는 것이다(구광현 외, 2006). 스키마이론에서 중요한 점은 유의미한 학습을 위해서는 선행경험과 지식을 지닌 학습자가 새로운 정보를 이해하고 받아들이는 데 적극적으로 참여해야 한다는 것이다. 어떤 경험으로부터 배운 지식은 그 경험에 적용할 수 있는 스키마에 많은 부분에 의존하고 있다(강갑원 외 역, 2004). 따라서 학습자들에게 예를 들거나 선행학습을 회상해보도록 함으로써 학습자의 스키마를 활성화시킬 수 있고 부호화를 촉진시킬 수 있을 것이다.

5) 정보처리이론의 교육적 시사점

인간의 사고에 관한 정보처리이론의 이론적 체계와 연구 영역은 다양한 학문 영역에 많은 영향을 미치고 있다. 특히 이 이론에서 강조하고 있는 정보에 대한 기억의 과정은 학습이론이나 교수이론에서도 중요한 주제로 다루고 있으므로, 교육에 미치는 영향은 매우 크다고 볼 수 있다(한기순 외, 2008).

첫째, 복합적인 인지과정들을 객관적으로 연구할 수 있는 틀을 제공하였다. 인간의 정보처리과정을 어떤 방식으로 탐구해 나갈 수 있는지에 대한 지침을 제시해주고 있다.

둘째, 인지주의적 학습이론의 개념 및 원리를 더욱 정교화 하는 데 기여하였다. 즉 이 이론은 내적 인지과정에서 정보가 어떤 기억구조 하에 어떤 과정을 거쳐 처리되는지를 명확한 용어와 개념을 사용하여 설명하였으며, 다양한 실험을 통해 그 같은 개념의 실체를 드러내고자 노력하였기 때문에 인지주의적 학습이론이 체계적으로 정착하고 발전하는 데 많은 공헌을 하였다.

셋째, 교육실제에서도 정보처리이론은 학습자가 주어진 정보를 효과적으로 처리할 수 있도록 인지적 전략을 가르쳐 주거나, 그것을 효과적으로 개발 및 활용할 수 있는 교수-학습방법이나 전략이 모색되어야 함을 시사해 준다.

넷째, 학습자를 수동적인 수용자로 보지 않고 적극적이며, 능동적인 정보처리자로 간주함으로써 수업상황에서 학습자가 차지하는 비중을 크게 보았고, 교사들이 수업상황에서 학습자들의 학습과정을 일련의 정보처리 과정으로써 보다 체계적으로 파악할 수 있는 안목을 제시해주었다는 점 등이다.

이와 같이 교사는 학습자로 하여금 의미 있는 수업이 되도록 노력해야 하며, 학습자 또한 자신의 인지구조를 잘 파악하여 효과적으로 학습이 이루어질 수 있도록 끊임없는 노력을 기울여야 한다.

연습문제

객관식

1 어느 공장에서는 근로자가 일정 개수의 완제품을 할당량보다 더 생산할 때마다 성과급을 준다고 한다. 이것과 관련이 있는 강화계획은?

① 고정비율 강화계획　② 고정간격 강화계획
③ 변동비율 강화계획　④ 변동간격 강화계획

2 조건형성에 의해 학습된 행동이 소거절차에 의해 없어지는 것처럼 보이나, 이것은 일시적인 억압현상이라는 것을 뒷받침해 주는 증거는?

① 자발적 회복　② 자극 일반화　③ 자극 변별
④ 고차적 조건형성　⑤ 정적 강화

3 조작적 조건형성이론에 의하면 어떤 학습된 행동을 유지시키는데 가장 효과적인 강화방법은?

① 자기 강화　② 대리 강화　③ 계속적 강화
④ 간헐적 강화　⑤ 부적 강화

4 조작적 조건형성이론에 의하면 어떤 행동을 학습하는 초기단계에서 가장 효과적인 강화방법은?

① 계속적 강화　② 간헐적 강화　③ 자기 강화
④ 대리 강화　⑤ 부적 강화

5 신용카드 회원수를 늘리기 위하여 카드회사에서 카드회원 모집책에게 10건씩 모집해 올 때마다 보너스를 주는 것은 어떤 강화계획에 해당되는가?

① 고정간격 강화계획 ② 고정비율 강화계획
③ 변동간격 강화계획 ④ 변동비율 강화계획

6 어떤 아이가 착한 행동을 했는데, 방과후의 교실 청소를 감면해줌으로써 아이의 착한 행동의 빈도를 증가시키고자 한 것과 관련이 있는 것은?

① 정적 강화 ② 부적 강화 ③ 벌
④ 소거 ⑤ 전이

7 어떤 아이가 길에 지나다니는 모든 차량을 "빠방"이라고 하는 것과 관련이 있는 것은?

① 자발적 회복 ② 자극 일반화 ③ 자극 변별
④ 고차적 조건형성 ⑤ 전이

8 "일어날 확률이 높은 행동은 일어날 확률이 낮은 행동에 대해 정적 강화물이 될 수 있다."는 주장과 가장 관련이 깊은 것은?

① 차별적 강화 ② 피그맬리언(Pygmalion) 효과
③ 프리맥(Premack)의 원리 ④ 칵테일 파티 효과
⑤ 조작적 원리

정답

1. ① 2. ① 3. ④ 4. ① 5. ② 6. ② 7. ③ 8. ③

주관식

1 경험이나 연습에 의해 행동 혹은 행동잠재력이 변화되는 과정으로 선천적인 요인에 의해 일어나는 변화나 일시적인 행동의 변화는 포함되지 않으며 외현적인 행동과 구분되는 것을 무엇이라고 하는가?

2 중립자극과 무조건자극을 반복 결합하여 중립자극이 무조건자극에 의해 유발되던 반응을 유발하도록 하는 절차를 의미하는 것으로 나타나는 주요한 현상은 일반화, 변별, 자발적 회복, 고차적 조건형성이 있으며 부적절한 반응을 수정하기 위한 기법으로 소거, 역조건형성, 체계적 둔감법, 홍수법, 혐오치료 등이 있는데, 이것이 가르키는 행동주의 이론을 무엇이라고 하는가?

3 상호결정론에 입각하여 개체, 환경, 행동이 서로 영향을 주고받는다는 점을 강조한 것으로 대부분의 행동이 관찰을 통해 학습된다고 주장한다. 관찰학습 또는 모델링은 관찰자가 모델 관찰을 통해 행동, 정의, 인지가 변화되는 과정을 뜻하며 모델링에는 직접 강화와 대리강화가 작용하는 이론은 무엇인가?

4 반응확률을 증가시키는 절차 혹은 결과를 말하며 반응확률을 증가시키기 위해 반응 후 좋아하는 자극을 제시하는 절차를 정적 강화, 반응확률을 높이기 위해 반응 후 싫어하는 자극을 제거해 주는 절차를 부적강화로 나누는 것이 무엇인가?

5 조작적 반응을 조건형성 시키기 위한 절차로 핵심은 그 반응에 수반되는 결과에 의해 통제된다는 것이다. 따라서 반응에 강화를 주면 반응확률이 높아지고 처벌을 하면 반응확률이 낮아진다. Skinner는 행동에 수반되는 결과를 통제하면 행동을 얼마든지 통제할 수 있으므로 인간이 자유의지를 갖고 있다는 주장은 환상에 불과하다고 주장한 것을 무엇이라고 하는가?

6 정반응을 할 때마다 강화를 주는 연속강화와 일부 반응에만 강화를 주는 간헐강화로 구분된다. 일반적으로 간헐강화가 연속강화보다 소거에 대한 저하이 더 높다. 간헐강화는 시간을 기준으로 강화를 주는 방식과 반응횟수를 기준으로 강화를 주는 방식으로 구분된다. 이때 시간과 반응횟수는 고정시킬 수도 있고 변화시킬 수도 있는 것으로 무엇이라 하는가?

7 지각은 실재와 다르고 전체는 부분들의 합보다 크며 유기체는 대상을 있는 그대로 지각하는 것이 아니라 능동적으로 구조를 부여한다. 전체주의 관점은 정지된 자극을 움직이는 것으로 지각하는 파이현상에서 잘 나타난다고 하는 것을 무엇이라고 하는가?

8 정보에 주의를 기울이고 정보를 저장하며 인출하는 과정을 분석한다. 이 이론에 따르면 인간은 컴퓨터와 같은 방식으로 정보를 처리하며 각 단계에서 처리되는 정보량은 한계가 있는 것을 무엇이라고 하는가?

9 감각기억에 파지된 정보 중에서 특정 정보를 정신과정으로 감각기억에 파지된 정보를 단기기억으로 전이시키는 기능을 말하며, 인간의 이 능력은 상당히 한정되어 있다. 학습은 이로부터 시작된다고 하는 것을 무엇이라고 하는가?

10 새로운 정보를 장기기억에 저장할 수 있는 형태로 변환하여 저장하기 위한 인지과정이다. 전략에는 시연, 조직화, 정교화, 심상형성이 있다.

11 고전적 조건형성 이론에 의한 학습의 원리가 무엇인가?

12 미국의 심리학자 손다이크(Thorndike)가 제창한 이론인 시행착오학습의 원리는 무엇인가?

13 반두라(Bandura)의 관찰학습의 과정의 단계는?

14 행동주의에 대한 반동으로 출현했으며 정보를 획득, 처리, 저장, 인출하는 인지과정을 탐구하는 것은?

15 학습자에게 다양한 활동을 할 기회를 주고 관찰하여 행동의 발생 빈도를 파악해서 낮은 빈도의 행동, 즉 선호하지 않는 행동을 높은 빈도의 행동, 선호하는 행동을 하도록 하는 것이 무엇인가?

정답

1. 학습 2. 고전적 조건형성 3. 사회인지이론 4. 강화 5. 조작적 조건형성 6. 강화계획 7. 형태심리학 8. 정보처리이론 9. 주의집중단계 10. 부호화 11. 시간의 원리, 강도의 원리, 일관성의 원리, 계속성의 원리 12. 연습의 법칙, 효과의 법칙, 준비성의 법칙 13. 모델 → 주의집중단계 → 파지단계 → 재생단계 → 동기화 단계 → 행동수정 14. 인지심리학 15. 프리맥의 원리

CHAPTER

04

학습자의 인지적 특성

1. 지능
2. 창의성
3. 인지양식
4. 지능, 창의성, 인지양식의 교육적 활용

학교교육의 목적은 모든 학생의 학업성취도를 제고하기 위한 것이다. 따라서 학생들의 학업성취 향상을 위해 학교는 많은 노력을 기울이고 있다. 학생의 학업성취도는 교사의 수업방법에만 의존하는 것이 아닌 수많은 변인이 관여하고 있다. 학생의 학업성취도에 영향을 미치는 변인으로는 크게 학습자변인, 수업변인, 환경변인을 들 수 있다. 이는 다시 여러 개의 하위 변인들로 나눌 수 있다(이성진, 1983).

학습자 변인은 인지적 특성, 정의적 특성, 행동적 특성으로 분류할 수 있다. 인지적 특성에는 학습자의 선수학습 능력, 지능, 적성, 창의성, 인지양식 등이, 정의적 특성에는 자기효능감, 학습동기, 정서적 안정 등이, 행동적 특성에는 학습방법 및 전략 등이 있다. 이 절에서는 학습자의 인지적 특성 중 지능, 창의성, 인지양식 중심으로 살펴보도록 한다.

1 지능

지능이란 무엇인가? 지능은 우리에게 매우 친숙한 개념이면서도 한편으로는 정의하기 매우 어려운 개념이다. 인간이 세상을 살아가는 데 필요충분조건이 되며 문화, 사회, 언어, 성장·발달, 문제발견과 해결, 창의성 개발과 활용, 인간관계의 실체적 진실이요, 핵심용어이다. 많은 전문가가 지능의 본질과 그 효능성, 측정 방안에 대한 연구를 해왔기 때문에 엄청난 연구자료와 관련 이론이 축적되어 있지만, 지능은 아직도 연구가 진행 중인 심리학의 중요 화두이다(김정휘, 2006). 여기에서는 지능의 개념, 지능이론, 지능검사에 대해 살펴보고자 한다.

1) 지능의 개념

지능은 학자에 따라 다르게 정의되고 있다. 비네(Binet)의 경우 '일정한 목적을 세우고 지속하는 경향, 의도한 결과를 성취하기 위해 적응하는 능력, 그리고 자기비판능력'이라고 하였으며, 터먼(Terman)은 '추상적 사상을 다루는 능력'으로, 웩슬러(Wechsler)는 '유목적적으로 행동하고, 합리적으로 사고하고, 환경을 효과적으로 다루는 개인의 종합적 능력'이라고 하였으며, 우드로(Woodrow)는 '능력을 획득하는 능력', 피너(Pinner)는 '새로운 상황에 적응할 수 있는 능력'으로 보았고, 스피어만(Spearman, 1927)은 일반요인(general factor: G)과 특수요인(special factor: S)으로, 서스톤(Thurstone, 1941)의 다요인설, 카텔(Cattell)은 지능을 유동적 지능, 결정적 지능으로 구성된다고 정의한다.

게이지(Gage)와 벨리너(Berliner, 1992)는 심리학자와 교육학자들의 의견을 종합한 스니더먼(Snyderman)과 로스먼(Rothman, 1987)의 조사를 근거로 하여 지능을 다음 세 가지의 능력, 즉, 지능은 첫째, 구체적인 것(기계적 도구, 감각활동)보다 추상적인 것(아이디어, 상징, 관계, 개념, 원리)을 취급하는 능력, 둘째, 익숙한 사태에 잘 연습한 반응을 하는 것이 아니라 새로운 사태를 취급하는 문제해결능력, 셋째, 언어와 이와 비슷한 상징을 포함하는 추상적인 것을 학습하고 사용하는 학습능력을 포함한다는 결론을 내리고 있다(이성진, 2000 재인용). 이러한 능력을 전제로 하고 있는 정의들은 지능이 포함하는 내용으로 이해될 수 있다.

지능에 대한 대부분의 연구는 심리측정적 접근(psychometric approach), 피아제식 접근(piagetian approach), 정보처리적 접근(information processing approach) 중 한 가지를 취한다. 심리측정적 접근은 지능을 양적으로 측정하는 데 관심을 가졌기 때문에 지능검사를 통해 개인의 지능이 얼마나 높은지 측정하는 데 초점을 둔다. 피아제식 접근은 지적 능력의 질적 접근으로 인간이 단계별 발달과정에서 무엇을 할 수 있는지에 대하여 관심을 가지며, 정보처리적 접근은 지적 행동의 기초가 되는 과정이나 인간이 지능을 사용하는 방법을 분석하는 데 관심을 가진다(신명희, 2011).

이와 같이 지능에 관한 이론적 입장에 따라 지능의 정의 방식이 다를 뿐만 아니라, 지능의 측정방식도 다르기 때문에 지능의 본질을 파악하기가 어렵다. 지능이란 직접 관찰되지 않는 하나의 개념에 불과하기 때문이다. 따라서 이 절에서 다루는 지능은 인간이 환경에 적응하는 데 사용하는 모든 지적 능력으로, 인간의 수행에 필요한 여러 가지 특성 중 지적인 측면에 해당하는 모든 것, 즉 문제해결의 특성을 지닌 것으로서 인지과정과 조작으로 조종되는 개인의 적응적 행동을 포함한다고 정의할 수 있다.

2) 지능이론

지금까지의 다양한 지능이론 중 널리 활용되고 있는 지능이론을 살펴보면 다음과 같다.

(1) 스피어만의 일반지능요인

스피어만(Spearman, 1904)은 요인분석을 통해 한 가지 능력이 우수한 사람은 다른 능력도 우수한 경우가 많다는 것을 관찰하여, 여러 영역에 걸쳐 영향을 미치는 일반지능요인(general factor)이 있다고 보았다. 스피어만은 지능검사 결과의 대부분을 결정하는 것은 g요인이라고 보았으나, 수리력, 음악적 재능 등 개별적인 특수요인(special factor)인 s요인도 존재한다고 하는 지능에 대한 '2요인설'을 주장하였다.

예를 들면, 음악을 전공하고자 하는 학생 중에서 어떤 학생은 노래를 잘하고 어떤 학생은 악기연주를 잘한다. 이들은 모두 음악의 기본 속성인 음정이나 박자에 대한 예민한 지각능력을 갖추고 있어야 하고, 이에 더하여 성악을 전공하는 학생의 경우는 성량이나 호흡량, 성악적인 표현력에서 기악전공 학생과는 구별되는 특수한 능력을 지니고 있어야 하며, 기악을 전공하는 학생의 경우는 해당 악기에 적합한 특수한 능력을 지니고 있어야 한다. 음정이나 박자에 대한 음악적 기본 능력을 g요인으로 본다면, 성악과 기악 영역에서 각각 요구하는 특별한 능력을 s요인으로 볼 수 있다. 이와 같이 스피어만은 인간의 지능을 g요인과 s요인으로 보았고, 이때 g요인은 '언어, 수, 정신속도, 주의, 상상'의 다섯 가지 요인이 공존함을 찾아냈다. 그에 따르면, 인간은 일반지능과 특수능력 모두에서 개인차가 발생하며, 이 두 요인이 함께 정시과제에 대한 수행을 결정한다고 보았다(신명희, 2011).

(2) 서스톤의 기본정신능력

서스톤(Thurstone, 1938)은 스피어만의 일반 지능을 비판하고 하나의 요인 외에 존재하는 다양한 능력에 관심을 가져 요인분석을 통해 지능이란 단일요인이 아닌 '언어이해요인, 기억요인, 추리요인, 공간관계를 시각화하는 능력요인, 수요인, 단어유창성 요인, 지각속도요인'으로 구성된 7개의 기본정신능력(Primary Mental Ability : PMA)으로 구성되어 있다고 제시하였다.

(3) 길포드의 지능구조모형

요인분석을 통해 g가 중심이 되었던 연구방향을 다른 쪽으로 바꾸었던 미국의 또 한 명의 이론가는 길포드(Guilford, 1959)였다. 길포드는 3차원적인 지능구조모형(structure of intellect model)을 제시하였다. 그는 지능이 세 개의 차원인 '내용', '조작', '산출'의 조합으로 이루어져 있어 처음 연구에서는 내용차원이 4개, 조작차원이 5개, 산출차원이 6개로 120개의 요인이 세시되었으나, 이후 연구에서 세부항목이 늘어나서 150개(Guilford, 1977), 나아가 5개의 내용차원, 6개의 조작차원, 6개의 산출차원을 구성하는 요인이 상호 결합하여 얻어지는 180개(Guilford, 1988)의 상이한 능력으로 구성된다고 설명하기도 하였다([그림 4-1] 참조). '내용'은 개인이 받아들이는 정보가 어떤 형태로 되어 있는지, 즉 언어적 정보인지, 시각적 정보인지와 같은 차원을 의미하며 하위요인으로는 시각적, 청각적, 단어의미, 상징 행동으로 구성되어 있다. '조작'은 받아들인 정보가 개인 내적으로 어떤 과정을 거쳐 처리되는지, 기억을 요하는지 혹은 평가를 요하는지와 같은 차원을 의미한다. 하위요인으로는 인지(오래된 정보를 깨닫고 새것을 발견), 수렴적 사고(오직 한 개의 해결방법), 발산적 사고(다양한 해결책), 기억부호화(기억저장방법), 기억파지(며칠이 지나도 지속되는 기억), 평가(어떤 것이 좋고 적합한지에 대한 결정)로 구성되었다. 또한 '산출'은 처리된 정보가 어떤 형태의 결과로 정리되는지에 대한 것으로 유목별로 분류하는 것인지, 관계를 알아보는 것인지와 같은 차원을 의미하는 것으로 하위요인으로는 단위, 유목, 관계, 체계, 변환, 함축으로 구성되어 있다. 그가 세운 지능이론은 지능에 대한 사람들의 관점을 넓혀 주었다는 점에서 중대한 의미를 가지지만, 실제 상황에서 예견하여 교수계획을 세우기 위한 지침으로 사용하기에는 이론 자체가 매우 복잡하다는 단점이 있다(Woolfolk, 2007)

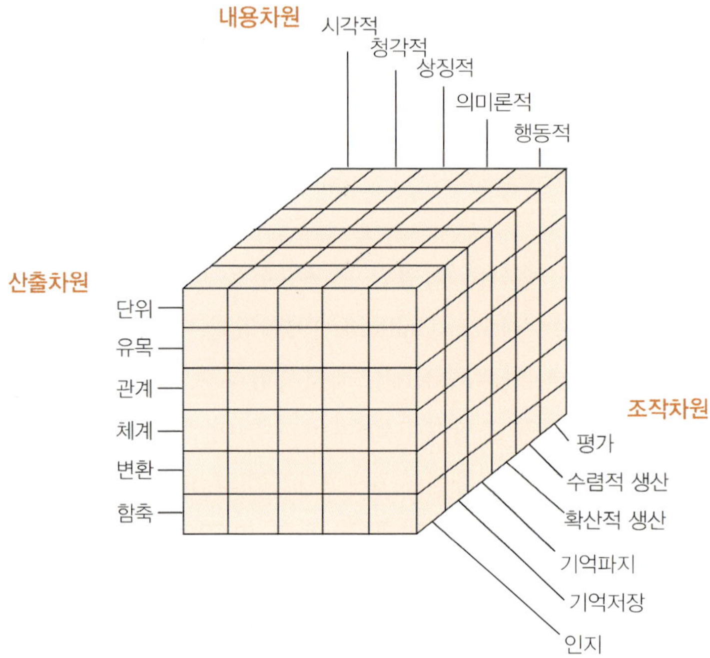

출처 : 김정휘(2006), 재인용.

[그림 4-1] 길포드의 지능구조모형

(4) 카텔의 유동적·결정적 지능

카텔(Cattell, 1971)은 서스톤(Thurstone)의 기본정신능력 검사를 상세히 분석한 후, 지능의 일반요인으로 유동적 지능(fluid intelligence)과 결정적 지능(crystallized intelligence)의 두 개의 요인을 추출해 내었다. 유동적 지능은 선천적이고 비언어적인 능력으로 청소년기까지 발달하였다가 성인기 이후에는 노화에 따라 저하되는 특징이 있다. 이러한 유동적 지능은 지각 및 일반적 추리능력, 기계적

암기, 속도 등의 능력에서 잘 나타난다. 결정적 지능은 유동적 지능을 바탕으로 후천적으로 학습한 결과를 말한다. 즉, 환경 및 경험, 문화적 영향에 의해 발달하는 능력으로 가정환경 및 교육정도, 직업 등의 영향을 받는다. 따라서 결정적 지능은 나이가 들어감에 따라 경험의 축적과 함께 계속해서 어느 정도 발달 혹은 유지될 수 있는 능력을 말하는 것으로, 논리적 추리력, 언어능력, 문제해결력, 상식 등의 능력에서 잘 나타난다.

(5) 가드너의 다중지능

가드너(Gardner, 1983; 1999)의 다중지능이론(theory of multiple intelligence)은 지능이 하나의 일반능력이 아니라 독립적이며 상이한 여러 상징체계로 구성된다고 주장한다. 가드너는 지능이 높은 사람은 모든 영역에서 우수하다는 종래의 획일적인 지능관을 비판하고, 지능을 한 문화권 또는 여러 문화권에서 가치 있게 인정되는 문제를 해결하고, 결과를 창조하는 능력이라 정의한다. 다중지능이론은 인간이면 누구나 어떠한 영역에서는 강점을 보일 수 있으나, 다른 영역에서는 약점을 보일 수 있다는 관점을 전제로 한다. 이 이론은 학교교육에서 학생 개개인의 다양성과 평등함을 존중하며, 학교교육이 학생의 특성에 맞는 개별화 교육과 구체적인 방법을 찾을 수 있도록 해주는 실천적 이론이라 볼 수 있다.

가드너의 이론은 개인차의 근원이 된다고 여기는 능력의 목록을 말하기 때문에 서스톤과 같이 다요인으로 볼 수 있으나, 가드너는 각각의 지능이 단순히 서로 분리되어 있지만 단순히 분리되어 있는 능력을 의미하는 것이 아니며, 이 각각의 지능들은 서로 다른 상징체계들을 사용한다고 본다. 예를 들면, 언어지능은 단어를 조합하여 사용하고, 논리-수학적 지능은 수와 논리적 상징을 사용하며, 음악적 지능은 다양한 종류의 음악적 부호를 사용한다. 뿐만 아니라, 가드너는 각각의 지능이 두뇌의 서로 다른 위치에 존재하는 것으로 보았다(Sternberg & Williams, 2002). 가드너는 정상아의 각기 다른 기능의 발달에 대한 관찰, 뇌손상에 의한 환자의 기능장애 관찰, 상징체계의 암호화, 그리고 천재,

백치, 자폐아, 학습장애 등 특수집단의 관찰을 통하여 인간에게서 관찰되는 여덟 가지의 지능을 다음 <표 4-1>과 같이 제시하였다(Gardner, 1999).

〈표 4-1〉 가드너의 다중지능이론

지능	핵심내용	영역능력 최고수준 발휘상태	관련 행동에 관한 예
언어지능	언어를 효율적으로 사용하는 능력	작가, 웅변가, 시인, 언론인	설득력 있는 논쟁, 시 쓰기, 단어의미에 민감
논리-수학지능	논리적으로 추론하는 능력, 특히 수학, 과학	과학자, 수학자, 회계사	수학문제 빨리 풀기, 수학 증명하기, 관찰된 현상에 대한 가설검증 및 공식화
공간지능	보이는 무엇인가의 세부를 관찰하고, 마음속의 시각적 물체를 조작하거나 상상하는 능력	비디오그래퍼, 화가, 건축가	마음속 이미지 그려내기, 물체의 시각적 사진 그려보기, 유사한 물체들 잘 식별하기
신체-운동지능	자신의 신체를 능숙하게 사용하는 능력	운동선수, 무용수, 조각가, 외과의사	춤추기, 피겨스케이팅, 농구하기, 팬터마임 연기
음악지능	음악을 창조하고 이해하고 감상하는 능력	연주자, 작곡가	악기연주, 음악작곡, 음악의 기본적인 구조 예민하게 인식
대인 간 지능	사람들의 기분, 기질, 동기, 욕망 등 행동 양상을 구분하고 대응하는 능력	전문상담가, 정치지도자, 세일즈맨	타인의 마음 읽기, 내재된 의도나 욕망 찾아내기, 사고나 행동에 영향을 주기 위해 다른 지식 활용
개인 내 지능	자신의 감정, 동기와 욕망을 인식하는 능력	심리치료사, 종교지도자	슬픔, 후회와 같은 유사한 감정 구별, 자신의 행동을 이끄는 동기 식별, 다른 사람들과 함께 관련된 자기 지식을 효율적으로 사용
자연지능	자연의 패턴과 자연물과 삶의 형태 간의 차이점을 구분하고 인지할 수 있는 능력	생물학자, 동물학자, 농부	수많은 종식별, 자연물 분류, 농장, 풍경, 사냥과 같은 자연에 대한 지식 적용
실존지능	실존의 의미 발견과 목적에 많은 관심과 탐구, 민감성	신학자, 종교학자, 철학자, 심리학자	인간의 존재유무, 생과 사의 문제, 인간본성, 가치

출처 : Amstrong(2011), Ormord(2003), 김정휘(2006), 재구성.

첫째, 언어지능(linguistic intelligence)은 말하기와 읽기, 듣기 영역에 대한 민감성, 언어학습능력, 특정한 목표를 달성하기 위한 언어활용능력 등을 포함한다. 작가, 시인, 법률가, 교사 등이 언어지능이 높은 사람들이다.

둘째, 논리-수학지능(logical-mathematical intelligence)은 어떠한 문제를 논리적으로 분석하고, 수학적 조작을 수행하고, 과학적인 방법을 사용하여 문제를 해결할 수 있는 능력을 의미한다. 수학자, 논리학자, 과학자 등이 논리-수학지능이 높은 사람들이다.

셋째, 공간지능(spatial intelligence)은 좁은 공간뿐만 아니라 항해사나 비행기 조종사가 경험하는 넓은 공간을 인지하고 다루는 잠재력을 의미한다. 시각적인 세계를 잘 지각할 수 있고 지각된 것을 변형시킬 수 있으며, 균형과 구성에 대한 민감성, 유사한 양식을 감지하는 능력 등이 포함된다. 조각가, 외과의사, 건축가, 그래픽 아티스트 등이 공간지능이 높은 사람들이다.

넷째, 신체운동지능(bodily-kinesthetic intelligence)은 문제를 해결하거나 사물을 아름답게 꾸미거나 만들기 위하여 몸 전체나 손 혹은 입과 같은 신체의 일부분을 이용할 수 있는 능력을 의미한다. 운동선수, 배우, 무용가, 외과의사, 과학자, 기술자 등이 신체운동지능이 높은 사람들이다.

다섯째, 음악지능(musical intelligence)은 연주를 하거나 노래하기, 음악적 양식을 이해하고 작곡 혹은 지휘를 하는 기술과 관련된 능력이다. 음정과 리듬에 대한 민감성, 음악의 정서적인 측면에 대한 이해, 음악적 사고 등을 포함한 음악에 대한 기억, 인식, 조직하는 능력이 포함된다. 가드너(1999)에 따르면, 음악지능과 언어지능의 구조는 거의 같다고 한다. 말을 못하면서도 악기를 아름답게 연주하거나 훌륭하게 작곡을 하는 사람들을 보면 음악지능은 언어 지능처럼 청각능력에 크게 의존하지만, 실어증과 실음증이 다른 것처럼 청각능력이 곧 언어능력은 아니기 때문에 음악지능과 언어지능은 별개의 능력이다. 연주가나 성악가, 작곡가, 지휘자 등이 음악지능이 높은 사람들이다.

여섯째, 대인 간 지능(interpersonal intelligence)은 다른 사람을 이해하고, 무엇이 사람을 동기화시키는지 알며, 사람이 어떻게 서로 협동하는가를 아는 능력이다. 대인관계 지능을 구성하는 능력은 각 개인 간의 차이점을 변별할 수 있는 능력, 다른 사람의 성향, 동기, 의도를 알아내는 능력이 포함된다. 교사, 심리치료사, 종교인, 정치가, 사업가, 행정가 등이 대인 간 지능이 높은 사람들이다.

일곱째, 개인 내 지능(intrapersonal intelligence)은 개인의 내적 측면에 대한 지식을 의미한다. 자기 자신을 이해하고 자신의 욕구, 불안, 두려움 등을 잘 통제하여 효율적인 삶을 살아 나갈 수 있는 잠재력을 의미한다. “너 자신을 알라.”는 격언의 기초가 되는 능력으로 자신의 강·약점, 욕구, 지능, 동기, 느낌, 감성에 관한 지식(자아정체성)이 자신의 행동을 지도하며, 자신을 변화시키는 능력을 의미한다. 심리치료사, 종교지도자, 작은 부분까지 세밀하게 정확한 자기인식을 하는 사람 등이 개인 내 지능이 높은 사람들이다.

여덟째, 자연지능(naturalist intelligence)은 동식물이나 주변 사물을 자세히 관찰하여 잘 구분하고, 차이점이나 공통점을 찾고 분석하며, 자연과의 교감을 능숙하게 할 수 있는 능력이다. 이 능력은 사냥꾼, 채집가, 농부, 식물학자, 요리사에게도 중요하다. 소비사회에서 자동차, 운동화, 그 밖의 인공물들을 구분하는 데 자연지능이 이용되며, 과학의 한 분야에서도 중요한 패턴 인식에는 자연지능이 요구된다.

가드너는 이후에 실존 지능(existentialist intelligence)이라는 개념을 독립적인 지능으로 추가하여 제시하였다. 이는 처음에는 영성지능(spiritual intelligence)으로 불렀던 것으로 인간의 존재이유, 생과 사의 문제, 희로애락, 인간의 본성, 가치 등 철학적인 능력과 종교적인 사고를 할 수 있는 능력, 즉 삶의 의미를 생각하고 어떻게 살아야 할지 고민하고 탐색하는 능력을 의미한다. 철학자, 신학, 종교학자. 심리학자, 수도자 등이 실존지능이 높은 사람들이다.

(6) 스턴버그의 삼위일체지능

스턴버그(Sternberg, 1984; 1985; 1986)는 지능을 정보처리과정으로 이해하는 인지적 이론을 제안하였다. 그는 기존의 지능이론들이 지능을 오로지 개인, 행동, 그리고 상황 가운데 일부분으로부터만 찾으려 했기 때문에 불완전할 수밖에 없다고 가정하고, 보다 완전한 지능이 되기 위해서는 이 세 가지 모두 고려하여야 한다고 주장하였다. [그림 4-2]에서 보듯이, 상황적 지능이론(특정한 사회·문화적 상황에서 지적인 것으로 여겨지는 행동들의 내용을 명시한 이론), 경험적 지능이론(지능과 지적 과제에 대한 경험이 양자 간의 관계를 명시한 이론), 요소적 지능이론(모든 지적 행동에 기저하고 있는 정신과정과 전략을 명시한 이론) 등 세 가지 하위이론으로 구성되는 삼위일체지능이론을 제안하여, 한 개인의 지능은 '누구에게, 어느 곳에서'(상황), '언제'(경험), '어떻게'(과정요소)

지적인 행동을 보이는가를 종합적으로 고려할 때 비로소 밝혀질 수 있다는 입장을 취하고 있다.

다른 지능이론들이 지능의 내용과 구조를 강조하는 데 비해, 스턴버그의 이론은 정보의 수집과 사용방식을 강조한다. 스턴버그는 "환경에 대한 의도적 적응, 선택, 구체화하는 인간의 능력"이 지능이라고 정의한다(Sternberg, 1988).

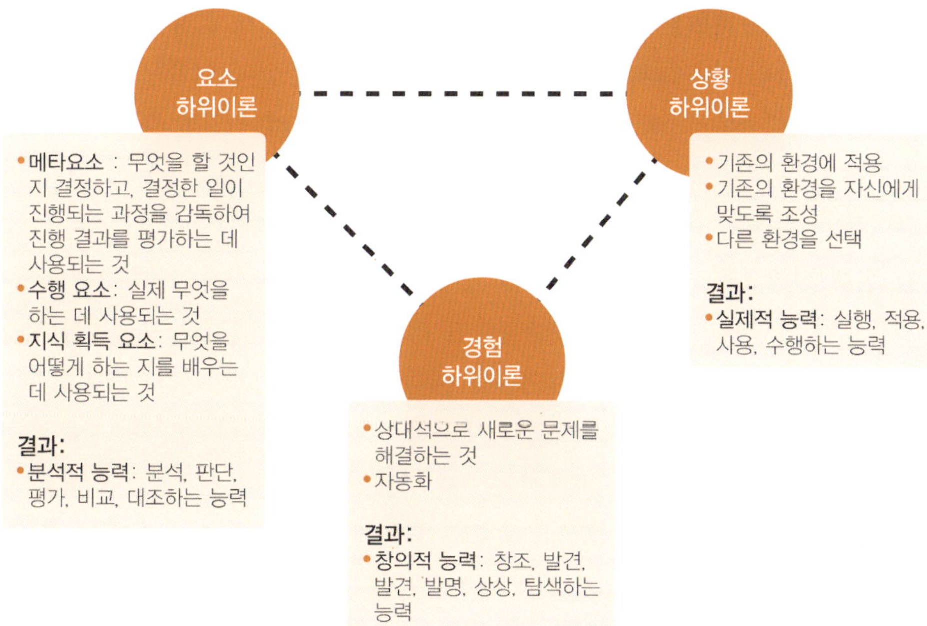

출처 : 김정섭 외(2010), 재인용.

[그림 4-2] 스턴버그의 삼원지능

3) 지능검사

인간의 지능이란 키와 몸무게와 같이 직접 측정하여 간단하게 숫자로 나타낼 수 있는 성질의 것이 아니기 때문에, 개인에게서 보이는 외현화된 행동을 관찰하여 추론할 수밖에 없다. 따라서 검사의 신뢰도가 아무리 높은 검사도구라 할지라도 한 개인의 지능을 정확하게 측정해 줄 수 있는 검사는 없을 것이다. 개인이 처한 특수한 상황에 따라 같은 검사의 결과도 충분히 달라질 수 있다. 인간의 동기, 상황과 같은 각종 변수에 따라 다분히 영향을 받을 수 있는 것이 지능검사이기 때문에 지능에 대한 연구가 끊임없이 진행되고 있는 상황이며, 그에 따라 지능지수를 바라보는 사람들의 견해도 다양하다(신명희, 2011).

1890년대 전반에 걸쳐, 비네와 그의 동료들은 정상아와 열등아를 대상으로 고등정신기능을 조사하였다. 비네는 감각적 식별능력도 물론 검사했지만 이 능력을 그다지 중요하게 여기지 않았다. 비네의 판단력 조사는 프랑스에서 학교교육의 새로운 추세였던 일반대중교육의 성장과 그 시기가 일치했다. 과거에는 학교에 입학했던 아동들의 대부분이 부유층 자녀들이었고, 이들은 형식교육을 받기 이전부터 사회적, 지적 기능 훈련을 받아왔다. 그러나 일반 대중교육의 출현으로 학교는 새롭고 훨씬 더 다양한 집단의 아동들을 교육시켜야 했다. 이 어린이들 가운데는 선생님이 특권층 어린이들에게서 기대할 수 있었던 정보자료를 전혀 접해보지 못한 아동들도 있었다. 쉽게 따라 배우는 아동들도 있었고, 통제불능인 아동들도 있었다. 각양각색인 학생들의 생활배경과 학습성향 때문에 학습능력은 있지만 가르치기 어려운 아동은 누구인지, 어려운 문제를 학습할 수 있는 영재가 누구인지를 판별해내기가 어려웠다. 이와 같은 문제를 해결하기 위하여 1904년, 프랑스 교육부에서는 비네에게 정확하게 “일반 학교의 정해진 교육에 적응할 능력이 없어” 보충수업이 필요한 아동들을 가려낼 검사를 개발해 줄 것을 요청했다(Binet & Simon, 1916).

프랑스의 심리학자인 알프레드 비네와 테오도르 시몽(Alfred Binet & Thodore Simon)은 1905년에 최초의 심리검사를 발표하였다. 비네와 시몽은 아동들이 여러 다른 종류의 검사를 받는 것이 중요하다고 말했다. “모든 아동은 각자 개성을 지니고 있다. ‘A’검사를 통과한 아동이 ‘B’검사는 통과하지 못하기도 하고, 같은 또래의 또 다른 아동은 ‘A’검사 성적은 나쁘지만 ‘B’검사에서 좋은 성적을 보이기도 한다.” 비네와 시몽은 검사마다 각기 다른 능력이 필요하고, 이러한 능력은 아동들마다 각각 다르게 발달할 수 있다고 믿었다. 따라서 그들은 다음과 같이 강조했다.

"우리는 이 지능검사의 총점만 가지고도 아동들의 지능수준을 측정할 수 있다. 많은 다른 지능검사에서 모두 좋은 성적을 얻는 것은 다만 특이한 경우일 뿐이다. 그러므로 지능은 신장을 재듯 표시할 수 있는 것이 아니다. 신장은 나이별 평균 신장 비교표만 있으면 충분한 것이다. 신장측정은 지능측정과는 완전히 다른 것이다(Binet & Simon, 1916)."

이미 여러해 동안 아동의 판단능력을 연구해 왔던 비네는 연령별로 풀 수 있는 문제의 종류가 각각 다르다는 사실을 알았다. 비네는 생활연령(chronological age)이 서로 다른 아동용으로 난이도별로 지능검사 문제를 구성하였다. 만일 12세 아동이 12세에 적합한 문제들을 대부분 통과했다고 한다면, 그 아동의 정신연령(mental age)은 12세라고 말할 수 있을 것이다. 만일 8세 아동이 12세 아동용 검사를 통과했다면, 이 아동이 정신연령도 역시 12세가 될 것이다. 이러한 체계를 이용하여 비네는 아동의 수준이 자신이 속한 학급에 맞는지, 아니면 높은지, 아니면 뒤떨어지는지를 가늠할 수 있었다. 일반적으로 아동의 정신연령은 그 아동의 정신연령과 생활연령과의 차이가 어느 정도인지를 알려주는 지표가 될 수 있다.

독일의 심리학자인 윌리엄 스턴(William Stern, 1912; 1965)은 생활연령이 같은 아동을 비교하는 데 적합한 정신연령 체계를 찾아냈다. 그러나 그는 생활연령과 정신연령 간에 비슷한 차이를 보인다 하더라도 아동의 생활연령에 따라 각기 다른 의미를 내포하고 있다고 말했다. 예를 들어, 정신연령이 10세인 12세 아동은 학습에서 겪는 어려움이 정신연령이 3세인 5세 아동의 경우만큼 심각하지는 않을 것이다. 비록 둘 다 또래보다 정신연령이 두 살 늦지만 그 차이는 아주 크게 나타날 수 있다.

서로 다른 연령대 아동들이 심리적 기능을 더 잘 평가하기 위하여, 스턴은 지능지수(Intelligence Quotient, IQ), 즉 IQ라고 하는 것을 개발했다. 이것은 아동의 정신연령(MA)을 생활연령(CA)으로 나누어 산출한다. 나중에 소수점을 없애기 위해 결과에 100을 곱했다.

이 공식(MA/CA×100)을 이용하여 계산했을 때, 생활연령과 정신연령이 같은 아동의 IQ는 100이 된다. 그러나 정신연령이 10세인 12세 아동의 IQ는 83으로 기대평균인 100에 약간 못 미친다. 정신연령이 3세인 5세 아동의 IQ는 60으로 기대평균인 100에 상당히 많이 뒤떨어진다. 기대평균과 IQ 검사의 결과에서 나타난 표준편차는 ±15점이다. 따라서 IQ가 83인 첫 번째 아동은 표준편차가 1이다. 이 점수는 평균보다 낮은 점수에 속한다. IQ가 60인 두 번째 아동의 경우 표준편차가 2.67로 저능아 수준에 속한다.

한편, 비네-시몽의 지능검사를 받은 아동의 성적이 하나의 숫자로 표기될 수 있기 때문에 사람들은 이 숫자가 단일한 잠재능력이나 양을 나타내고자 한 것은 결코 아니라는 점을 망각하기 쉽다. IQ 점수나 정신연령이 키나 몸무게와 같은 신체적 특징을 알려주는 의학적 잣대는 아니다. 그러나 지능검사를 담당하는 사람들을 비롯한 많은 사람들은 IQ점수를 구체적인 것으로 생각했다. 그들은 IQ 점수를 사람의 머릿속에 들어 있는 지식의 양을 잴 수 있는 분명한 것의 척도로 생각하게 되었다(Gould, 1981).

19세기말, 영국인 갈톤(Galton)은 사촌형인 다윈의 진화론에서 개인 간 차이에 관심을 갖게 되었고, 사회적 성공이 한 가계에서 반복적으로 나타남을 발견하여 지능이 유전된다고 주장하였다. 또한 그는 지능이 높은 사람이 지각적 정확성과 민첩성이 높다는 가설 하에 시각·청각 반응에 대한 측정을 하기도 하였다(윤가현, 2012)

비네와 갈톤의 연구는 그 후 다른 연구자들에게 커다란 영향을 끼쳤으며, 이후 지능의 개념에 대한 여러 이론을 바탕으로 다양한 지능검사가 개발 및 변형되어 왔다.

이러한 지능검사는 크게 개별적으로 이루어지는 개인별 지능검사와 집단으로 이루어지는 집단지능검사로 구분할 수 있다.

첫째, 개인별 지능검사(individually administered tests)는 대부분 지능검사 실시와 관련된 교육을 받은 심리학자 한 사람이 수검자 한 사람을 대상으로 일대일 검사를 실시한다. 이 검사는 개개인이 노력, 집중력, 검사 받는 동안 마음의 편안함 정도에 관한 기록을 바탕으로 개인별로 실시해서 점수를 매기고 판정한다.

둘째, 집단지능검사(group tests)는 여러 사람이 동시에 검사를 받고, 주로 기계를 이용하여 점수를 매기고 기존의 지침(예컨대, 채점요령)에 따라 판정한다.

개인별 지능검사와는 다르게, 집단검사가 실시될 때 검사실시 진행자가 피험자 개개인이 문제를 잘 이해하고 있는가를 자세히 살펴보거나 격려하는 등의 도움을 주기는 거의 불가능하다(Cronbach, 1990).

이처럼, 현대의 심리측정학자와 지능검사를 개발해낸 사람들이 강조하려는 일반적 특징을 살펴보기 위해 실제 널리 활용되고 있는 지능검사는 다음과 같다.

(1) 비네 지능검사

비네(Binet)가 시몽(Simon)과 함께 1905년 제작한 비네-시몽(Binet-Simon) 검사는 현재 사용하고 있는 지능검사의 시초라고 볼 수 있다. 앞에서 제시했듯이, 그는 프랑스 정부로부터 일반적인 정규 교육에 적합지 않은 정신지체 아동을 구분하기 위한 검사개발을 위탁받아 학업성취와 관련된 30개의 문항을 난이도 수준에 따라 나열하여 검사를 제작하였다. 그리고 연령에 따라 과제 수행능력이 발달한다는 생각을 바탕으로, 어떤 한 아동이 자기 또래 아동보다 더 높은 난이도의 과제를 해결할 수 있다면 정신연령이 높고 그에 따라 지능도 높다고 판단하였다. 이 검사는 초기 목적에 따라 3~11세 아동용으로 개발되었고, 이후 조금씩 그 형태가 바뀌어 1912년에는 3개월 된 유아동인 쿨만-비네(Kuhlmann-Binet)가, 1916년에는 현재 세계적으로 널리 쓰이고 있는 스탠포드-비네(Stanford-Binet) 검사가 개발되었다. 스탠포드-비네(Stanford-Binet) 검사는 미국 스탠포드 대학교의 터먼(Terman) 교수가 기존 비네 검사를 개정하여 만든 것인데, 그는 이 검사 결과에서 우리에게 익숙한 용어인 스턴(Stern)의 지능지수(IQ) 개념을 도입해 사용하였다. IQ란 아동의 정신연령을 생활연령으로 나눈 값에 100을 곱한 것인데, 이는 서로 연령이 다른 아동들의 점수를 비교하는 데 유용하였다. 이후 스탠포드-비네 검사는 1937년, 1960년, 1970년, 1986년에 개정되었으며, 우리나라에서는 1960년도 판을 고려대학교에서 번안하여 만 4세에서 18세까지의 아동·청소년을 대상으로 한 고대-비네 검사가 제작되었다(윤가현, 2012 재인용).

(2) 웩슬러 지능검사

웩슬러 지능검사(The Wechsler Scales)는 가장 널리 사용되는 지능검사 가운데 하나로 개인별 지능검사용이다. 이 지능검사는 1939년 데이비드 웩슬러(David Wechsler)가 처음으로 소개하였다.

스탠포드-비네 검사는 초기에는 아동용 검사로 제작되었기 때문에 성인에게 적용하기 부적합한 부분이 있었고, 검사 내용이 피검자의 언어능력에 의존하는 면이 많다는 문제점이 있었다. 이에 뉴욕 벨르뷔 시립병원(New York's Bellevue Hospital)의 임상심리학자였던 웩슬러는 성인 환자들의 지능을 측정하기 위한 새로운 검사를 개발하게 되었다. 그는 1차 세계대전 중에 미 육군의 지능검사 감독관으로도 근무하면서, 미 육군의 알파 지능검사와 베타 지능검사를 만들 당시 일했던 경험을 자신의 지능검사에 반영하였다. 알파 지능검사처럼 경험을 통해 얻은 언어와 지식을 묻는 문제인 언어성 지능(verbal IQ)과 베타 지능검사처럼 비언어적 지능을 평가하는 수행능력 부분, 즉 도형으로 나타낸 표현과 퍼즐형 활동이 주류를 이룰 수 있도록 동작성 지능(performance IQ)을 산출 후, 둘을 합산한 전체 지능지수(full scale IQ)가 산출될 수 있는 지능검사를 제작한다. 또한 지능지수 산출에 있어 기존의 정신연령 대 생활연령의 비율에 입각한 IQ가 아닌, 정상분포에 입각한 편차 IQ를 사용한 점에서 기존의 검사와 다른 차별점을 갖는다. 정신연령은 생활연령에 따라 계속해서 동등하게 증가하는 것이 아니므로, 기존의 IQ 산출방식은 성인들의 IQ 산출 시 근본적인 문제가 있었다. 편차 IQ는 개인의 점수를 그가 속한 연령집단의 규준과 비교하여 산출하는 방법으로, 각 소검사 원점수를 연령 규준에 따라 평균 100, 표준편차 15인 환산점수로 변환하여 지능지수를 산출한다. 웩슬러 지능검사는 언어부분과 비교했을 때 수행능력 부분은 유동능력을 좀 더 직접적으로 측정할 수 있는 척도로 간주되고 있다(Sattler, 1992).

기본적으로 웩슬러는 개개인의 지능을 점수로 나타내려고 하지 않았다. 그보다도 그는 미 육군 지능검사와 그 외 초창기 지능검사들보다 더 광범위하게 개인의 장단점을 설명할 수 있는 지능검사를 만들어 내고자 했다. 이를 위하여,

그는 수행능력과 언어 능력을 테스트하기 위하여 여러 개의 독자적인 하위검사 항목을 갖춘 지능검사를 고안하였다. 각각의 하위검사에는 능력을 비교할 수 있는 기준이 마련되어 있었다(Francher, 1985). 그가 만든 최초의 지능검사인 웩슬러 벨르뷔 지능검사-Ⅰ형(Wechsler Bellevue Intelligence Scale - Form Ⅰ)은 성인용이었다. 나중에 여러 차례의 수정을 거쳤고, 이에 덧붙여 성인용 지능검사와 구조가 비슷한 웩슬러 아동용 지능검사가 만들어졌고, 이 지능검사 역시 수정을 거쳤다.

웩슬러 검사는 1939년에 1판, 1946년에 2판, 1955년에 웩슬러 성인용 지능검사(Wechsler Adult Intelligence Scale: WAIS)로 정리되었고, 1981년에 WAIS-R, 1977년에 WAIS-Ⅲ, 2008년에 WAIS-Ⅳ로 개정되었으며, 보다 어린 4~6.5세 아동을 대상으로 한 유아용 웩슬러 지능검사(Wechsler Preschool and Primary Scale of Intelligence Scale: WPPSI)가 1967년에 개발되어 1989년과 2002년에 개정되어 사용되고 있다. 개정이 진행됨에 따라 크고 작은 변화가 있었다. 특히 가장 최근의 버전인 WAIS-Ⅳ와 WISC-Ⅳ는 이전과는 달리 언어성 지능과 동작성 지능의 개념이 사라지는 획기적인 변화를 거쳤다. 그 대신 WISC-Ⅳ의 경우에는 언어이해 지각추론, 작업기억, 처리속도의 네 개 지표점수와 전체 지능지수가 제공되는데, 이는 작업기억 및 처리속도와 같은 신경심리기능에 대한 관심이 최근에 높아진 결과를 반영한다. 이는 또한 신경심리기능의 영향을 덜 받는 언어이해 및 지각 추론능력의 수준을 따로 볼 수 있게 해줌으로써, ADHD와 같은 신경심리학적 문제를 가진 아동들의 잠재적인 지적 능력을 평가하는 데 더욱 유용하게 되었다(Weiss et al., 2006).

한편, 국내에서는 전용신과 서봉연, 이창우(1963)가 1955년판 WAIS에 대한 한국표준화 연구를 수행하여 한국판 웩슬러 지능검사를 개발하였고, WAIS-R을 염태호 등(1992)이 K-WAIS로 한국 표준화 하였다. WAIS-Ⅳ는 황순택 등(2012)이 한국 표준화 연구를 완료하였다. 아동용은 WISC를 이창우와 서봉연(1974) K-WISC로, WISC-R을 박경숙 등(1987)이 표준화하여 한국교육개발원 웩슬러 아동용 지능검사(Korean Education Developmental Institute-Wechsler Intelligence Scale for Children: KEDI-WISC)를 개발하였다. 또한 WISC-Ⅲ을 곽금주와 박혜원, 김청택(2001)이 K-WISC-Ⅲ으로, WISC-Ⅳ를 곽금주와 오상우, 김청택(2011)이 K-WISC-Ⅳ로 한국 표준화 연구를 수행하였다. K-WPPSI-R은 박혜원과 곽금주, 박광배(1996)가 개발하였으며, 현재 성인 대상으로 널리 사용되고 있는 K-WAIS의 구성을 살펴보면, 기본지식문제, 숫자 외우기, 어휘문제, 산수문제, 이해문제, 공통성 문제의 여섯 개 언어성 소검사와 빠진 곳 찾기, 차례 맞추기, 토막 짜기, 모양 맞추기, 바꿔쓰기 다섯 개의 동작성 소검사로 이루어져 있다(윤가현 외, 2012).

(3) 카우프만 아동용 지능검사

카우프만 아동용 지능검사(Kaufman Assessment Battery for Children: K-ABC)는 미국 앨라배마 대학교의 교육심리학과 교수인 카우프만(Kaufman) 부부가 2세 6개월에서 12세 6개월 아동을 대상으로 개발한 지능검사다. 이 검사에는 많은 비언어적 과제가 포함되어 있어 언어에 문제가 있는 아동들에게도 실시할 수 있다는 장점이 있으며, 인지처리 이론을 근거로 개발되었다는 점에서 여타 지능검사와 차이가 있다. 즉, 지능을 산출하기 위해 아동의 '인지처리과정'과 '습득도'를 측정하는데, 인지처리과정은 카텔의 2요인 모델 가운데에 유동지능, 습득도는 결정지능에 해당된다고 볼 수 있다. 인지처리과정은 일련의 자극을 단계적으로 처리하여 자극 간의 관계나 규칙을 이해하고 복잡한 과제를 단순한 여러 단계로 나누는 것과 관련된 '순차적 정보처리과정'과 시·공간적 구성 및 유추 능력과 관련된 '동시처리과정'으로 구분되며, 습득도는 후천적 경험을 통해 학습되는 학업성취 수준을 측정한다. 따라서 아동의 지적 잠재 능력과 실제 성취도를 비교해 볼 수 있다(신민섭 외, 2005). 국내에서는 문수백과 변창진(1997)의 표준화 연구를 통해 한국판 K-ABC가 개발되어 사용되고 있다.

(4) 집단지능검사

집단지능검사는 집단으로 여러 사람에게 동시에 시행할 수 있는 지필식 검사다. 개개인에 대한 정확하고 다양한 정보를 제공하기는 어렵지만, 간편하고 경제적이어서 학교나 회사 등에서 주로 사용하고 있다. 집단지능검사의 개발은 제1차 세계대전 중에서 미국에서 군 심리학자들에 의해 최초로 이루어졌다. 당시 수많은 전쟁 징집자들을 병역 배치를 하기 위해 지능을 기준으로 구분할 필요가 있었고, 이에 따라 1917년 미 육군 알파검사가, 1920년에 외국인을 위한 미 육군 베타검사가 개발되었다. 그 내용은 언어, 수리, 추리력 등 일반지능검사에서 측정하는 요인으로 이루어졌다. 이후 그 검사의 개정판이 일반인을 대상으로 사용되기도 하였으며, 일반인용으로 여러 가지 집단지능검사가 제작되었다. 우리나라에서는 지능종합검사(황정규, 1991), 일반지능검사(임인재, 1993), 초·중·고등용 지능검사(KIT)(한국행동과학연구소, 1993, 1994), 한국교육개발원 지능검사(한국교육개발원, 1993) 등이 사용되고 있다(신민섭 외, 2005, 재인용).

2 창의성

독일의 한 초등학교 학급에서 학생들이 너무 시끄럽게 떠들었다. 참다못한 선생님은 아이들이 떠든 벌로 1부터 100까지 모두 더하라는 문제를 냈다. 그러면 한참 동안은 조용할 것이라는 생각에서였다. 그러나 한 꼬마가 몇 분 지나지 않아 다 풀었다고 손을 들었다. 또 장난을 하는 것이려니 하고 생각하고 답을 들어보니 뜻밖에도 정답이었다. 놀란 선생님이 어떻게 풀었느냐고 물었다. "아주 쉬워요." 꼬마가 대답했다. "1에 100을 더하면 101, 2에 99를 더하면 또 101, 3에 98을 더하면 또 101 … 이런 게 50개 있으니 5050이 되죠." 선생님은 꼬마의 소질을 인정하고 수학교수를 소개해 가면서까지 특별지도를 했다. 이 꼬마는 훗날 19세기의 가장 위대한 수학자였던 칼 프리드리히 가우스(Karl Friedrich Gauss, 1777~1855)였다(장재윤 외, 2007).

1) 창의성의 개념

창의성이란 무엇인가? 창의성이 어떤 것이라고 막연히 알고는 있지만 막상 창의성이 무엇이라고 규정하기는 쉽지 않다. 창의성은 다양하게 정의되어 왔다. 길포드(Guilford, 1959)는 창의성을 새롭고 신기한 것을 낳는 힘이라고 정의하였고, 테일러(Taylor, 1961)는 생산적 사고와 창조적 사고를 표현하는 복잡한 심리적 과정으로서, 인내성과 성취, 변화, 개선을 구하는 태도, 그리고 아주 큰 소신을 낳게 하는 정열 같은 것이라고 하였다. 메드닉(Mednick, 1962)은 창의성을 명세화된 요건으로 충족시키거나 유용한 새로운 조합으로 연합적 요소를 형성하는 것으로, 스테인(Stein, 1962)은 창의성의 결과가 특정한 시기에 중요한 타인 집단에 의해 만족스럽거나 유용하거나 합당한 것으로 수용되는 새로운 연구의 형태로 나타난다고 하였으며, 사이몬톤(Simonton, 1999)은 독창적이어야 하고, 어떤 의미에서 반드시 적용될 수 있는 것으로 판명, 인증되어야 한다고 하였다. 윤종건(1996)은 창의성을 기존의 요소들로부터 적어도 자기 자신에게는 새롭고 유용한 결합을 이루어 내는 능력이라고 정의하였다.

이처럼 창의성은 다양하게 설명되고 있지만 이러한 정의에서 공통으로 들어가 있는 뜻이 있다. 그것은 무엇인가 특이하고 새로우며, 독특한 것을 만들어 내는 능력을 의미한다. 독창적인 산물을 생성한다는 것, 즉 창의성의 가장 핵심이 되는 요소는 바로 독창성(새로움)이다. 그러나 창의적인 사람이 반드시 평범한 사람들과 달라야 한다는 것을 뜻하지 않는 것처럼, 독창적인 산물이라 하여 항상 창의적인 것은 아니다. 그것이 문제해결에 적절할 때에만 창의성이라고 할 수 있다. 즉, 하늘을 나는 자전거를 생각해 냈다. 하더라도 창의적인 것은 아니다. 이론상으로 그것을 실현시킬 방법이 없기 때문이다. 하지만 가우스의 위 사례는 창의적인 것이다. 왜냐하면 수학 공식을 사용하지 않는 독창성을 지녔을 뿐만 아니라, 정답을 맞힘으로써 성공적으로 문제해결을 할 수 있었기 때문이다. 요약하면, 창의성이란 '독창적이면서도 유용한 산물을 생성해 내는 능력'이라고 할 수 있다(장재윤 외, 2007).

창의성의 기본 성격에 대해 상이한 두 가지 견해가 있는데, 첫째, 창의성을 가르칠 수 있는 일련의 인지기능(cognitive skills)이나 인지구조(structure of intellect) 등 창의성의 구성요인을 분석적으로 접근하는 방식으로 간주한다. 예를 들면, 길포드의 모형 중 확산적 사고는 창의성을 가리키는 것으로 보고, 이와 같은 기능을 향상시킬 수 있는 여러 가지 훈련방법과 프로그램들이 개발되었다.

둘째, 창의성을 일종의 성격으로 간주한다. 즉, 창의적인 사람과 비창의적인 사람은 서로 다른 성격 특성을 가지고 있다고 보는 견해이다. 창의성을 정의적인 성격 특성으로 보느냐 또는 훈련 가능한 인지 기능으로 보느냐에 따라 교육방법은 다를 것이다. 미칼코(Michalko, 2001)는 창의력이 뛰어난 사람들은 어느 누구도 보지 못하는 것을 보는 통찰력, 아무도 생각해 내지 못하는 그 무엇, 어떤 것을 생각해 내는 지혜, 무엇을 생각하기보다는 왜, 어떻게를 생각하는 데 몰입하는 인물, 복제하는 방식이 아닌 독창적인 방식으로 실용적인 생각을 한다고 주장한다.

이처럼 창의성은 인간에게 다음과 같은 중요한 의미를 갖는다(Torrance, 1995). 첫째, 창의적 사고는 인성발달과 정신건강 측면에서 중요하기 때문에 창의적 욕구를 장기간 억압할 경우 인성의 파멸과 삶의 만족을 없앨 수 있다. 둘째, 창의적 사고는 정보습득에 중요한 역할을 하므로 궁극적으로 다른 지적 기능만큼 중요한 능력이다. 셋째, 창의적 사고는 지식을 일상의 개인적, 전문적 문제에 적용하는 데 중요한 역할을 한다. 넷째, 문명의 미래는 다음 세대의 창의적 상상력에 달려 있기 때문에 창의적 재능을 확인 및 개발하고 활용하는 것은 사회발전에 있어 매우 중요하다. 인간이 창의적인 활동을 하고 있을 때 그 어느 때보다도 강한 생명력을 느낄 수 있으며, 인간의 창의성이 고갈된다면 인류는 미래에 생존할 수 없을 것이다. 결국 인류의 생존은 창의성에 달려 있다(Csikszentmihalyi, 1996).

2) 창의성의 구성요소

창의성에 관한 최근의 많은 이론과 연구들은 이전의 연구들을 부분적으로 통합하면서, 창의성이 발현되기 위해서는 많은 요소가 모아져야 한다고 가정하고 있다(Amabile, 1983; Gardner, 1993; Mumford & Gustafson, 1988; Perkin, 1987; Sternberg & Lubart, 1991). 즉, 통합적 또는 융합적으로 접근해야 한다는 것이다. 이렇듯 학자들마다 다른 창의성의 구성요소를 살펴보면 다음과 같다.

첫째, 길포드(Guilford, 1967)는 인간의 기본적 정신특성을 기술하는 과정에서 사고의 형태를 수렴적 사고와 확산적 사고(또는 발산적 사고)로 구분하였다. 수렴적 사고란 '5×4=20'과 같이 하나의 정답을 향하여 진행되는 사고이고, 확산적 사고란 '빈 깡통의 용도를 열거하기'와 같이 문제에서 출발하여 가능한 한 다양한 방향으로 밖으로 이동해 가는 사고를 의미한다. 길포드(Guilford, 1956, 1967)는 창의력을 구성하는 사고의 요인으로 유창성, 융통성, 독창성을 들고 있다. 사고의 유창성이란 '인간이란 단어의 동의어를 모두 열거하기'와 같이 어떤 요구 조건을 충족시키는 해결책을 많이 생산해 내는 능력을 말한다. 사고의 융통성이란 '도시의 주차문제 해결안 제시하기'와 같이 상황의 변화에 대처하는데 질적으로 서로 다른 해결방안을 많이 생산해 내는 능력을 말한다. 사고의 독창성이란 '도심의 주차 문제 해결방안으로써 벌집 모양의 주차 타워 세우기'와 같이 새롭고 독특한 대답을 산출해 내는 능력을 의미한다.(구광현 외, 2008)

둘째, 아마빌레(Amabile, 1983, 1988, 1989)는 창의성이란 창의적 과정의 즐거움이나 문제를 해결하려는 내적 동기, 창의적인 사고와 행동기술, 영역관련 지식과 능력으로 구성되어 있다고 보고 있으며, 이중 내적 동기를 가장 중요시하고 있다. 아마빌레의 연구 결과, 내적으로 동기화된 아동이 외적으로 동기화된 아동보다 창의적인 것으로 나타났기 때문이다. 예를 들면, 맛있는 수프가 되기 위해서는 수프의 재료인 해당분야의 전문지식 및 기술과 함께 맛을 내는 양념인 창의적인 사고방법과 행동기술을 활용할 수 있어야 한다. 그러나 센 불에서 제대로 끓이지 않으면 맛있는 수프가 될 수 없듯이, 결국 창의적 활동에 대한 관심과 강한 열정, 동기가 있을 때 우수한 창의적 성과를 낼 수 있다(신명희 외, 2011)

셋째, 스턴버그와 루바트(Sternberg & Lubart, 1991)도 창의성을 위해 지능, 지식, 사고유형, 인성, 동기, 환경 측면을 고려하는 투자가 중요하다고 밝히고 있다. 따라서 창의적인 사람들은 모호한 것을 잘 참으며, 장애물을 극복하려는 의지, 성장하고자 하는 의지, 내적 동기, 적절한 모험심, 인정받으려는 욕구 등이 높다는 것이다.

넷째, 멈퍼드와 거스타프슨(Mumford & Gustafson, 1988)은 창의적 잠재력을 다양한 인지적 특성과 인성적 특성을 포함하는 다변인적 현상으로 보았으며, 마틴데일(Martindale, 1989)은 어떤 사람이 창의적이려면 인지적 요인, 특수재능 요인, 동기요인, 상황요인이 함께 주어져야 하며, 이런 이유로 위대한 창의성이 드물게 나타난다고 하였다.

이와 같은 다양한 창의성의 구성요소를 바탕으로, 박영태(2002)는 지식, 사고, 인성, 환경의 4요소로 정리하면서 창의성의 바탕은 지식과 사고이며, 창의성을 발휘하게 하는 것은 인성과 환경이라고 하였다.

첫째, 지식은 사고의 자료로 창의성이 근본 자료이다. 따라서 지식이 부족하면 창의성을 나타내기 어려우므로 지식의 양이 많으면 많을수록 좋다. 그러나 지식의 양이 많다고 하여 반드시 그 지식이 모두 활용되는 것은 아니다. 때로 지식은 마음갖춤새로 사고를 획일화시킨다. 또한 도식적으로 문제를 해결하고 확산적 사고를 저해하기도 한다. 이는 지식을 학습하는 데 형성된 정서에 크게 의존한다. 지식은 정보와 정서로 이루어져 있으며, 정보는 사물에 대한 앎 자체고 정서는 그 정보가 자신의 생존가치와 연결된 가치다. 따라서 창의성 교육은 지식을 증대시키되, 그 유용성을 크게 강조하여야 한다,

둘째, 사고는 지식을 활용하여 새로운 아이디어를 생성하는 과정이다. 따라서 사고기술이 부족하거나 경직되어 있으면 창의성이 나타나기 어렵다. 사고는 의식적 또는 무의식적으로 이루어진다. 사고를 하기 위해서는 정보와 정보 간의 순서적 이동이 필요한데, 의식적 사고는 바로 순차적 사고이다. 의식적 사고는 문제의식을 야기하고, 문제가 무엇인지를 정의하며, 해결책을 탐구하여 그에 따라 새로운 아이디어를 정교화시켜 준다. 이에 비해 무의식적 사고는 창의성의 바탕인 정보 간의 상관을 자연스럽게 만들어 주며, 이것이 통찰로 나타나 주의집중이 확산되는 과정에서 활성화되는 정보의 양이 많아지며 시각적으로 나타나는 것을 말한다. 따라서 무의식적 사고는 비순차적·병렬적·공간적·심상

적·우뇌적 사고를 의미하며, 정보의 동시적 도출로 정보 간의 상관을 야기한다. 따라서 창의성은 의식적 사고활동과 무의식적 사고활동의 긴밀한 상호협력으로 이루어진다고 볼 수 있다.

셋째, 인성은 사고활동을 할 수 있도록 만드는 내적 힘으로, 건전한 인성은 바로 창의성의 바탕이 되며, 빅터 프랭클의 영적 자유정신, 프롬의 생산적 성격, 매슬로우의 자아실현성 등은 바로 창의성을 발휘하도록 하는 인성의 근본이다.

넷째, 환경은 이 사고활동을 하도록 만드는 외적 힘으로, 환경은 창의적 사고를 유발하는 자극으로, 스스로 창의성을 발취하도록 하는 창의적 인성을 길러주는 분위기로 기능한다.

즉, 지식, 사고, 인성, 환경은 지식에서의 정보와 사고에서의 의식에서 창의성 발현을 위한 표현적 에너지이다. 또한 지식에서의 감정과 사고에서의 무의식은 창의성 발현을 위한 잠재적 에너지로서, 창의성은 이 두 에너지에 의해 도출된다. 인성은 두 에너지를 적절히 조화하도록 만드는 내적 힘이며, 환경은 그것을 발휘하도록 만드는 외적 힘을 말한다(김종미 외, 2010).

3) 창의성 검사

창의성에 대한 재능을 확인하는 가장 보편적인 방법은 길포드(Guilford, 1950)에 의해 제안되고, 토랜스(Torrance, 1866, 1974)에 의해 발전된 방법이다. 길포드의 1950년 미국 심리학회의 연설 이후, 몇몇 심리학자들은 확산적 사고력 검사를 구성하기 시작했다. 1950년대와 1960년대 대표적인 검사로는 용도찾기검사(Alternative Uses test), 사물개량검사(Product Improvement test), 결과산출검사(Consequences test) 등이었다.

1960년 이후 창의성에 관한 연구가 급격히 감소하는 것으로 나타났으나, 이 검사들은 이후 토랜스가 1966년에 출판하고 최근에 개정한 창의성 검사 배터리로 통합되어 토랜스의 창의성 사고 검사(The Torrance Test of Creative Thinking: TTCT)로 불리우고, 오늘날 창의성 연구에서 계속 사용되고 있다(Diaz, 1983).

토랜스는 미네소타 대학에서 창의적 행동의 미네소타 연구를 시작했으며, 그 연구를 하면서 표준화된 창의성 잠재력 측정도구를 개발했다(Houtz, 2003). 1966년 처음 출판된 토랜스 창의성 검사는 "창의성이란 빠진 요소를 지각하는 과정, 그것들에 대한 아이디어나 가설을 형성하기, 가설 검증하기, 가설 검증한 결과를 전달하기, 그리고 그 가설을 수정하고 재검증하는 과정(Torrance, 1962; Houtz, 2003 재인용)"으로 정의하고 있다. 같은 시기에 자주 활용된 검사는 원격연합검사(Remote Associates test, Mednick, 1962)인데 이후 수렴적 사고력 검사에 근거한 것이라는 비판을 받았다(Cropley, 1997). 이 검사들은 수렴적이고 평이한 정답을 구하는 방식에서 벗어난 사고유형, 즉 확산적 사고를 측정하는 데 집중했다. TTCT의 경우, 사람들은 아주 단순하면서 제한된 상황에서 독특하거나 기발한 아이디어들을 생성해야 한다. 예를 들면, "흠집이 많이 나 못쓰게 된 CD의 용도에 대해 당신이 생각할 수 있는 한 많이 생각하여 쓰시오(용도찾기)", "사람이 아가미로만 숨을 쉬게 된다면 그 다음에는 무슨 일이 일어나겠는가?(결과산출)", "모든 인간이 육손이로 태어났다고 가정하자. 이로 인해 초래될 모든 것을 열거하시오(제한시간 3분)" 등의 검사문항에서 보듯이 토랜스의 창의성 검사문항은 확산적 사고를 측정하도록 고안되어 있다. TTCT는 언어검사(verval A형, B형)와 도형검사(figure A형, B형)가 있으며 유치원에서부터 대학생, 성인에 이르기까지 사용할 수 있는 검사다. 언어검사는 질문하고 추측하기, 작품향상, 색다른 용도, 색다른 질문, 가상하기 등의 7개 하위검사로 구성되어 있다. 도형검사는 불완전한 그림을 제시하고 유의미한 것으로 완성하는 검사로 그림구성, 도형완성, 반복적인 닫힌 도형검사의 3개 하위검사로 구성되어 있다.

호스버(Hocevar, 1981)는 창의성을 측정하는 검사를 확산적 사고(아이디어의 유창성, 융통성, 독창성, 정교성, 중요성 등), 태도와 흥미검사(새로운 이론 정립, 새로운 기계장치 고안, 새로운 소설 구성법 등에 대한 관심 및 흥미 등), 성격검사(상상력, 영악함, 반성적 사고력, 탈관습, 호기심 등), 자전적 목록검사(과거의 취미, 어린 시절 활동, 가족역사, 여가시간활용유형 등), 교사평정(사고 유연성, 융통성, 발명, 독창성, 아이디어의 정교성 등), 동료평정, 감독자평정, 제품평가(작품, 발명품), 명성(현재 지위와 활동에 대한 저명도), 자기보고적 창의적 활동평가(과학, 예술, 문학 등에서의 창의적 활동이나 성취평가, 경연대회 입상, 전람회 참가, 소설, 시 등의 출판 등)로 10개의 유목으로 분류하였다. 대표적인 창의성 검사는 벽돌이나 종이 클립, 맥주통, 담요나 책과 같은 것의 용도를 쓰게 하거나 한 단어가 가지고 있는 여러 의미를 쓰게 하는 것처럼 확산적 사고나 연상정도를 측정하는 것이다. 이와 같은 검사를 교실 현장에서 활용하여 특정한 물건의 용도를 쓰게 하여 학생이 반응한 개수로 유창성을, 응답내용의 다양성에 따라 유연성을, 학생의 응답 반응의 빈도가 적을수록 독창성을 높게 평가하면 되는 것이다.(신명희, 2011)

지능검사의 경우, 정답이 있어 채점이 용이한 반면 창의성 검사 중에서도 확산적 사고검사는 반응의 개별성을 강조하기 때문에 널리 사용되긴 하지만, 검사의 타당성에 대해 창의력을 측정하는 것은 극히 제한적이라는 비판이 많다. 따라서 많은 연구자들은 최대한 다양한 방법을 이용해 창의력을 측정할 것을 권장하고 있으며, 최근에는 창의적 산물이 확산적 사고에 의존할 뿐만 아니라 수렴적 사고에도 의존한다는 사실에 대한 인식이 증가하면서 창의성 검사에서 중요한 진보가 이루어지고 있다.

어반(Urban, 1991)의 창의적 사고력-그림완성검사(Test for Creative Thinking-Drawing Production)는 피험자들이 불완전한 도형을 완성해야 하지만, 이들이 만든 그림의 독특성에 따라 점수가 주어지는 것이 아니라 형태심리학에서 추출된 창의성의 9개의 심리적 측면에 기초하여 점수화된다. 여기에는 경계선 무너뜨리기, 새로운 요소들의 비율, 유머 등이 포함된다. 정신분석적 접근을 위한 창의적 기능검사(Creative Functioning Test)는 창의성을 자기 자신의 잠재의식과 의사소통할 수 있는 능력에 달려 있는 것으로 보고, 정물화에 대한 순간 노출시간을 점차 증가시켜 나가는 방법을 취한다(Cropley, 1995). 그 그림이 무엇인지 재빨리 인식하고 자신의 무의식 속에 있는 대상과 그것을 일치시킬 수 있을 때, 그것을 잠정적으로 더 창의적인 것으로 판단한다. 이처럼 창의성 검사는 다양한 이론적 배경을 가지고 제작되고 있기 때문에 창의성 검사를 이용할 경우 이론적 배경에 대한 이해가 선행되어야 그 결과를 정확하게 해석할 수 있다(이성진 외, 2000). 짧은 시간에 제한된 공간에서 실시한 검사점수로 다양한 상황에서의 창의성 능력을 평가하고 예측한다는 것은 쉽지 않다. 따라서 검사도구 외에 부모, 교사, 가족 등의 피검사에 대한 지속적 관찰 결과가 함께 활용되어야 신뢰로운 평가가 이루어질 수 있다.

3 인지양식

학습자들의 생김새가 모두 다르듯이, 학습내용에 대한 이해, 학습방법, 학습속도, 선호하는 학습양식, 수행수준 등 학습자들의 특성도 매우 다양하다. 학습자들을 이해하기 위한 지능과 창의성 이외에 학습자의 특성을 설명하는 것 중 하나로 인지양식을 들 수 있다. 인지양식은 학습자의 다양성을 설명해주는 구조화된 인지적 태도로서, 개인이 정보를 처리하고 문제를 해결할 때 선호하는 전략을 사용하는 것을 의미한다. 학자들마다 학습능력에 대한 학습자 개인 간의 지적 수행의 차이에 대해 인지양식의 발견과 정의, 개인차에 대한 규명, 인지능력 및 정의적 특성과의 관계를 밝히려는 데 초점을 맞추어 왔으며, 학습능력에 대한 지능, 창의성의 차이 외에도 개인이 독특하게 지니고 있는 인지양식 및 인지유형에 따라 다르게 나타남을 밝히고 있다(Cronbach & Snow, 1977). 인지양식의 개념과 유형은 다양하지만, 일반적으로 잘 알려진 방법을 제시하면 다음과 같다.

1) 인지양식의 개념

슈웰(Shuell, 1981)은 인지양식(Cognitive style)이란 정보를 조직하는 방식이나 환경 자극에 대한 반응방법에 있어서 개인의 선호성을 의미한다고 하였고, 케이건(Kagan, 1970)은 인지양식을 외부환경을 개념적으로 유목화하고, 지각적으로 조직하는 방식에 있어서 개인이 항상적인 선호라고 정의하고 있다. 또한 다일러(Tyler, 1974)는 다소 새로운 개념으로 자신을 둘러싼 외부환경이나 사물을 지각하고 그에 관한 정보를 조직하는 방법이 개인에 따라 어떻게 다른가를 밝히는 것이 인지양식이며, 위트킨(Witkin, 1977)은 개인이 자신의 지각과 지적 활동에서 보여는 특징적이고 일관적인 기능양식으로, 골드스타인(Goldstein)은 인지양식을 지식이나 정보를 조직하고 처리하는 방식, 즉 개인의 특유한 정보처리 전략을 나타내는 사실적 구성개념이라고 규정하고 있다(박아청, 1997).

인지양식(Cognitive style)이란 인지행동에 있어서 나타나는 개인차, 즉 인지적 과제에 대하여 자극상황이나 내적 사태를 초월하여 개인이 일관성 있게 나타내는 반응양식을 의미한다. 넓은 의미에서 인지양식은 개인의 전형적인 정보처리양식이라 할 수 있다. 인지양식은 지능, 적성, 동기, 흥미 등 여러 측면에서 개인차를 보이는데, 자신을 둘러싼 외부환경이나 사물을 지각할 때도 인지적·정의적 특성에 따라 주어진 상황이나 정보에 대해 독특한 방식으로 지각, 기억, 사고하는 등의 인지활동을 수행한다. 이러한 인지양식은 유전적인 요인보다는 사회화 과정에서 형성된 것으로 보고 있으며, 인지양식이 지니는 특징으로서 인지양식이 지적인 특성뿐만 아니라 성격적인 특성과도 관련된다는 다면성, 인지양식은 연령증가와 함께 상대적으로 안정성을 유지한다는 안전성, 지능이나 다른 능력 변인들과는 달리 각각 대립되는 인지양식들은 특수한 상황에서 수용적 가치를 지니고 있다는 양극성 등을 들 수 있다(Witkin et, al., 1977).

이와 같은 인지양식의 다양한 의미는 관점에 따라 차이가 있지만, 결국 인간 정신 활동에서 지식을 획득하거나 산출하는 중요한 과정임을 알 수 있다.

2) 인지양식의 유형

인지양식의 유형은 학자에 따라 또는 분류방법에 따라 여러 유형으로 제시되고 있다. 대표적인 인지양식의 유형을 살펴보면 <표 4-2>와 같다.

〈표 4-2〉 인지양식의 유형

학자	인지양식	분류방법
Witkin	장의존형–장독립형	개인의 사물을 지각하는 차이
Kagan	숙고형–충동형	개인의 인지 속도 차이
Gardner	집착성–융통성	자극정보에 대한 선택적 주의집중에 대한 능력차
Klein	지속성–개변성	자극의 변화에 대한 민감성 정도

출처 : 김희수(2011), 재구성.

위트킨(Witkin, 1962, 1974)은 주어진 상황에서 정보를 받아들이는 독특한 양식에 따라 장의존형(field dependence)과 장독립형(field independence)으로, 케이건(Kagan, 1964)은 제시된 문제에 대한 반응속도와 반응에서 틀린 수로 개념적 속도라는 학습유형차원을 제시하여, 대답은 늦게 하지만 거의 틀리는 경우가 적은 숙고형(reflection)과 대답은 빨리하지만 틀린 답이 많은 충동형(impulsivity)으로, 가드너(Gardner, 1960)는 하나의 자극만이 아닌 지각을 방해하는 단서가 동시에 주어졌을 때, 그 지각에 제한을 받는 상태인 집착성(constricted)과 제한을 받지 않는 융통성(flexible)으로 나누었다. 또한 클라인(Klein, 1963)은 자극의 변화를 부정하거나 자극 간에 일어나는 차이를 인정하지 않고, 되도록 이면 과거에 적합하였던 반응을 현재에 적합하지 않아도 지속하려는 경향을 지닌 지속성(leveling)과 자극의 변화에 보다 민감하고 조그만 차이에 대해서도 민감한 변별적인 반응을 나타내는 과거에 적합하였던 반응을 고수하지 않고 현재의 상황에 적합하도록 수정해 나가는 개변성(sharpening) 인지양식 유형으로 분류하고 있다.

위에 제시한 인지양식 유형 중에서도 학습방법, 학습과제, 학업성취, 흥미, 그리고 적성 등과 관련하여 가장 많이 사용되는 유형은 장독립형과 장의존형 인지양식이다. 따라서 위트킨(Witkin)의 인지양식에 대하여 좀 더 살펴보도록 한다.

3) 장의존형과 장독립형 인지양식

장의존형 인지양식이란 어떤 사물의 지각에 있어서 그 사물의 배경이 되는 장에 영향을 많이 받는 사람의 인지양식이고, 반대로 장독립형 인지양식은 장의 영향을 받지 않거나 적게 받는 사람의 인지양식을 의미한다(Witkin, 1979). 장의존적 인지양식이나 장독립적 인지양식은 그 가치판단의 양극성을 가지고 있으므로 어떠한 인지양식이 더 좋다고 말할 수 없으며, 상황에 따라 적합한 적용적 가치를 지니고 있다. 예컨대, 장독립적인 사람은 잠입도형(복잡한 도형 속에 숨겨진 도형을 찾아내는 것)의 문제를 해결하는 데 뛰어나고, 장의존적인 사람은 대인관계가 상대적으로 탁월하다(Young, 1991).

장독립적인 학습자는 어떤 사물을 지각할 때, 그 사물의 배경이 되는 주변 장의 영향을 받지 않거나 적게 받는 사람, 즉 심리적 분화가 잘 된 사람으로 자신의 주변에 있는 다른 사람 및 세계를 보다 분화된 방식으로 경험하며 자신이 경험한 것을 잘 분석하고 구조화한다. 따라서 복잡한 자극을 대했을 때 자신에게 필요한 요소와 불필요한 요소를 구분하고, 그들 간의 상호독립성을 유지시켜 가면서 자극을 지각하고 인지한다. 또한 자아와 비자아를 엄격히 구분하려는 사고방식을 가지고 있기 때문에 자기 지향적이어서 내적인 준거체제에 따라 주어진 정보나 단서를 처리하는 경향이 있다. 일반적으로 장독립적인 사람은 수학, 물리학, 생물학, 건축학, 공학, 의학 등과 같이 고도의 분석력을 요구하는 학업이나 직업과 생산, 재배 목수 등과 같은 기술직을 택하는 경우가 많다.

반면에 장의존적인 학습자는 사물을 지각함에 있어서 그 사물의 배경, 즉 주변이 장에 영향을 많이 받는 사람으로, 비교적 비분석적이고 직관적으로 자극을 지각하고 인지한다. 또한 심리적 분화가 잘 이루어지지 않아 주어진 대상을 전체적으로 파악하려는 경향이 있으며, 장의 구조가 결여되어 있을 때, 장을 분석하거나 나름대로 어떤 구조를 가하지 않고 있는 그대로 지각하는 경향이 있다. 장의존적인 사람은 인문과학이나 사회과학, 행정학, 경영학 등에 흥미가 많고 사회사업가, 영업사원, 심리상담사, 목회자 등이 많다. 이러한 장의존형과 장독립형의 차이를 비교, 분석한 차이를 정리하면 다음 <표 4-3>와 같다.

〈표 4-3〉 장독립형과 장의존형의 차이

구분	장독립형	장의존형
특징	• 주변의 상황적 변화에 영향을 별로 받지 않고 구조화되지 않은 사태에 잘 적응	• 주변의 상황적 변화에 영향을 쉽게 받고 사회적 내용을 다룬 자료를 학습하는 능력이 높음
사회성	• 사회적 압력을 잘 극복하나 타인에 대해 무관심 • 타인에 의하여 냉정하고 거리감 있고 비감정적으로 지각됨	• 타인이 지각과 의견에 강한 영향을 받음 • 타인과의 접촉, 타인에 의한 선호, 따뜻하고 정적이고 재치 있는 역동적인 사람으로 지각됨
사고	• 추상적, 이론적, 분석적임	• 보편적 사회준거 체제와 상호작용
학습	• 분석적으로 지각 • 섬세한 방식으로 경험: 구조나 제한 조건을 부여 • 개념을 구체적으로 구분 • 비인격적 지향성 • 사회과목을 단지 과제로 학습 • 개념 그 자체에 관심 • 자기 자신이 세울 목표와 강화를 가짐 • 자신이 구조화할 수 있음 • 비판에 영향을 적게 받음 • 개념획득을 위해 가설검증 접근	• 전체적으로 지각 • 전체적 방식으로 경험: 주어진 구조에 고착 • 개념의 일반적 관계를 봄: 폭넓은 구별 • 사회적 지향성 • 사회과목을 가장 잘 학습, 자신의 경험과 관련된 자료에 관심 • 외적으로 부과된 목표와 강화를 요구 • 구조화된 것이 필요함 • 비판에 영향을 많이 받음 • 개념획득을 위해 관망자적 접근
교수	• 강의법과 같은 비인격적 교수상황을 선호: 수업의 인지적 측면 강조 • 주제를 소개하기 위해 질문사용 • 교수가 조직한 학습상황 이용 • 교사를 원리적용을 조장하는 사람으로 인식 • 정확한 피드백을 줌: 부정적 평가를 사용 • 학습을 조직, 안내하는 학습환경을 형성	• 학생들과의 상호작용이나 토론을 허용하는 교수상황을 선호 • 수업상황을 확인하기 위해 질문사용 • 학생중심의 활동을 이용 • 교사를 사실을 가르치는 사람으로 인식 • 적은 피드백: 부정적 평가를 피함 • 따뜻하고 인격적인 학습환경을 형성
동기부여	• 점수를 통해서 • 경쟁을 통해서 • 활동의 선택, 개인적 목표를 통해서 • 과제가 그에게 얼마나 유용한지 보여주는 것을 통해서 • 구조를 디자인할 자유를 주는 것을 통해서	• 언어적 칭찬을 통해서 • 교사를 돕는 것을 통해서 • 외적 보상을 통해서(별, 스티커, 상) • 다른 사람에게 과제의 가치를 보여 주는 것을 통해서 • 윤곽과 구조를 제시하는 것을 통해서
직업	• 수학자, 물리학자, 건축가, 외과의사, 예술가, 공학자, 기술직, 농업종사자 등	• 사회사업가, 심리상담사, 판매원, 정치가, 광고업, 목회자, 철학자, 사회학자 등

출처 : 김희수, 신명희 외(2011), 재구성.

개인의 장독립적-장의존적 특성을 측정하는 방법은 크게 세 가지로 분류되는데, 막대테두리검사, 잠입도형검사, 신체조직검사 등이 있다.

첫째, 위트킨의 막대테두리 검사(Rod and Frame Test: RFT)는 어두운 방에서 직육면체 야광테두리와 그 안에 막대기를 회전할 수 있게 해놓고, 그 막대를 지면에 수직으로 세우게 하여 장독립적-장의존적 성향을 찾아내는 것이다.

둘째, 잠입도형검사(Group Embedded Figures Test: GEFT)는 복잡한 도형 속에 숨겨진 도형을 찾아내는 것으로, 장의존적인 사람은 잠입도형을 찾는 데 비교적 오래 걸리는 반면, 장독립적인 사람은 잠입도형을 신속하고 정확하게 찾아내는 경향이 있다. 장의존적인 사람이 잠입도형을 찾는 데 어려움을 겪는 것은 어떤 현상에서 목적물을 분리하는 능력이 장독립적인 사람보다 낮은 경향이 있기 때문이라고 한다.

셋째, 신체조직검사(Body Adjustment Test: BAT)란 회전할 수 있는 셀에 의자를 고정시키고 피검자를 앉힌 다음, 셀을 회전시켜서 장독립적-장의존적 성향을 찾아내는 것이다. 장독립적인 사람은 방이 회전해도 몸이 지면과 수직으로 높여 있다고 생각하는 반면, 장의존적은 그렇지 않게 지각한다. 이 검사에서는 모든 환경적·시각적 단서에 따라 수평 혹은 수직을 지각하는 경향이 강한 사람은 장의존적으로, 반면에 자신의 감각운동적 단서에 따라 수평 또는 수직을 지각하는 사람은 장독립적으로 구분한다.

즉, 장의존형은 개인이 어떤 사람을 지각하는 데 있어서 그 사물의 배경인 장의 영향을 받는 사람의 인지양식이고, 장독립형은 장의 영향을 받지 않는 사람의 인지양식이다(김희수, 2011).

4 지능, 창의성, 인지양식의 교육적 활용

지능은 학교에서 교육을 받는 학생들의 개인차를 이루는 변인들 중에서 가장 중요하게 생각되어 온 개념이라는 것은 누구나 알고 있다. 일반적으로 지능지수는 학업 수행 능력에 상당히 영향을 끼는 요인으로 알려져 있다. 그러나 지능을 측정하고 활용하는 가운데 발생하는 부정적이 측면에 대한 비판도 있어 왔다. 최근까지 이 같은 비판을 극복하려는 많은 이론과 연구가 지속되고 있다. 그 일환으로 최근의 지능이론들은 사회적 맥락을 반영하고 실생활에서의 지능을 강조하고 있다(김희수, 2011). 스턴버그의 삼원지능이론, 가드너의 다중지능이론

등 다양한 지능이론에 대한 학자들의 연구가 말하고 있듯이 학교에서 학생들의 이해를 위해 지능검사 결과를 활용하는 데 유의해야 할 제한점들이 있다.

첫째, 지능검사의 종류마다 종종 다른 결과가 나오기도 한다는 것, 둘째, 검사에서 학생들의 수행 결과는 불가피하게 검사시간에 나타나는 다양한 일시적인 요인(예, 건강, 분위기, 피로, 시간, 컨디션 등)에 의해 영향을 받는다는 것, 셋째, 검사항목들이 서구문화에서 필요한 한정된 기술에 초점이 맞춰져 있다는 것, 넷째, 어떤 학생들은 검사항목에 포함된 문항이나 유형에 익숙하지 못해서 결과가 형편없이 나오기도 한다는 것, 다섯째, 언어 숙달에 한계를 가진 학생은 언어로 주어진 지능검사를 할 때 분명히 불리하다는 것, 여섯째, 어떤 학생은 검사 자체에 흥미가 없을 수도 있으므로, 능력이 과소평가된 점수를 얻을 지도 모른다는 것, 일곱째, 어떤 학생들은 '질문-답' 형식에 익숙하지 않을 수도 있다는 것이다. 따라서 지능은 실제로 학습한 것, 학업성취에 반영된 것과는 어느 정도 차이가 있다는 것을 참고해야 한다.

교사들은 지적인 사고와 행동은 사전 학습에 달려 있으며, 학생이 환경과 수행할 학습과제에 관하여 많이 알면 알수록, 지적으로 행동할 수 있다는 것을 명심하고, 학생들의 능력에 대해 다각적으로 이해하여, 학생들의 뛰어난 능력에 대한 조기개입과 일관성 있는 훈련이 개인의 궁극적 성취수준을 결정하는 데 중요한 역할을 한다는 것을 명심해야 한다.

또한 창의성을 학교교육을 통해 길러주기 위해서는 그에 적절한 교육환경 조성이 중요하다. 특히 교사는 학생의 창의적 행동을 학교 사태에서 기를 수 있다는 신념하에 창의적 사고를 저해하는 요인을 제거하며, 창의적 사고로 증진시킬 수 있는 교육환경 구성에 노력해야 한다. 바람직한 교육환경 구성을 위한 교사의 역할을 제시하면 다음과 같다(김언주, 구광현, 1998).

첫째, 교사는 창의적 사고가 무엇인지를 알아야 한다. 교사는 창의력의 예를 알아야 하며, 창의력 검사에 대해서도 해박한 지식을 쌓아야 하며, 이러한 지식을 이용하여 학생의 창의적 행동이나 새로운 아이디어에 대해 보상해 줄 수 있어야 한다.

둘째, 교사는 자신의 문제해결 방법이 최선인 것 같이 학생에게 강요하지 말아야 한다. 학생이 교사의 문제해결 방법에 대해 학생이 비판할 때 개방적인 태도를 취해야 한다.

셋째, 교사는 학생의 창의적 사고가 출현될 수 있는 조건을 마련해 주어야 한다. 정답이 여러 개인 문제를 과제로 주어야 하며, 앞뒤가 맞지 않은 독선이나 불일치 상태를 경험시켜야 한다.

넷째, 교사는 말을 잘 듣는 학생보다는 교사 자신과는 다른 기발한 아이디어를 창출해 내는 학생에게 더 많은 보상을 주어야 한다.

다섯째, 교사는 학생들의 창의력에 대한 학생자신의 부정적 태도를 제거시켜야 한다. 학생들이 "나는 창의적이지 못하다.", "나는 일상적인 일 외에는 결코 하지 않는다."는 식으로 자신을 부정적으로 평가하지 않도록 지도하는 동시에, "나는 창의적이다.", "나는 관습적인 해결방법에 도전한다." 등으로 자신을 긍정적으로 평가하도록 지도해야 한다.

여섯째, 교사는 학생들이 문제해결에 관한 창의적 기법을 습득하도록 지도해야 한다. 브랜스포드(Bransford, 1987) 등의 IDEAL 모형을 내면화시키는 것도 한 방법이다. IDEAL 모형이란 어떤 문제가 있을 때, 문제를 발견하고(Identify), 문제를 정의하고(Define), 문제해결전략을 탐색하고(Explore), 개발된 전략을 적용하고(Act), 전략의 효과를 반성하는(Look) 사고과정을 의미한다. 이러한 IDEAL 모형을 모든 문제해결 시에 거의 자동적으로 실천하도록 하는 것이 필요하다.

일곱째, 문제해결방법은 특정 교과 영역별로 개발되어야 하며, 특정 교과의 교육과정에 삽입되어야 한다. 학생들은 예시와 연습문제를 해결하는 과정에서 해당 교과목에 대한 지식을 습득하는 동시에 일반기능이 적용되는 경우와 적용되지 않는 경우를 구체적으로 경험하여야 한다.

창의성을 개발하는 데 있어 무엇보다 중요한 것은 교사의 역할이다(Bloom, 1985; Torrance, 1988). 특히 교사의 창의성에 대한 관심과 열정이 중요하다. 이들은 다양한 분야에 폭넓은 관심을 가지고 있으며, 수업은 물론 수업 이후에도 아이들과 즐겁게 활동하고, 스스로 아이디어 내는 것을 즐기며, 질문하고, 많은 의견을 들어주는 교사가 창의성 개발에 효과적이다. 그러나 일반적으로 교사는 학생이 공손하고 시간을 잘 지키며, 순종하고, 다른 사람의 의견을 수용하는 것을 독창성, 참신성, 대담함보다 더 선호하며, 뛰어난 기억력이나 정확한 화상능력을 비판적 사고나 독창적인 의사결정 능력보다 더 선호하는 경향이 있다(Torrance, 1965).

한편, 겟젤스와 잭슨(Getzels & Jackson, 1962), 바론(Barron, 1969)과 토렌스(Torrance, 1981)에 따르면, 창의적인 학생은 심리적으로 다음과 같은 행동특성을 갖는다.

① 호기심이 매우 높다.
② 적극적이고 열정적이다.
③ 이상주의적이다.
④ 독립심이 유달리 강하다.
⑤ 모험정신이 높다.
⑥ 상상력이 풍부하다.
⑦ 쉽게 동조하지 않는다.
⑧ 의문점을 많이 갖는다.
⑨ 성찰력이 뛰어나다.
⑩ 심리적이고 예술적 감각이 뛰어나다.
⑪ 자기 확신감이 강하다.
⑫ 감정표현이 자유롭다.
⑬ 수업시간에 가끔 예견하지 못한 생각이나 행동을 나타낸다.
⑭ 독서열이 높다.
⑮ 마음속을 터놓지 않는다.

TIP

창의적인 교사의 역할

창의적 능력은 교육을 통해 향상시킬 수 있으며 그와 같은 훈련을 제공하는 곳이 학교다. 토렌스(1995)는 학생들의 창의성 증진을 위한 교사의 역할로 다음과 같이 제시하였다.

① 창의적 사고를 가치 있게 평가함
② 환경의 자극에 대해 민감하게 함
③ 사물과 아이디어를 조작해 보도록 격려함
④ 각 아이디어를 체계적으로 검증하는 방법을 가르침
⑤ 새로운 아이디어에 대한 포용력을 가짐
⑥ 정해진 방식을 강요하지 않음
⑦ 창의적인 학급 분위기를 조성함
⑧ 자신의 창의적 사고를 가치 있게 여기도록 가르침
⑨ 급우들이 가하는 제재를 피하는 기술을 가르침
⑩ 창의적인 과정에 대한 정보를 제공함
⑪ 걸작품에 대한 경외감을 없앰
⑫ 자발적인 학습을 권장하고 평가함
⑬ 고민거리를 만들어 냄
⑭ 창의적 사고가 필요한 상황을 조성함
⑮ 활동적인 시간과 함께 조용히 혼자 생각할 시간을 제공함
⑯ 아이디어를 실행하는 데 필요한 자원을 지원함
⑰ 아이디어가 시사하는 바를 충분히 실행해보는 습관을 갖도록 함
⑱ 피상적인 비판이 아닌 정보적·건설적인 비판을 함
⑲ 다양한 분야에 대한 지식을 습득하도록 격려함
⑳ 모험심 있고 엉뚱한 아이디어도 기꺼이 경청함

출처 : 신명희 외(2011), 재구성.

최근 창의성 증진을 위한 다양한 교수기법과 프로그램들이 개발되고 있는데, 학교에서 활용할 수 있는 몇 가지 예를 제시하면 다음과 같다.

1) 브레인스토밍

브레인스토밍(Brainstorming)은 오스번(Osborn, 1963)에 의해 제안된 것으로, 특정 문제에 대해 두뇌에서 폭풍이 몰아치듯 아이디어를 생성해 내는 집단사고의 한 형태이다. 이 기법은 사고의 양이 질을 결정한다는 전제 하에서 축적된 아이디어를 정리하고 발전시켜 최종적인 산출물을 얻는다. 오스번에 의하면, 사람들은 태어날 때 창의적인 재능을 가지고 있으나, 나이가 들어가면서 점차 판단에 의해 창의적인 재능이 제한되는데, 판단은 자주 창의성을 제한하기 때문이라고 한다. 효과적인 브레인스토밍을 위해서 많은 아이디어가 창출할 때까지 판단을 중지하는 판단 비판의 금지원칙, 과거의 지식과 경험 및 규칙에 얽매이지 않는 자유로운 사고적용의 원칙, 아이디어의 질에 관계없이 가능한 한 많은 아이디어를 추구하는 아이디어 양의 추구원칙, 아이디어의 결합과 종합을 통한 개성의 원칙늘이 적용되고 있다. 집단 구성원들은 이러한 원칙들을 준수함으로써 보다 새롭고 적절한 아이디어나 해결책을 양산할 수 있게 된다.

2) 속성열거법

크로포드(Crawford)의 속성열거법은 문제의 대상이나 아이디어의 다양한 속성을 목록으로 작성하여 세분화된 목록에 주의를 돌리는 방법이다. 이들 세분화 목록에 나타난 속성을 분석하고, 그 속성에 대한 집중적인 사고를 통하여 개선·수정·발전의 탐색을 구한다. 각 속성들에 대한 아이디어를 산출할 때는 브레인스토밍 방법이 적용된다.

3) 발견적 문제해결법

발견적 문제해결법(synectics)은 어원상으로 서로 관련이 없는 요소들 간의 결합을 의미하는 요소결합법으로서, 고든(Gordon, 1961)에 의해 창의적인 문제해결의 기법의 하나로 발전되었다. 이것은 당연한 것으로 받아들이던 대상이나 요소를 이상한 것으로 간주하거나, 이상한 것으로 받아들이던 것을 친밀한 것으로 수용하는 경험을 통해서 사고의 민감성을 증진시키는 기법이다. 발견적 문제해결법은 문제에 대한 포괄적인 접근으로부터 출발하여 얻은 해결책을 직접적으로 문제와 관련을 짓고, 구체적인 해결방안을 강구하도록 하는 것이다. 예를 들면, 스무고개 게임을 들 수 있다. 발견적 문제해결법의 절차는 문제해결에 요구되는 지식과 기술 분야의 전문가를 포함하는 참가자를 구성한다. 이들에게 포괄적이고 추상적인 문제를 부여하는 문제제시 후 문제의 범위를 점차 축소시킨다. 산출된 아이디어를 결합하고, 수정·개선하여 문제와 관련된 새로운 아이디어로 산출하기 위해 종합적인 판단을 한다.

4) 생산적 사고 프로그램

커빙턴(Covington)의 생산적 사고 프로그램(productive thinking program)은 초등학교 고학년 학생들이 문제의 불일치를 인지하고 가설을 세우는 방법을 프로그램 학습화한 것이다. 이 프로그램은 만화 형태의 책자로 구성되어 있으며, 프로그램을 읽는 학생은 만화에서 제공되는 다양한 정보를 활용하여 문제를 해결한다. 학생들은 프로그램을 읽는 동안 규칙적으로 피드백을 받으면서 문제를 해결한다(김언주, 1992).

5) 스캠퍼(SCAMPER)

에베를레(Eberle)가 개발한 것으로, 스캠퍼(SCAMPER)는 확산적 사고를 향상시키기 위해 아이디어를 내는 질문들로 구성된다. 여기에는 다음 여덟 개의 질문들로 구성된다.

① Substitute(대치하기): 대치할 수 있는 것은?
② Combine(결합하기): 결합될 수 있는 것은?
③ Adapt(동화시키기): 이것과 비슷한 것은?
④ Modify(수정하기): 색깔 혹은 모양을 바꾸면 나아질 것인가?
⑤ Magnify(확대하기) / Minify(축소하기): 더 크게/ 작게 만들려면?
⑥ Put to other uses(다르게 사용하기): 다른 용도는?
⑦ Eliminate(제거하기): 제거할 수 있는 부분이 있는가?
⑧ Rearrange(재배열하기) / Reverse(반전시키기): 각 부분을 서로 바꿀 수 있는가?

6) 창의적 사고 프로그램

펠드휴슨(Feldhusen)의 창의적 사고 프로그램(purdue creative thinking program)에서는 오디오 테이프를 활용하여 창의적 사고활동을 하도록 유도하며, 학생들의 유창성·융통성·독창성·정교성을 기르는 데 목적을 둔다. 이 프로그램은 창의적인 인물과 사건에 초점을 맞추고, 상상력을 자극하기 위해 언어자극을 이용하며, 창의적인 사고 및 문제해결력을 기르고, 창의적인 사고를 자극하기 위해 정보를 제공하는 것을 주요 목표로 삼고 있다.

한편, 영국의 디 보노(De Bono, 1990)가 개발한 여섯 가지 사고모자(six thinking hat) 기법의 경우, 여섯 가지 색깔의 모자를 바꿔 쓰면서 각 색깔이 표상하는 유형의 사고를 하도록 함으로써 다양한 사고를 하도록 한다. 여기서 여섯 가지 색깔 및 각 색깔이 의미하는 사고 유형을 살펴보면, 백색-중립적이고 객관적인 사고, 적색-직관에 의한 감정 및 느낌, 흑색-부정적 의견, 황색-낙관적이고 긍정적 사고, 녹색-창의적인 아이디어, 청색-통제 및 조절적 사고, 요약, 결론, 사고에 대한 강조로 설명하고 있다. 이 기법의 특징은 첫째, 역할놀이를 통하여 잠시 자신을 떠나 의도적으로 다른 유형의 사고를 가능케 한다. 둘째, 사고의 의도를 여섯 가지 다른 측면으로 방향 지워준다. 셋째, 자신 및 타인에 대한 질문의 의도를 알고 이를 행하는 데 편리함을 준다. 넷째, 좌우 뇌의 기능을 번갈아

가면서 자극을 준다. 다섯째, 놀이규칙을 습득하도록 해 준다는 점 등이다.

인지양식은 학습방법, 교수방법, 학생-교사의 상호작용, 전공 및 직업선택에 영향을 주는 것으로 알려져 있다. 장독립형과 장의존형 중 어느 인지양식이 더 바람직한지는 적응적 가치가 서로 다르기 때문에 말할 수 없다. 장독립형은 복잡한 상황을 분석하고 혼란스러운 상황에서 정보를 추출하는 데 능하지만, 사회적 기술이 미숙한 반면, 장의존형은 다른 사람과의 관계를 형성하고 대인관계에 관심이 많지만 분석능력은 상대적으로 낮다. 그러므로 수업장면에서 교사의 인지양식과 학생의 인지양식을 어떻게 일치시켜야 하는지가 무엇보다도 중요하다.

만약 교사와 학생의 인지양식이 일치되면 학생의 학업성적이 향상될 뿐만 아니라, 서로 긍정적으로 평가하고 의사소통이 원활하고, 장독립형의 교사는 장독립형의 학생을, 장의존형인 교사는 장의존형의 학생을 우수하다고 평가할 수 있다. 교사와 학생의 인지양식이 일치되지 않으면 상반되는 수업방법을 의도적으로 제시하여 학생이 균형적으로 성장할 수 있도록 자극을 시켜주어야 한다. 예를 들면, 장의존형인 학생에게는 장독립형 사고를 촉진할 수 있는 교육환경을 제공하는 것이 바람직하다는 것이다. 학생들이 선호하는 학습양식은 학생의 성취에 영향을 주고, 교사가 선호하는 교수방법은 교사의 수업 선택에 영향을 준다. 학생들은 자신의 학습양식과 교사의 교수방법을 잘 일치할 때 가장 잘 배운다는 연구결과가 있다. 따라서 인지양식의 각 차원은 상황에 따라 적응적인 가치가 다르기 때문에 양극단의 긍정적인 특성을 효과적으로 활용할 수 있는, 즉 장의존형과 장독립형의 기능이 균형 있게 발달할 수 있는 교육환경을 제공하는 것이 바람직하다.

연습문제

객관식

1 지능검사에 관한 설명으로 옳은 것은?

① 스탠포드-비네 척도는 최초의 집단 지능검사이다.
② 웩슬러 검사는 언어성 검사와 동작성 검사로 이루어져 있다.
③ 비네 검사는 아동용 지능검사이며, 동작성 검사로 구성되어 있다.
④ 지능지수(IQ)는 평정 척도를 통하여 얻어진 정신연령 점수이다.
⑤ 최근 학교에서는 지능의 중요성을 매우 중시하고 있다.

2 지능을 바르게 설명하고 있는 것은?

① 지능은 단일능력이다.
② 지능의 발달은 환경의 영향을 받는다.
③ 지능과 창의력과는 r=1.0의 상관을 갖는다.
④ 사람들의 지능지수는 정적편포를 이룬다.
⑤ 지능지수(IQ)는 생활연령/정신연령×100으로 환산한다.

3 최근 대두되는 다중지능, 정서지능, 도덕지능, 성공지능에 관한 논의들은 지능을 어떤 능력으로 보려고 하는가?

① 학문적 수행능력
② 정의적 행동능력
③ 실제적 삶의 영위 능력
④ 언어 · 논리 · 수리적 사고능력
⑤ 인지적 사고 능력

4 **다음 중 창의적 사고를 가장 잘 유발할 수 있는 질문은?**

① 운전을 하는 절차를 설명한다면?
② 임진왜란은 언제 일어났는가?
③ 파충류에 대하여 설명한다면?
④ 구름은 어떻게 생성되는가?
⑤ 비가 전혀 오지 않는 다면 세상은 어떻게 될까?

정답

1. ② 2. ② 3. ③ 4. ⑤

주관식

1 다음과 같은 특징을 지닌 심리검사는?

- 아동에게 실시하는 지능검사이다.
- 언어성 검사와 비언어성 검사를 모두 포함한다.
- 문화적 편향을 극복하기 위한 목적으로 개발되었다.
- 순차처리척도, 동시처리척도 및 습득도척도로 구성되었다.

2 다음과 같은 특징을 지닌 창의력 개발기법은?

주어진 문제에 대하여 해결방법을 되도록 많이 생각하고, 자신은 물론 타인의 의견을 판단하거나 비판하지 않으며, 자유롭게 발표하도록 한다.

3 길포드(Guilford)의 사고력 중 예전에는 없었던 전혀 새로운 것을 만들어내는 사고력은?

4 아동이 오직 한 가지 방식으로만 사고하려는 경향이 있다면 교사가 한 가지 측면에만 얽매이지 말고 다양한 사고를 하도록 유도하는 디 보노(De Bono)에 의해 개발된 창의력 증진기법은?

정답

1. K-ABC 2. 브레인 스토밍 3. 확산적사고력 4. 여섯 가지 사고모자

CHAPTER

05

학습자의 정의적 특성

1. 자아개념
2. 동기
3. 시험불안
4. 적응과 부적응

교육의 효과는 교육의 결과로서 학습자가 경험한 모든 종류의 긍정적인 변화를 의미한다. 다양한 교육성과 가운데 관심이 되고 있는 교육성과가 바로 학업성취도이며, 많은 변인들과 학업성취와의 관계에 대한 연구가 활발히 진행되고 있다.

특히, 학업성취에 영향을 미치는 요인으로서 4장에서 논의된 학습자의 인지적 특성과 함께 학습자의 정의적 특성 또한 학습에 긍정적 혹은 부정적으로 작용하여 학업성취에 큰 영향을 미치고 있다.

학습자의 정의적 특성으로는 학습자의 흥미, 동기, 자아개념, 성격, 습관, 태도 등 그 범위가 매우 다양하다. 이 장에서는 학습자의 정의적 특성으로 자아개념, 동기, 시험불안, 적응과 부적응을 중심으로 살펴보고자 한다.

1 자아개념

1) 자아개념의 정의

자아개념(self-concept)은 자기 자신에 대해 알고 있고 믿고 있는 신념체계로써 자신에 대해 스스로 어떻게 생각하고 평가하는지에 대한 것이다. 자아개념에 한 학자들의 정의를 보면 '사람들이 자신에 대해 갖는 생각과 감정 그리고 태도의 복합물'이라 보고하였고(Hilgard, Atkinson, & Atkinson, 1979), Farber(2000)는 개인이 스스로에 대해 갖고 있는 전체적인 그림으로써 신체적 활동, 정신활동, 타인과의 상호작용 등에 한 자신의 느낌을 모두 포함한다고 정의하였다. 자아개념에 대해 최초로 관심을 가진 William James는 자아개념의 구성요소를 물질적 자아, 사회적 자아, 정신적 자아 등으로 구분하여 모든 의식경험의 상이 되는 것으로 보았다. 이때 물질적 자아는 자신의 물질적인 소유를, 사회적 자아는 자신의 동료들에 의해서 어떻게 생각되는가를, 정신적 자아는 자신의 능력과 경향성을 의미하는 것으로 정의하고 있다(노경희, 1991). 즉, 자아개념은 의미 있는 타인에게 인정과 칭찬을 받음으로써 얻게 되는 만족, 성취를 통해 형성되는 신념체계이며, 자아는 조직적, 유동적, 일관적이다.

또한 자아개념은 '나'라는 존재와 관련된 모든 자기 지각의 총체를 의미하며, 개인의 행동을 결정하는 중요한 요인으로서 '나는 누구인가?', '나의 강점과 약점은 무엇인가?' 등의 질문에 대한 답이 자아개념을 구성하는 요소이다(Rogers, 1951).

2) 자아개념의 구조 및 특징

자아개념에 관한 학자들의 정의에 따르면 자아개념은 여러 하위 요인으로 나뉘어 있음을 알 수 있다. Purkey(1970)는 한 개인이 자신에 대해 가지고 있는 신념, 태도, 견해들의 총체로 자아개념을 정의하고, 이를 커다란 나선구조로 설명하였다. 중요한 자아개념일수록 나선형의 중심부에 위치하고 변화에 저항적인 특징을 보인다고 하였다.

[그림 5-1]에 제시된 것처럼, 송인섭(1998)은 3차원적 위계적 구조모형인 '자이개념의 구조보형'을 제시하였다. 위계적 구조 모형의 가장 높은 차원에 '일반 자아개념'이 위치하고 있으며, 그 아래 2차원 요인은 '학문 자아개념', '중요타인 자아개념', '정의 자아개념'으로 구분하였고, 이들 각각의 하위 영역마다 학문 자아개념 하위 영역에는 학급 자아개념, 능력 자아개념, 성취 자아개념으로 나누고, 중요타인 자아개념 하위 영역은 사회 자아개념, 가족 자아개념으로 구분하였으며, 정의 자아개념 하위 영역에는 정서 자아개념, 신체 자아개념으로 구분하여 7개의 요인으로 구성되어 있다.

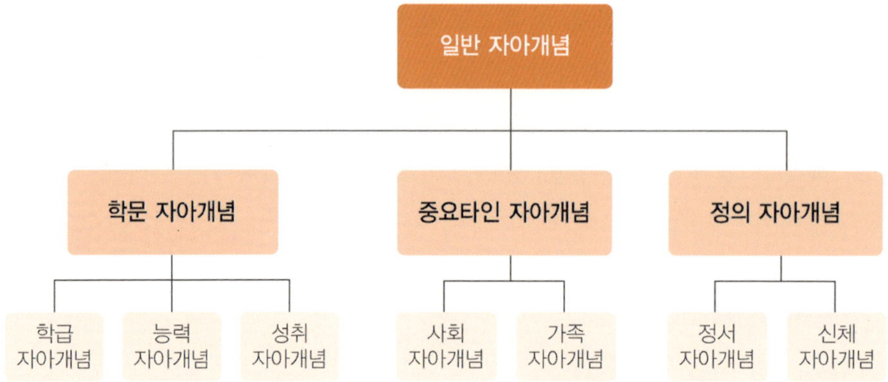

[그림 5-1] 자아개념의 위계적 구조모형(송인섭, 1998)

자아개념의 특징을 요약하면 다음과 같다(송인섭, 1998; 권대훈, 2006).

첫째, 자아개념은 다원적이며, 자신감과 자존감으로 구성된다. 자아개념과 자아존중감은 확연히 구분되는 뜻을 가지고 있음에도 혼동되어 사용되어 왔으나 엄밀한 의미에서 구분된다. 자아개념은 다차원적인 개념으로써 자기 자신에 대한 신념체계이며 인지적 구조를 갖고 있고, 자아존중감은 자신의 존재에 대한 긍정적, 부정적 견해로서 감정적 반응으로 구분된다. 또한 자아개념을 구성하는 자신감(self-confidence)은 개인이 목표를 달성할 수 있고, 주어진 과제를 잘 수행해 낼 수 있다는 능력에 대한 신념이며, 자존감(self-esteem)은 한 개인이 자기 자신에게 부여하는 가치로서 자존감이 높다는 것은 한 개인이 자신을 수용하고, 존중하며, 자기 스스로 가치 있다고 느낀다. 반면 자존감이 낮은 사람은 불행하다고 느끼고, 분노하며, 자의식이 강하다.

둘째, 자아개념은 하나의 발달과정으로서 학습을 통해 획득된다. 자아개념은 가정에서부터 부모와의 관계를 중심으로 형성되며, 부모를 동일시하거나 모방에 의해 학습된다. 학교에 입학하면 또래들과 다양한 형태의 상호작용을 통해 다른 사람을 알게 되고, 동시에 자신을 알게 된다. 이러한 과정을 통해 자신에 대한 자아개념을 획득하게 된다.

셋째, 자아개념은 의미 있는 타인의 영향을 받으며 발달한다. <표 5-1>에서와 같이 자아개념은 부모, 또래, 교사와 같이 소속 집단 또는 의미 있는 타인의 인정과 지지를 통해 영향을 받게 되는데, 의미 있는 사람으로부터 자신의 성공 경험에 대해 인정과 칭찬을 받게 되면 긍정적 자아개념을 갖게 되지만, 실패에 대한 부정적 평가나 비난은 부정적 자아개념을 발달시키게 된다.

〈표 5-1〉 **긍정적, 부정적 자아개념**

긍정적 자아개념	부정적 자아개념
• 자신을 가치 있게 여긴다. • 자신을 수용한다. • 자신을 존중한다. • 친구들과 잘 어울린다. • 성공을 자신의 능력으로 귀인한다. • 실패를 노력부족으로 귀인한다. • 어려운 과제에 도전한다.	• 자신을 무가치하게 여긴다. • 화를 잘 낸다. • 자의식이 강하다. • 성공을 운으로 귀인한다. • 실패를 자신의 무능력으로 귀인한다. • 할 수 있는 것만 도전한다. • 열등의식을 강화시킨다.

3) 교육적 시사점

자아개념은 학교적응과 학업성취에 밀접하게 관련되어 있기 때문에 교육현장에서 중요하게 접근되어야 한다. 임준환(1993)의 연구결과에서 보면, 학교에서의 부적응 학생과 학업성적이 낮은 학생들은 대개 부정적 자아개념을 형성하고 있으며, 학교생활에서 성공적인 경험이 많은 학생들은 긍정적인 자아개념을 형성하는 것으로 보고하고 있다. 이와 같이 학교생활 적응과 학업성적은 밀접한 관계가 있음을 알 수 있는데, 학습자들의 긍정적 자아개념 발달을 촉진시킬 수 있는 교수자의 수업태도가 요구됨을 알 수 있다.

2 동기

동기(motive)란 유기체로 하여금 어떠한 특정 방향으로 행동하도록 만드는 요소이다. 특히 심리학자들이 말하는 동기화(motivation)란 어떠한 행동을 유발시키고 시간이 경과되어도 그 행동을 유지시키는 내적과정, 또는 목표를 향해 나아가도록 하는 힘을 유발하는 하는 것 등으로 정의한다(https://ko.wikipedia.org). 즉, 동기란 어떤 행동을 시작하도록 하고 목표를 이루기 위해서 특정 행동을 지속시켜 나가는 내적상태이며(임규혁(1996), 인간행동 과정에서 행동의 활발성을 증감시키고, 행동의 방향을 정해주는 심리적 요인으로서 개체의 행동을 특정한 목표로 이끌어 내는 내적 충동상태라고 정의한다(정종진, 1996).

동기는 다양한 시각에서 볼 때, 행동주의 심리학에 바탕을 둔 강화이론에서는 인간을 외적자극에 의해 수동적으로 반응하는 존재로 파악하고 외적보상 또는 강화가 동기의 원천이라고 보았고, 이에 반면 인지주의 심리학에서는 인간을 환경에 능동적으로 대응하는 존재로 보고, 미래의 결과에 대한 주관적 인지가 동기에 영향을 미친다고 보았다(고벽진 외, 2006). 또한 동기에 대한 사회문화적 관점에서는 함께하는 학습 공동체 속에서 참여 학생들의 학습동기가 더욱 높아진다고 보았으며, 인본주의 심리학 관점에서는 인간으로서 학습자로서의 모든 학생의 잠재력을 인정하고 발전하는 개인으로서 인정하는 것이 학습동기에서 가장 중요하다고 본다.

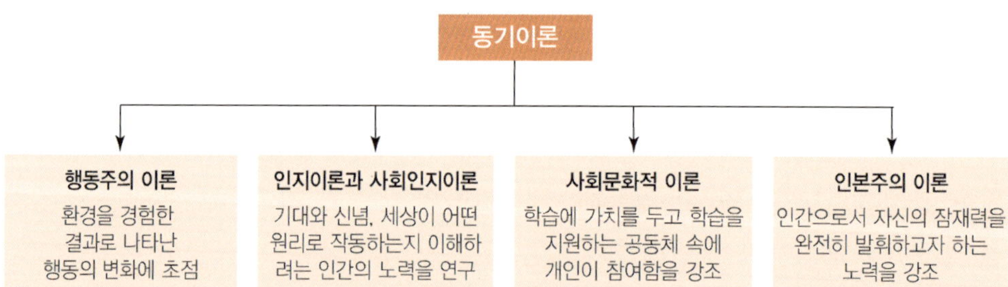

출처 : 신종호 외, 2015

[그림 5-2] 동기에 대한 이론적 관점

1) 동기의 기능

동기의 기능을 출발적 기능(시발적 기능), 방향적 기능(선택적 기능), 강화적 기능으로 나누어 살펴보도록 한다(구광현, 2012).

첫째, 출발적 기능 또는 시발적 기능은 동기가 유발된다는 것은 목표를 향해 움직인다는 것으로서 행동의 원동력이 되어 행동을 유발시킨다. 둘째, 방향적 기능 또는 선택적 기능은 행동에 있어서 목표를 정해 주는 기능이며, 행동을 선택하는 역할을 하기도 한다. 동기화된 행동은 특정 목표에 도달하려는 행동 또는 특정 자극에만 선별적으로 반응한다. 셋째, 강화적 기능은 특정한 목표에 지향하는 행동이 일어날 확률을 증감시킨다. 이 기능은 학습자로 하여금 학습 목표에 대한 행동의 결과가 학습자에게 주는 만족감이나 성취감 등으로 어떤 보상이 주어지느냐에 따라 동기유발의 수준이 달라진다(구광현 외, 2012).

2) 동기의 유형

동기의 유형은 외재적 동기(extrinsic motivation)와 내재적 동기(intrinsic motivation)로 분류하여 설명할 수 있다.

첫째, 외재적 동기(extrinsic motivation)란 외부의 보상이나 압력 즉, 외부의 강화자로서의 동기이다. 타인으로부터 받은 보상, 사회적 압력, 칭찬이나 벌 등 환경적 요인이 외재적 동기로 작용한다(송인섭 외, 2006). 외적동기에 의한 학습은 학습 그 자체에 대한 흥미는 없고 학습을 통해 보상을 받거나 , 불이익을 피하려는 것으로써 일정한 목적을 달성하기 위한 수단으로 사용되며 '목적지향적'이다.

둘째, 내재적 동기(intrinsic motivation)란 사랑의 욕구, 흥미, 호기심 등 내적이고 개인적 요인들에서 유발된 동기를 가리키는데 이 동기는 개인적 흥미를 추구하고, 능력을 발휘하며 그 과정에서 도전할 만한 것을 찾고 그것을 정복하려는 성향을 뜻한다. 내재적으로 동기화된 사람들은 과제 자체나 그것이 가져다주는 성취감을 즐기며, 활동 자체가 보상으로 작용하기 때문에 어떤 처벌이나 유인책도 필요하지 않다(http://terms.naver.com). 내적동기에 의한 학습은 학습 그 자체에서 만족감을 느끼며 '학습지향적'이다.

〈표 5-2〉 내재적 동기와 외재적 동기의 특성

구분	내재적 동기	외재적 동기
목적	행동 자체가 목표	행동이 목표달성을 위한 도구
관련이론	인지주의 및 인본주의 학습이론에서 중시	행동주의 학습이론에서 중시
주체	자기자신	타인
지속기간	장기적 효과	단기적 효과
형태	능동적, 자연발생적	수동적, 인위적 발생
동기유발	흥미, 지적호기심, 즐거움, 성취감, 자기만족감	보상, 칭찬, 적절한 상벌, 약간의 경쟁심, 학습목표제시

3) 성취동기

학교학습과 가장 접한 관계를 맺고 있는 학습된 동기는 성취동기이다. 성취동기란 사회적 명예나 의무, 돈 같은 외적인 보상 때문이 아니라, 그 행동 자체에 즐거움을 지니고 의미를 부여하는 동기에 의해 일을 성취하는 경우이다(https://ko.wikipedia.org).

(1) 성취동기가 높은 사람들의 행동 특성

조봉환과 임경희(2013)는 정범모와 박용헌(1970)의 견해를 인용하여, 성취동기와 관련한 성취동기가 높은 사람의 행동 특성을 다음으로 정의하였다.

❶ 과업지향성

- 성취동기가 높은 사람은 의의가 있고 도전할 만한 가치가 있는 과업을 보다 잘 해낸다.

- 성취동기가 높은 사람은 자기 능력에 비해 적절히 어려운 일, 도전할 가치가 있는 일을 성취함으로써 그의 능력을 자신이 평가해보는 데 보다 흥미를 갖는다.
- 성취동기가 높은 사람은 성취결과나 과업성취로 인해서 얻게 되는 보상에 관심을 두기보다는 성취해 나가는 과정 그 자체와 그의 능력을 과시하고 평가하는 것에 흥미를 갖는다.
- 외부적 보상이 강조되는 과업수행에 있어서는 흔히 성취동기가 낮은 사람보다 못하는 경우가 있다.
- 성취지향적인 사람은 과업지향적이나 지위지향적이 아니다.
- 성취지향적인 사람은 자신이 탁월성을 과시하고 평가하기 위하여 문제를 찾아내고 도전하기를 좋아한다.

❷ 적절한 위험성

- 성취동기가 높은 사람은 자신의 능력과 기능의 한계 내에서 적절한 곤란과 모험심이 있는 과업을 선택하여 도전하기를 좋아한다.
- 성취동기가 높은 사람은 성취의 객관적 확률과 정복하려는 주관적 의욕에 의하여 결정되는 결과를 최대한으로 높이려고 한다.

❸ 자신감

- 성취동기가 높은 사람은 낮은 사람에 비해 학업수행에 보다 자신감을 가지고 있다.
- 이전에 전혀 경험해보지 못한 과업에 대해, 성취동기가 높은 사람이 낮은 사람보다 자신감을 갖는다.
- 성취동기가 높은 사람은 어떠한 과업이나, 또는 언제나 자신감을 갖는 만용자가 아니라, 성취가능성의 한도 내에서 자신의 능력을 검토하는 자신감을 갖는 실천가이다.

❹ 정력적이고 혁신적인 활동성

- 성취동기를 탁월한 업무수행을 하고자 하는 의욕이라 한다면, 성취동기가 높은 사람은 보다 정열적으로, 혹은 열심히 일하는 사람이다.
- 성취동기가 높은 사람은 낮은 사람에 비해 수행하는 과업에 보다 열중하고 더 많은 과업을 계획하고 성취하기에 온갖 노력을 집중한다.
- 성취동기가 높은 사람은 언제나 새로운 문제를 찾고 새로운 해결방안을 모색하여 자기가 이루어 놓은 성취과업에 크게 만족한다.
- 도전할 만한 새로운 문제가 없을 경우에는 성취동기가 낮은 사람보다 더 게으르고, 한가히 시간을 보낼 수도 있다. 그러나 마음속에는 항상 새로운 문제, 도전할 가치가 있는 문제를 찾고 있을 것이다.

❺ 자기책임감

- 성취한 과업에 대한 책임을 자기 자신이 지려는 특성을 갖는다. 과업이 실패하였을 때도 성공하였을 때와 마찬가지로 자기 책임을 알며 책임을 다른 사람에게 전가시키려고 하지 않는다.
- 집단적 작업상황에 있어서 개인이 맡은 작업을 스스로 해 나갈 수 있는 자유와 책임을 가질 수 있게 해주면 성취동기가 높은 사람은 보다 열성적이고 능률적으로 작업에 임한다.

❻ 결과에 대한 지식 추구

- 성취동기가 높은 사람은 그가 수행하는 과업이 어떻게 진행되고 있으며, 예상되는 결과는 어떠한 것인가에 관하여 구체적이고 객관적인 정보를 계속 추구한다.
- 성취동기가 높은 사람은 결과를 목표로 여기지 않고, 성취활동을 평가하는 수단으로 생각한다.

❼ 미래지향성

- 성취동기가 높은 사람은 새로운 일을 이룩하기 위해 언제나 장기적인 계획을 세우고 미래에 얻을 성취만족을 기대하면서 작업에 열중한다.
- 성취동기가 높은 사람은 미래에 이루어 놓을 성취과업과 성취만족을 기대하면서 현재에 당하는 고통, 갈등과 계속 투쟁한다.

(2) 학습동기 유발 이론

❶ 매슬로우(Maslow)의 욕구위계이론

매슬로우(Maslow)는 인간은 욕구를 추구하는 존재이며 욕구에는 위계가 존재한다고 보고, 이 욕구의 단계를 다섯 가지 피라미드 형태로 제시하였다. 단계별 욕구가 충족되어야 점차적으로 높은 수준의 욕구를 추구할 수 있게 된다.

[1단계] 생리적 욕구는 의·식·주·성욕 등 가장 기본적인 욕구에 해당하며, [2단계] 안전의 욕구는 신체적 위협이나 위험으로부터 보호받으려는 욕구로써 살 곳과 사회적 안정, 건강, 직업에 대한 안정감도 포함한다. [3단계] 소속감과 애정의 욕구에는 사람들과의 관계 속에서의 소속되고 친밀하게 지내고자 하는 욕구이며 [4단계] 존경과 자아존중감의 욕구는 타인에 의해 칭찬과 인정을 받고 싶은 마음, 사회적 지위, 자신감, 성취감을 포함 한다. [5단계] 자아실현의 욕구는 자신의 잠재력과 가능성을 실현하고 자기성취를 갖고자 하는 것으로 자아실현 욕구, 심미적 욕구, 지적 욕구를 포함한다.

욕구를 동기 유발의 요인으로 볼 때 저차원적 욕구인 결핍욕구와 고차원적 욕구인 성장욕구로 나누어 본다. 결핍욕구(Deficiency needs)는 인간이 경험하게 되면서 더욱 증가하는 지적성취와 심리적 인식에 대한 욕구로써 욕구의 위계 중 우선적으로 충족해야 하는 아래 4단계에 해당하는 욕구이다. 성장욕구(Growth needs)는 충족되지 않았을 때 인간으로 하여금 그것을 충족하고자 노력하게 하는 욕구로써 결핍욕구가 충족되어야 비로소 발현되는 것으로, 욕구의 위계 중 위 세 단계를 일컸는다.

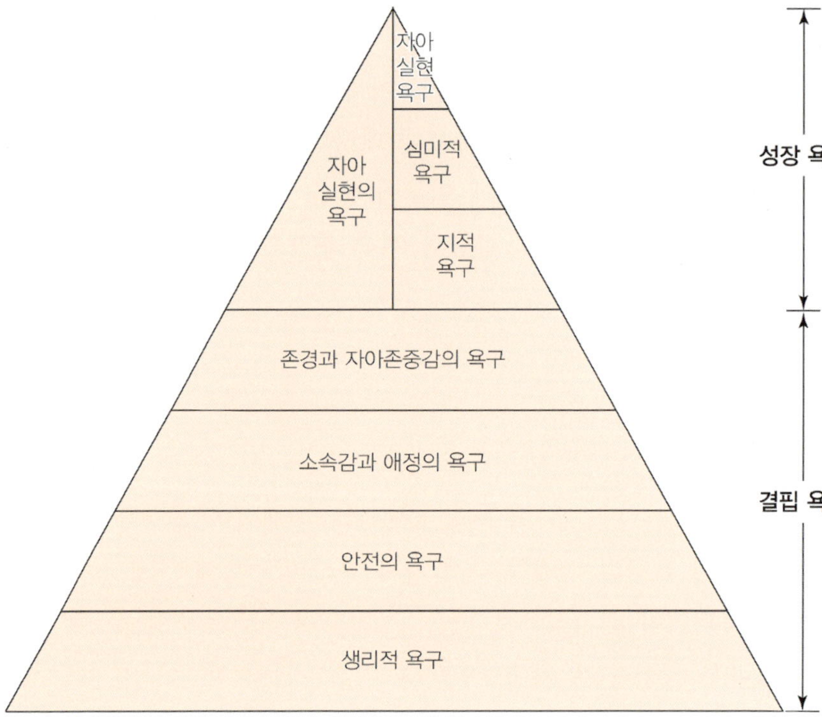

[그림 5-3] 매슬로우(Maslow)의 욕구위계

❷ 와이너(Weiner) 귀인이론

귀인(Attribution)은 어떤 현상의 원인을 찾는 과정과, 그 결과를 의미하며 와이너(Weiner)는 인지주의 심리학에 기초하여 관찰된 행동의 원인을 기술하는 일반적인 법칙을 규명하고 인과적 귀인이론을 주장하였다.

귀인의 유형을 안정성(stability), 소재(locus), 통제성(control) 세 가지 인과적인 차원으로 범주화 할 수 있다. 원인의 안정성 차원(안정-불안정)은 찾아진 원인이 시간과 상황에 따라 어떻게 변하는가의 문제이며, 원인의 소재차원은 성공과 실패의 원인을 자신의 내·외적 요인 중 어디에 초점을 두는가에 대한 문제이다. 원인의 통제성 차원(통제가능-통제불가능)은 학생의 의지에 의해 그 원인이 통제될 수 있는가에 대한 문제를 의미한다. 귀인의 인과적 차원을 능력·노력·과제난이도·운 네 가지 원인과의 관계를 살펴보면 다음 <표 5-3>과 같다.

〈표 5-3〉 귀인의 인과적 차원과의 관계

원인	원인의 세가지 인과적 차원		
	안정성	소재	통제성
능력	안정적	내적요인	통제 불가능
노력	불안정적	내적요인	통제 가능
운	불안정적	외적요인	통제 불가능
과제 난이도	안정적	외적요인	통제 불가능

귀인이론은 성취상황에서 성패의 원인 지각에 초점을 두고 성패의 원인을 능력, 노력, 태도와 같은 내적(internal)요인에서 찾는 내부귀인과, 과제의 난이도와 운과 같은 외적(external)요인에서 찾는 외부귀인으로 나눈다.

성공의 원인을 능력과 같은 내적, 안정적 요인으로 귀인하면 자신감이 증가하고, 실패의 원인을 능력과 같은 요인으로 귀인하면 좌절감이 든다. 그러나 실패의 원인을 노력, 운, 과제 난이도와 같은 외적이고 통제 가능한 요인으로 귀인하면 과제 지향적 행동이 계속 유지되고 후속과제에 대한 성취기대도 높아진다. 즉 학습자가 학습결과에 대한 책임을 외적요소인 운이나 과제 난이도 보다 내적요소인 노력으로 귀인하도록 하여 성취경험의 기회를 제공하고 학습동기를 증가시킨다.

❸ 켈러(Keller)의 ARCS 동기유발 이론

켈러(Keller)는 인간의 동기에 관한 연구들을 통합하여 동기를 결정짓는 다양한 변인들과 그와 관련된 여러 개념과 전략을 제시해주는 ARCS 동기유발 이론을 정립했다.

학습동기의 주요 요인을 설명하면서 이에 관련된 문제를 확인하고 해결하는 체계적인 방법으로 주의력(Attention), 관련성(Relevance), 자신감(Confidence), 만족감(Satisfaction) 네 가지 구성범주로 나눈다.

〈표 5-4〉 ARCS 동기유발 모델의 구성범주

구성요소	내용
주의력(Attention)	주의는 호기심, 주의환기, 감각추구 등의 개념과 연관되어 있다. 주의력은 호기심, 감동 그리고 주위를 획득하는데 도움을 주는 여러 요소가 포함된다. 학습자극을 변화시키는 것이 주의력을 기울이게 하는 최선의 방법이다.
관련성(Relevance)	관련성에는 목적과 과정의 두 가지 측면이 있다. 목적측면은 유용성에 관한 것이고 과정의 측면은 학습자의 욕구 충족을 고려하는 수업방법과 관련이 있다. 수업내용이 학습자의 현재 흥미와 과거의 경험과 관련을 맺고 있을 때 관련성은 증가한다.
자신감(Confidence)	자신감에는 지각된 능력, 지각된 통제력, 성공에의 기대 등의 세 가지 측면이 있다. 학습자가 기대하고 있는 바의 목표를 성취할 수 있을 것이라고 믿는 것을 의미한다.
만족감(Satisfaction)	만족감에 영향을 주는 요소로 내적 결과와 외적 결과로 구분한다. 내적 결과에는 학습자의 학업수행과 결과에 대한 인지적 평가와 기타 내적 보상이 포함되며, 외적 결과에는 강화와 피드백이 포함된다. 노력의 결과가 학습자의 기대와 일치하고 만족스럽다면 학습동기가 유지되고 학업성취도 향상된다.

※ 출처 : Keller&송상호(1999), 재구성.

켈러의 ARCS 동기유발 이론의 4가지 구성요소와 함께 각 요소별 세 가지 하위범주, 각 동기 요소들을 유발·유지하는데 필요한 전략을 구체적으로 살펴보면 다음 <표 5-5> 와 같다.

〈표 5-5〉 ARCS 동기유발 이론의 하위영역과 전략

구성요소	하위영역	관련질문	주요전략
주의력	지각적 각성	학생의 흥미를 끌기 위해 무엇을 할 것인가?	개인적이거나 정서적인 자료를 사용하여 호기심과 놀라움 형성하기
	탐구적 각성	탐구적 태도를 어떻게 자극할 수 있을까?	질문, 역설, 탐구심 유발, 생각할만한 도전거리를 제공하여 호기심 높이기
	변화성	학생의 주의를 어떻게 유지할 수 있을까?	제시방식, 비유, 흥미로운 사례, 예상치 못한 사건 등과 같은 변화로 흥미 유지하기
관련성	목표지향성	학생들의 요구를 어떻게 최상으로 충족시킬 수 있는가?	학습 유용성을 알리는 진술 및 예시 사용하기, 목표제시 또는 학생이 목표를 정의하도록 하기
	모티브 일치	학생의 흥미 및 학습양식과 학업수행을 언제, 어떻게 연결할 것인가?	개인적 성취기회, 협력활동, 리더십과 책임, 긍정적 역할모델을 제공하여, 학업을 학생의 동기 및 가치와 조화시키기
	친숙함	학업수행과 학생의 경험과 어떻게 연결시킬 것인가?	학생의 경험, 배경과 관련된 구체적 예시와 비유로 학업자료와 개념을 친근하게 만들기

구성요소	하위영역	관련질문	주요전략
자신감	학습요건	학생들이 성공에 대한 긍정적인 기대감을 갖도록 어떻게 할 것인가?	성취요건과 평가준거를 설명하여 학생들이 신뢰와 긍정적 기대감을 형성시키기
	성공기회	학습경험이 어떻게 능력에 대한 학생들의 신념을 지원하고 증가시킬 수 있는가?	학업성취를 증가시키는 다양하고 도전적인 경험을 제공하여 능력에 대한 신념을 증가시키기
	개인적 통제	학생들이 성공을 자신의 노력과 능력에 기초한다고 어떻게 명확히 알게 할 것인가?	가능한 개인적 통제를 허용하는 기술을 사용하고, 성공을 노력에 귀인하는 피드백 제공하기
만족감	내재적 강화	학생들이 학습경험을 내적으로 즐길 수 있도록 어떻게 격려하고 지원할 것인가?	내적 노력과 수행에 대한 긍정적 느낌을 강화하는 피드백 및 기타 정보를 제공하기
	외재적 보상	학생이 성공했을 때 어떠한 보상적 결과를 제공할 것인가?	칭찬, 보상, 유인가, 성공을 보상할 수 있도록 학생에게 자신이 노력한 결과를 제시하도록 하기
	형성평	학생들이 공평한 대우를 받았다고 지각할 수 있도록 무엇을 할 것인가?	학업수행과 기대를 일치시키고, 모든 학생들의 과제와 수행을 평가할 때 일관적인 기준 사용하기

출처 : Keller(2010), 재구성.

ARCS 동기모델 이론의 일차적 목적은 학생이 학습에 몰입할 수 있도록 학습동기를 높여 나아가 학생이 능력과 기회, 노력이 조화를 이루어 학업성취 향상을 돕는다.

3 시험불안

1) 시험불안의 정의

시험불안(test anxiety) 이란 불안의 한 형태로 자신의 능력을 평가받는 시험이라는 특수한 상황에서 발생한다. 시험상황에서 일반으로 느끼게 되는 걱정이나 두려움 등의 불안 경향성이라 할 수 있으며, 개인의 이 경험과 결부되어 나타나는 인지·생리·행동 반응이라고 할 수 있다(Spierlberger & Vagg, 1995). 물론 적정 수준의 불안은 학습량을 증가시키지만, 학습에 문제가 있는 학생의 경우 학업에 대한 불안이 너무 지나쳐서 학습행동 및 시험행동에 방해를 받고 있는 상황일 때가 많다.

Spielberger(1972)는 불안을 기질적 특성과 관련이 깊은 특성불안(traitanxiety)과 특수한 상황에서의 불안인 상태불안(stateanxiety)으로 구별한다. 상태불안이란 특수한 상황에서 긴장감이나 걱정 또는 두려움으로 인하여 자율신경계의 기능이 항진됨으로써 야기되는 일시인 불안상태를 의미하고, 위협을 어떻게 받아들이는가에 따라서 불안의 정도가 변화될 수 있는 특징이 있다. 반면, 특성불안이란 불안을 일으키는 경향에 대하여 한 개인이 가지고 있는 특성이며 외적인 위협에 대처하는 개인 차이를 결정하고 한 개인에게 있어 일생동안 변하지 않고 일정한 양상을 나타난다(Spielberger, 1972).

시험불안은 상태불안에 해당되며 기질적으로 특성불안이 높은 경우는 상태불안 역시 높을 가능성이 있다. 그러나 특성불안이 그다지 높지 않은 사람이라 하더라도 시험에 대해 부정적인 경험을 한 적이 있거나 시험 준비를 제대로 하지 못했을 때 또는 학업에 대한 자기효능감이 낮다면 시험불안이 매우 높을 수 있다(김동일 외, 2011). 일반적으로 특성불안이 높은 사람은 상태불안도 높다. 특히 특성불안이 높은 사람은 시험에서 실패하거나 자존심과 관련해서는 민감하게 반응한다. 하지만 특정한 특성불안이 높은 사람이 반드시 낮은 사람에 비해 높은 상태불안을 유발한다는 의미는 아니다.

2) 시험불안의 원인

시험불안에는 인지적 요소인 걱정(worry)요인과 정서적 요인인 감정(emotionality)요인이 함께 있으며, 이 중 보다 지속적인 영향을 미치는 것은 인지적 요소인 걱정요인이다(Liebert & Morris, 1967). 감정요인은 시험불안의 정서적 측면으로 시험에 대한 느낌 혹은 시험상황에서 너무 긴장하여 기억력 감소와 소화장애, 심장박동이 빨라지는 등의 신체적 증상을 의미한다. 걱정요인은 시험불안의 인지적 측면으로 시험 자체보다는 시험과 관련이 없는 쓸데없는 걱정, 시험에 실패하거나 타인의 기대에 미치지 않을까 하는 걱정, 다른 사람과의 비교 등 주의력이 떨어지고 자신의 능력을 충분히 발휘하지 못하는 등 그 결과 자신의 실패 결과에 더 민감하게 지각하게 된다.

〈표 5-6〉 시험불안의 정서적 측면과 인지적 측면

시험불안의 정서적 측면(감정)	시험불안의 인지적 측면(걱정)
• 지나친 긴장감, 초조감을 경험한다. • 일시적으로 기억력이 감소된다. • 극심한 공황상태에 빠진다. • 신체적으로 각성된다. • 심장박동, 호흡, 땀, 맥박, 신체적 온도 등이 증가한다. • 소화장애 등이 나타난다.	• 시험에 대한 자신감이 부족하다고 생각한다. • 거의 항상 시험에 대해 걱정한다. • 다른 사람과 자신을 비교한다. • 시험의 결과가 부정적일 것이라고 예상한다. • 시험에 대해 준비가 부족한 부분을 지속적으로 생각한다.

출처 : 김동일 외(2011).

시험불안의 원인을 외적 요인과 내적 요인으로 나누어서 보면 시험불안의 외적요인으로써 우리사회의 특성인 학벌위주의 사회, 높은 교육열과 대학입시를 위한 치열한 학업경쟁, 부모의 지나친 기대로 인한 성적에 대한 압박감 등이 시험불안을 유발하고 있다. 내적 원인으로서는 학습자의 낮은 지적능력, 비효과적인 학습방법, 학업에 대한 실패감 및 성공감 결여 등이 작용한다.

그 밖에도 시험에서 실패하거나 경기 시합이나 작품 심사에서 낙선되는 것과 관련하여 자신의 능력이 부족하다고 생각될 때, 몸맵시나 태도에 결함이 있을 때, 타인과 자신이 내립되어 있을 때, 자기의 요구가 환경적 조건에 의하여 만족되지 않을 때, 자신에 대해 매력이 없다고 느낄 때, 성공에 한 압력이 존재하고 어렵다 고 인식될 때, 어떤 일에 해 경험은 없지만 이를 해보고 싶은 충동이 생길 때, 장래에 관한 일신상의 문제를 생각할 때, 자기의 정신적 동요가 있을 때(임은미 외, 2013 재인용), 실패에 한 걱정, 성취경험이 불만족스러울 때, 시간제한이 있고 친숙하지 않은 문제나 시험형태가 존재하는 상황, 특히 예고 없이 치르는 시험이 높은 시험불안을 야기할 수 있다.

3) 시험불안이 학습에 미치는 영향

시험불안은 과제를 적절히 조직화하는 데 필요한 단서를 활용하지 못하고 정보처리 수준이 깊지 못하며 학습전략 사용이 제한적이게 된다. 학습자의 불안 수준의 상승은 복잡하고 어려움 과제에서 많은 실수를 저질러 수행능력을 저하 시키며, 자신의 지식을 바르게 평가하지 못하고 정확한 선택반응을 결정하지 못한다. 뿐만 아니라 시험을 통해 자신의 능력이 평가 받을 때는 불안이 상승하며, 시험이 끝나면 사라지나 잦은 시험의 불안이 쌓이면 여러 가지 증세을 동반한다. 강한 부정적인 정서 및 긴장에 한 복통이나 두통을 비롯한 다양한 신체 증상을 유발함으로써 맥박수가 증가하고 입이 마르거나 두통, 공포, 무기력, 간혹 백지 상태로 가는듯한 느낌 등을 수반하게 된다.

예컨데, 평소에는 건강에 아무런 문제가 없었던 학생이 시험 2주 전부터 장염이나 몸살감기로 심하게 아파 제대로 시험 준비를 하지 못해 병원 가서 검사를 받아 보았으나, 검사 결과 신체적 기능에는 별다른 이상이 없었다. 1년간 반복되는 패턴을 지켜 본 후에야 이 학생은 극심한 시험불안으로 인해 시험 직전에 자기 불구화 전략(self-handicapping strategy)을 사용함으로써 실패할 수 도 있는 상황을 미리 차단하고 있음을 알 수 있었다. 자기 불구화 전략은 중요한 일을 앞두고 일부러 해가 되는 행동, 가령 술을 마신다거나 일부러 늦장을 부리는 것과 같은 행동을 하는 것을 말하며, 이렇게 하면 실패하게 되었을 때 스스로에게 변명거리가 있으므로 자존감에 상처를 덜 받게 되는 것을 의미 한다. 이처럼 시험불안은 시험을 보기 전에도 나타날 수 있으며 다양한 행동과 증상으로 나타난다.

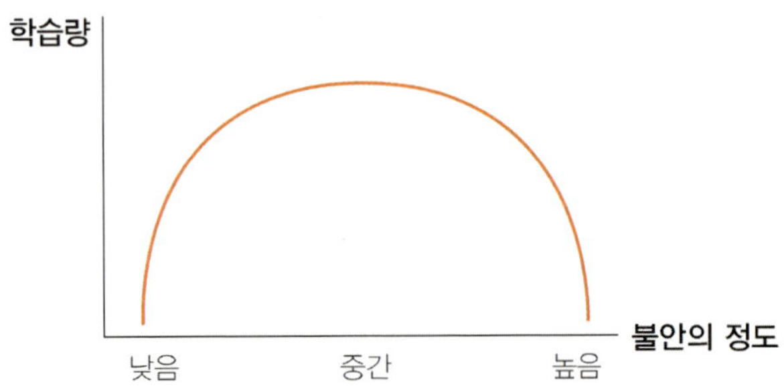

[그림 5-4] 불안과 학습량의 관계

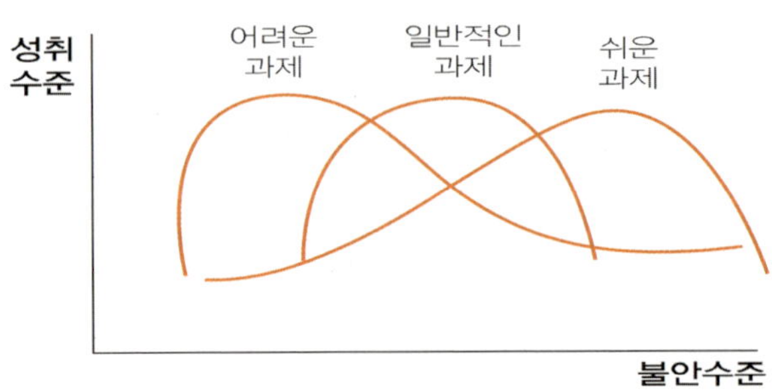

[그림 5-5] 불안수준과 과제 난이도와의 관계

불안과 학습의 관계에서 <그림 5-4>와 같이 역U형 함수관계를 가진다. 즉 불안의 정도가 낮으면 학습량도 적고 불안의 정도가 높아지면 학습량도 증가한다, 그러나 학습량의 증가는 불안의 중간수준까지이며 불안의 정도가 더욱 높아지면 학습량은 다시 저하된다. 또한 불안의 영향은 <그림 5-5>와 같이 어려운 문제를 해결해야 할 때 불안으로 인해 더 부정적인 영향을 미치기도 하고, 학습 과제에 따라 다르게 나타난다.

4) 교사가 학생들의 시험불안을 최소화 시킬 수 있는 방법

시험형태와 내용을 명료하게 해줌으로써 학생들은 시험에 대한 체계를 나름대로 세울 수 있고, 시험불안을 감소시킬 수 있다. 시험에 무엇이 나올지 알고 문제의 형식이 어떤지 앎으로써 모든 학생, 특히 능력이 낮은 학생들이 더 높은 성적을 얻게 된다.

- 성적이나 등급을 공개하는 것과 같은 학생 간 비교를 피한다.
- 퀴즈나 시험의 횟수를 증가시킨다.
- 시험 전에 시험의 내용과 절차에 대해 토의한다.
- 분명한 지침서를 제공하고, 학생들이 시험의 형태와 요구조건들을 이해하고 있는지 확인한다.
- 학생들에게 시험보는 기술을 가르친다.
- 대안적인 평가와 같은 다양한 측정방법을 사용해서 학생들의 이해와 기술을 측정한다.
- 시험을 치르되 학생들에게 충분한 시간을 준다.
- 학생들에게 긍정적인 기대감을 불러일으키고 성공과 노력을 연결시키도록 격려한다.

4 적응과 부적응

1) 적응의 개념

적응(adjustment)이란 개인이 주어진 환경의 상황이나 대인관계에서 적절하고 조화 있는 행동으로 개인의 신체적, 심리적인 욕구를 충족시켜 정상적인 사회생활을 할 뿐만 아니라, 자기 스스로도 만족을 느끼게 하는 것이다. 즉 적응은 개인의 심리적 요인과 환경적 요인이 작용하여 조화를 이룬 상태를 말한다(한국교육심리학회, 2000). 결국 인간이 스스로 행동하고 보다 적극적이고 능동적으로 환경을 이용하여 사회적 변화에 참여하는 개인과 환경과의 상호작용이라고 할 수 있다.

적응에는 신체적 적응, 심리적 적응, 사회적 적응, 도덕적 적응으로 나누어 볼 수 있다(김청자, 2011). 첫째, 신체적 적응은 신체조직의 활동에서 기인하는 생리적 욕구로 생명과 안락의 확보를 위해 필요한 것이다. 예를 들면 배고픔을 해결하기 위해 음식을 먹는다거나 수면을 위해 잠을 잔다거나, 체온조절을 위해 옷을 입는다거나 하는 의도적인 행동을 통해 충족될 수 있다. 둘째, 심리적 적응은 사회화 과정을 통해서 내면으로 전환되는 것으로, 아동은 부모와의 상호작용을 통해 사회가치를 수용하고 점차적으로 내면화하여 자기의 성격으로 통합시켜 무엇이 되고자 하는 자기실현의 견해와 밀접한 관계가 있다. 셋째, 사회적 적응은 다른 사람과 서로 공존해 가면서 살아가는 사회생활에서 비롯되는 것으로, 자신이 태어난 곳의 문화나 사회제도가 개인에게 요구하는 일정한 사회가치와 문화의 행동양식 등에 동조하는 것이다. 예를 들면 결혼을 하여 가정을 꾸미고, 어떠한 조직에 들어가 조직구성원으로 자기 위치에 알맞은 방식으로 생활할 것을 기대하게 된다. 넷째, 도덕적 적응은 사회화 과정에서 사회가치를 수용하여 옳고 그름에 대한 가치판단을 학습하게 되는 것으로, 어떤 것이 좋고 나쁜가, 무엇이 바람직하고 바람직하지 않는가에 대한 기초틀이 된다. 결국 적응은 개인이 환경의 변화에 잘 맞추어 나가는 것으로, 개인은 자기 자신이나 환경에 대하여 만족감을 느끼게 되는 것이다.

2) 부적응의 개념과 원인

적응이 잘 이루어지지 않아 환경에 적응할 수 없고, 육체적, 심리적 안전에 대해서 위협을 받게 되는 것을 부적응(maladjustment)이라 한다. 부적응은 긴장, 불안, 좌절 등의 심리적 상태를 수반하게 된다(성낙돈 외, 2008). 즉 어떤 행동이나 적응과정에서 목표에 도달하기 전에 갈등, 욕구좌절, 불안, 압박감 등 문제사태에 부딪칠 때 인간은 스트레스 상태에 놓이게 되는데, 이것을 부적응이라 한다. 이러한 부적응의 원인으로는 생물학적 원인, 욕구좌절이나 갈등, 불건전한 정서의 경험, 가정환경 등을 들 수가 있다(구강현 외, 2012).

(1) 생물학적 원인

부모로부터 전수받은 생물학적 특성이나 질병, 생리적 조건 등이 되어 부적응을 일으키는 경우이다. 신체적 장애나 지체불구자 등이 이에 해당한다.

(2) 욕구의 좌절이나 갈등

인간의 욕구와 충동이 만족스럽게 이루어지면 건전한 적응 상태를 유지할 수 있지만, 이것이 방해를 받아 좌절될 경우 긴장이 유발되며 부적응상태로 빠지기 쉽다. 그래서 인간의 욕구를 인간행동의 동인으로 간주하고 있다. 이러한 욕구는 때때로 만족스럽거나 약간 불만족스럽다도 얼마간은 충족되는 경우가 있는가 하면, 여러 가지 조건에 따라서 장기간 긴장이 해소되지 않고 불만족으로 끝니게 되는 경우 정신과정의 파괴로까지 이어질 수가 있다. 이 때문에 부적응의 원인으로 충동이나 욕구의 좌절, 혹은 두 개 이상의 욕구 공존으로 빚어지는 좌절들을 부적응으로 간주하지만, 이러한 좌절이 모두 부적응의 원인이 되지는 않는다. 그것은 그 개인의 욕구좌절, 내성(frustration tolerance)이나 적응능력에 따라 달라지기 때문이다.

(3) 불건전한 정서적 경험

정서란 내외적 자극에 따라 신체적인 표현과 함께 일어나는 폭발적인 감정들을 말하며, 자연스러운 현상이다. 그러나 우리의 경험들 가운데 계속적인 긴장이나 과도한 불안, 불필요한 공포를 야기시키는 정서적 경험을 비롯하여 적대감이나 죄책감을 갖게 되는 경험, 심리적 차별감, 열등감을 느끼는 정서적 경험 등은 부적응의 원인으로 간주되고 있다.

(4) 가정환경

가정환경이 만족한 상황이 못되어 부적응이 야기되는 경우가 많다. 부모의 양육태도, 편모, 편부와 같은 가정결손, 부모의 이혼, 고부간의 갈등 등으로 인한 가정환경들이 만족한 상태가 되지 못해 부적응이 야기되는 경우가 허다하다. 물론 이러한 환경이 모든 아동에게 똑같이 작용하는 것은 아니며, 수용하는 사람에 따라 적응하기도 하고 부적응 상태에 놓이기도 하므로 사람에 따라 달리 나타나고 있다는 것도 이해해야 한다.

3) 부적응 행동

부적응 행동은 똑같아 보이는 행동일지라도 그 행동을 하게 된 원인, 즉 장애상태나 그 부적응 행동이 일어난 상황의 판단기준에 따라서 다르게 인식될 수 있으나, 대체로 일상적인 생활환경에서의 자극이나 활동에서 적절하게 반응하지 못하는 행동과 적절한 반응을 방해하는 행동이라고 할 수 있다.

부적응 행동은 나이가 들어감에 따라서 그 행동양상이 바뀌거나 소멸되는 경향을 가지고 있으므로 시간이 지나면 상당 부분은 해결될 수 있다. 그러나 시간이 지남에 따라 부적응 행동이 해결된다고 해서 시간이 지나기만을 기다릴 수는 없는데, 그 이유는 다음과 같다.

첫째, 발달적으로 기능 습득과 기능 수행을 할 시기에 부적응 행동으로 인해 기능의 습득과 수행에 방해를 받게 된다.

둘째, 시각적으로 부적절한 부적응 행동은 장애가 없는 다른 아동들에게 거리감을 주어 사회적 접촉에 장벽을 쌓게 한다.

셋째, 부적응 행동을 하는 동안 극단적 자기자극만족으로 다른 주의집중과 관찰을 필요로 하는 학습을 방해하게 된다.

넷째, 이미 습득한 바람직한 행동과 기능을 분열시킨다.

다섯째, 부적응 행동을 교정하기 위한 다른 사람의 노력이 없으면 지속적이고 만성적으로 행해진다.

여섯째, 자해행동(self-injurious behavior)이나 공격행동 등 자신이나 다른 사람에게 위해한 행동으로 발전할 위험성이 있기 때문이다.

결국 부적응 행동을 함으로서 이미 학습된 경험을 소멸시키고, 자신을 가르치는 교사나 돌보는 부모가 무시하거나 학대하게 되고, 사회적으로 소외되게 하는 것이다. 이 부적응 행동은 가정에서 보다 수용시설에 있는 장애아동에게서 더 많이 발생하며, 지적 정서적으로 장애가 심할수록 높게 나타나는 경향을 보인다.

Q&A

연습문제

객관식

1 '내재적 동기'에 대한 설명으로 옳지 않는 것은?

① 행동 자체가 목표이다.
② 능동적으로 발생한다.
③ 동기유발 요인으로 지적호기심과 흥미가 있다.
④ 주체가 자기 자신이다.
⑤ 행동주의 학습이론에서 중시한다.

2 '귀인이론'에 대한 다음 설명 중 옳지 않은 것은?

① 노력은 불안정 요인이다.
② 능력은 통제 불가능 요인이다.
③ 능력은 내적요인이고 안정적이다.
④ 안정성의 차원은 미래에 대한 기대와 관련되어 있다.
⑤ 높은 점수를 통제 불가능한 요인으로 귀인하면 자부심을 느낀다.

3 켈러(Keller)의 ARCS이론에서 '자신감'에 해당하는 하위요인에 해당하는 것은?

① 성공기회 ② 외적보상 ③ 목표지향성
④ 변화성 ⑤ 친숙성

4 성취동기가 높은 사람의 행동특성으로 옳지 않은 것은?

① 도전할 만한 가치 있는 과업을 잘 해낸다.
② 자신의 능력의 한계 내에서 적절한 곤란과 모험심 있는 과제를 선택한다.
③ 항상 새롭고 도전할만한 문제를 찾는다.
④ 성취한 과업에 대한 책임을 타인에게 전가시키지 않는다.
⑤ 단기적인 계획을 세워 현재의 성취에 만족한다.

5 시험불안에 대한 원인 중 사회 환경적 요인과 관련 있는 것은?

① 인정받고 싶은 욕구
② 부모의 과도한 기대
③ 학벌위주의 사회
④ 잘못된 학업습관
⑤ 부모의 시험에 대한 기대

정답

1. ⑤ 2. ⑤ 3. ① 4. ⑤ 5. ③

주관식

1 '동기'란 유기체로 하여금 어떤 행동을 시작하도록 하고 목표를 이루기 위해 특정행동을 지속시켜 나가는 내적상태이다. 동기의 유형은 사랑의 욕구, 흥미, 호기심 등 내적이고 개인적 요인들에서 유발된 (　　　)와, 외부의 보상이나 압력 즉, 외부의 강화자로서의 동기인 (　　　)로 나누어 설명할 수 있다.

2 (　　　)은 자기 자신에 대해 알고 있고 믿고 있는 신념체계이다. 사람들이 자신에 대해 갖는 생각과 감정 그리고 태도의 복합물이며, 하나의 발달과정으로서 학습을 통해 획득되기도 하며, 의미있는 타인의 영향을 받으며 발달한다.

3 켈러(Keller)는 학습동기를 유발하고 유지시키는 네 가지 구성요인으로 주의력(Attentio), 관련성(Relevance), 자신감(Confidence), (　　　) 을 제시하였다.

4 (　　　)은 자신의 능력을 평가받는 시험이라는 특수한 상황에서 발생하는 불안 경향성이며, 실패에 대한 정서적 반응과 생리적 변화를 동반하기도 한다.

5 (　　)이란 개인이 주어진 환경의 상황이나 대인관계에서 적절하고 조화 있는 행동으로 개인의 신체적 심리적 욕구를 충족시켜 정상적인 사회생활을 하도록 하며, 반대로 (　　)은 어떤 행동을 통해 목표에 도달하려고 할 때 긴장, 불안, 좌절 등 문제 상황에 처하게 되었을 때 심리적 안전에 대해 위협을 받게 되는 것을 말한다.

정답

1. 내재적 동기(intrinsic motivation), 외재적 동기(extrinsic motivation) 2. 자아개념(self-concept)
3. 만족감(Satisfaction) 4. 시험불안(test anxiety) 5. 적응(adjustment), 부적응(maladjustment)

CHAPTER

06

특수학습자

1. 특수한 학습자의 이해
2. 특수교육

사회가 발달함에 따라 특수한 교육적 요구를 필요로 하는 학생들이 증가하고, 통합교육이 정착되어 가고 있다. 그러나 특수한 요구를 가진 학생의 일반적 범주를 IDEA(Individual with Disabilities Education Act, 1997)에서는 인지 및 학업장애 학생(학습장애, 언어 및 의사소통장애), 사회성 및 행동문제 학생(정서 혹은 행동장애, 자폐 스펙트럼 장애), 인지 및 사회적 기능의 일반적 지체 학생(지적장애), 신체 및 감각장애 학생(신체 및 정신장애, 시각장애, 청각장애), 영재 학생(영재 학생)으로 5가지를 범주화하였다. 여기서는 괄호 안에 제시한 구체적 범주화 중에서 학습장애, 지적장애, 정서 혹은 행동장애, 영재 학생 및 상담을 중심으로 살펴보고자 한다.

1 특수한 학습자의 이해

모든 학습자는 다양한 측면에서 특수하다. 어떤 학습자들은 운동 면에서 특수하고, 또 다른 학습자들은 음악이나 미술에서 특수하다. 그리고 대인관계에서 특수하기도 하고 외모에서 특수하기도 하다. 심지어 눈에 띄지 않을 정도로 너무 평범해서 특수하기도 하다. 다시 말해, 영재아와 장애아에 상관없이 특수 학습자는 교육적·법적인 준거에 의해 진단되고, 그에 따라 교육을 받는 학생을 말한다(김청자, 2012). 미국정신지체학생협회(America Association of Mental Deficiency: AAMD)의 특수한 학습자 기준을 살펴보면 [그림 6-1]과 같다.

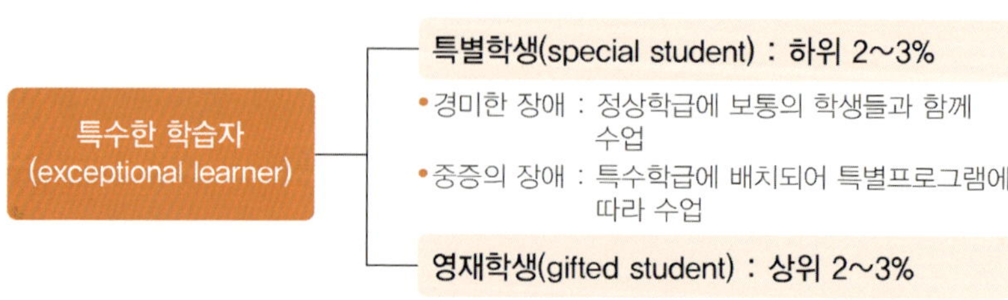

출처 : 임규혁(1996), 김청자(2012), 재인용.

[그림 6-1] 특수한 학습자의 분류

2 특수교육

1) 특수교육의 개념

특수교육이란 일반적인 학교교육의 방법이나 전략만으로는 그 나이에 해당되는 교육적·사회적 기타 여러 수준의 목표에 도달되지 못하는 심신의 장애를 지닌 아동을 대상으로, 특별한 방법이나 서비스로 교육함을 의미한다. 즉, 정신지체, 청각장애, 언어장애, 시각장애, 정서장애, 지체부자유, 그리고 학습장애를 지닌 아동 등과 같이 심신의 장애로 인하여 일반교육 방법이 아닌, 특별한 교육관련 서비스를 요구하는 아동을 특수아동이라고 하며, 이들을 대상으로 하는 교육을 특수교육이라고 한다.

우리나라 특수교육은 헌법을 비롯한 관련 법규에서 정해진 바에 따라서 실시되고 있다. 예를 들면, 헌법 제31조 제1항에서 "모든 국민은 능력에 따라 균등하게 교육을 받을 권리가 있다."라고 정하고 있어, 장애로 인하여 특별한 교육적 배려가 필요한 특수아동의 교육에 대한 사항을 제시하고 있다. 또한 「교육기본법」 제18조에서는 "국가 및 지방자치단체는 신체·정신·지적장애 등으로 인하여 특별한 교육적 배려가 필요한 자를 위한 학교를 설립·경영하여야 하며, 이들의 교육을 지원하기 위하여 필요한 시책을 수립·실시하여야 한다."라고 정하고 있다. 아울러 「초·중등교육법」 제55조, 56조, 57조에서 통합교육 실시에 필요한 시책을 강구하도록 하고 있다. 특수교육에 대한 가장 체계적이고 자세한 법적 내용은 「특수교육진흥법」과 동 법의 시행령, 시행규칙에서 정하고 있다.

일반교육이나 특수교육의 목적은 그 근본 이념적 입장에서는 차이가 없다. 일반적으로 교육의 목적은 아동의 내면에 있는 소질을 파악하고, 그 가능성을 계발시켜 주는 데 있다. 이러한 일반적인 목적은 교육기관이나 교육대상에 따라서 적절하게 구체화된다.

특수교육의 목적과 목표는 다음과 같이 구체적으로 제시될 수 있다. 바람직한 집단생활을 할 수 있게 하여 성격의 특이성을 교정하며 원만한 인격형성을 목표로 하고, 자립할 수 있는 기능을 갖추게 하여 사회적으로 자립할 수 있게 하는 것뿐 아니라, 더 나아가서 사회에 공헌하도록 지도하며, 직업적 기능과 태도를 기르며, 신체·정신적 기능의 제한을 극복하도록 지원하며, 신체발달과 건강증진을 위하여 의료 서비스를 받도록 돕는 것 등에 그 목표를 둘 수 있다. 즉, 특수교육은 특수교육을 요구하는 아동의 잠재성과 가능성을 최대한으로 신장시키는 것을 목표로 하며, 심신이 건강하여 행복한 생활의 기초를 마련하고 배양하는 것을 목표로 하는 교육활동이라고 할 수 있다(김윤옥 외, 2006).

2) 특수교육의 분류

분류란 어떤 특정의 준거와 기준을 가지고 결정짓는 일로서, 특수아도 특성에 따라 분류할 수 있다. 이러한 분류는 전무가 사이의 의사소통을 원활하게 하고, 교육 프로그램을 개발하거나 구체적으로 치료나 교육하는 일을 수월하게 해 준다. 현재까지 여러 가지 분류 도식이 개발되어 왔으나, 가장 일반적인 도식은 특수아동을 장애영역별로 분류하는 일이다.

(1) 특수교육학 분류 도식

특수교육 대상자를 특수아라고 할 때, 우리나라 「특수교육진흥법」(1994)에는 특수교육 대상자를 시각장애, 청각장애, 정신지체, 지체부자유, 정서장애, 언어장애, 학습장애를 지닌 아동으로 분류하고 있다. 미국의 장애인 교육법(IDEA: Individuals with Disabilities Education Act, 1997)에는 정신지체, 청각장애, 말/언어장애, 시각장애, 심각한 정서장애, 지체장애, 자폐, 외상성 뇌손상, 기타 건강상의 장애, 특정학습장애로 분류하고 있다.

이 분류도식은 가장 일반적이지만, 여기서 사용되는 정서장애나 행동장애란 용어는 논란의 여지가 많다. 특수교육 전문가들 사이에서 이 용어들이 현재까지 빈번하게 사용되고 있지만, 교육자나 의사, 법률가, 심리학자 및 각계 전문가마다 사용하는 목적과 견해에 따라 용어의 의미를 다르게 사용하고 있어서

때로는 혼동을 주고 있다. 미국에서도 주마다 사용하는 정서장애나 행동장애의 의미를 지닌 용어가 다르며, 그 수는 거의 20가지 이상이다(Kaufman, 1985).

(2) 정신의학적 분류 도식

현재 심리학이나 의학계에서 널리 사용하고 있는 분류로는 미국 정신의학회의 '정신장애의 진단과 통계편람'(Diagnostic and Statistical Manual of Mental Disorders; 이하 DSM이라고 함)이 있다. DSM 체계는 정신의학에 기초하여 정신장애를 분류한 전통적 분류체계로서, 유용한 진단 개념이 되도록 과학적인 연구를 지속하여 여러 번 개선되어 왔다. 현재 통용되고 있는 DSM은 'DSM-Ⅳ'로서 1994년에 개정한 4판이며, 임상가의 증상과 증후 관찰을 위주로 장애의 특성을 정의하여 심리장애를 개념화하여 전문가들 누구나 사용할 수 있도록 진단적 규준을 제공하고 있다.

DSM-Ⅳ의 분류 체계에 따른 분류는 아동에게만 특수하게 나타나는 장애와 성인과 아동 모두에게 나타나는 장애로 구분하였다. 아동기에만 나타나는 장애는 대개 유아, 아동기 및 청소년기에 시작되는 지적·정서적·신체적 및 발달적 장애를 포함하고 있다. 이 범주에 속하는 장애를 구체적으로 살펴보면, 정신지체, 학습장애, 운동기술장애, 의사소통장애, 전반적 발달장애, 주의력결핍과 파괴적 행동장애, 섭식장애, 틱장애, 배설장애, 기타장애(분리불안장애, 선택적 함구증, 반응성 애착장애, 상동행동장애)로 분류하고 있다.

성인과 아동 모두에게 나타나는 장애로는 물질남용장애, 정신분열증, 기분장애, 불안장애, 신체화장애, 인위적 질환장애, 해리장애, 성정체감장애, 섭식장애, 수면장애, 충동조절장애, 적응장애, 성격장애 등이다. 또한 DSM-Ⅳ의 준거에는 '임상적 관심의 초점이 될 수 있는 기타 상태'라는 범주로 문제행동(problem behavior)과 일반적인 분류의 장애(disorder)를 구분 짓고 있다. 문제행동에는 신체 및 성적 학대, 학교나 또래관계에서의 문제, 문화적 적응의 어려움 등이 포함되어 있다(김영숙 외, 2004).

(3) 행동적 분류 도식

키와 그 동료들(Quay et al., 1979)은 혼동을 유발하는 정서장애나 행동장애의 분류를 아동들에게 안정적으로 보이면서 전반적으로 적용 가능한 4가지의 행동 패턴으로 요약하였다. 이는 다음 <표 6-1>과 같다.

〈표 6-1〉 행동패턴의 4가지 분류

구분	행동패턴	
품행 장애	파괴적, 비협조적, 무례함	싸움, 구타, 거만
	논쟁적임(따지기를 좋아함)	짜증, 불복종
	불안, 주의산만, 부주의	기물 파괴
	부정적, 이기적이고 남을 비난함	쉽게 화를 냄
	약자를 괴롭히고 협박함	과잉행동, 주의 끌기
	정직하지 못함, 무책임	나쁜 언어 사용
불안 위축 행동	신경과민, 쉽게 상처받고 당황함	우울, 자신감 결여
	위축, 고립적, 소심함, 은밀함	수줍음
	불안, 두려움, 긴장	열등의식, 무용감
	자주 비명을 지름	쉽게 당황함
사회화된 공격 행동	나쁜 집단에 대한 충성	무단결석
	지하조직 단원으로 활동	가출
	밤늦도록 밖에서 지냄	함께 물건 훔치기
미성숙	수동적, 주의력 결핍, 쉽게 이끌림	협응 미숙
	몰두, 공간 주시, 백일몽	부주의, 집중력 부족
	기능이 둔함, 졸기, 무관심	일을 완수하지 못함
	주의집중 시간이 짧음	단정치 못함

출처 : Quay, H. C., & Werry, J. S.(1979), Child Psychopathology(2nd ed.), 17-21.

(4) 분류에 대한 종합의견

정신지체나 학습장애와 같은 몇 가지 장애는 교육의 목적은 DSM-Ⅳ의 체계와 교육학 분류체계에서 공통으로 사용되지만, DSM-Ⅳ에서 세분화된 장애들은 교육학적 개념에서는 정서장애나 행동장애와 같은 큰 용어로 묶여서 분류되고 있다. 예를 들면, 교육학적 개념에서는 DSM-Ⅳ에서의 주의력결핍장애나 파괴적 행동장애를 행동장애로, 또한 분리불안이나 배설장애 등은 행동장애나 정서장애로 분류되는 것으로 보인다. 그러나 교육학 분류에서 특수아 대상에 포함되는 지체부자유, 시·청각장애들은 정신장애가 아닌 만큼 DSM-Ⅳ에서는 분류되고 있지 않다.

사실 특수아라는 용어는 여러 분야에서 각기 다르게 정의되고 있는 점에서 혼란스러운 부분도 있다. 그러나, 특수아의 이해는 어떤 분야의 특수아라는 정의를 달리 사용하든지 간에 공통적으로 특수아의 신체, 지능, 행동 특성과 그에 따른 특별한 요구를 이해하는 일이다(김영숙 외, 2004).

3) 학습장애

(1) 학습장애의 정의

학습장애는 1963년 커크(Kirk)에 의해 처음 소개된 개념으로서, 학습에 어려움을 겪는 아동에게 많이 사용되는 용어이다. 흔히 학습장애는 학습의 어려움을 겪는 아동들을 총칭하기도 하며, 학습장애 외에도 학습부진이나 학습지체와 같은 용어를 혼용해서 쓰기도 한다. 그러나 학습장애는 아동기에 읽기나 쓰기, 셈하기와 같은 특정 기능을 맡은 뇌 기능상에 문제가 있어 정상적인 학습성취를 이루지 못하는 아동을 의미한다. 학습부진이란 정상적인 지적 능력을 지니고 있지만 전학이나 가정불화와 같은 사회환경의 요인과 불안이나 우울과 같은 정서적 요인에 의해 학업이 떨어지는 경우를 의미하며, 학습지체 또는 학습지진이란 평균 이하 또는 경계선 지능 정도의 지적 수준을 지닌 아동이 지적 잠재력이 부족하여 학습의 어려움을 가진 경우를 의미한다(김영숙 외, 2004).

(2) 학습장애의 출현율

학습장애의 출현율에 대한 추정치는 학교에서 약 5%가 특수교육서비스를 받고 있지만, 사용된 기준에 따라 취학아동의 1~3%까지 다양하다. 그 수는 정의 및 판별절차에 따라 좌우될 수 있는데, 판별기준이 엄격하면 엄격할수록 출현율은 더 낮아질 것이고, 반대로 기준이 가벼울수록 출현율은 더 높아질 것이다(Lerner, 2003; 김영욱 외, 2009 재인용). 이는 국내의 경우, 연구자들에 따라 다양하게 나타나나 대략 2% 정도로 추정하고 있다(신현기 외, 2009).

(3) 학습장애의 판별

학습장애를 판별하는 근거로는 다음 세 가지를 들 수 있다.

첫째, 학업성취 수준의 저하로, 학습장애를 판별하기 위해서는 학업성취 면에서 어느 정도 저하를 보여야 하며, 자신의 지적 능력과의 유의미한 불일치를 보여야 한다. 또한 학습의 문제가 감각장애, 정신지체, 저서장애나 환경의 결손에 의한 것이라면 학습장애에서 제외되어야 한다.

둘째, 능력과 성취 간의 불일치 준거로, 학년차이에 의한 진단과 '능력-성취수준' 차이에 의한 진단으로 측정가능하다. 학년차이에 의한 진단은 읽기나 쓰기, 수학의 능력이 자신의 학년수준에 비해 상당히 하위일 때 진단하게 되며, '능력 - 성취수준' 차이에 의한 진단은 지능점수에서 상대적으로 기대하는 학업성취도가 상당히 하위일 때 진단하게 된다.

셋째, 제외준거를 적용하고 있다. 또한 다차원적 진단평가, 즉 신체검사 및 의학검사, 면담, 심리검사, 행동특성 및 오류분석 등을 종합적으로 사용하여 진단평가를 내리도록 한다(김영숙 외, 2004).

(4) 학습장애의 특성

학습장애가 가장 흔하게 나타나는 학업분야는 읽기, 쓰기 및 셈하기(Hallahan & Kauffman, 2000). 읽기장애는 난독증(dyslexia)이라고도 한다. 난독중인 아동은 읽거나 철자를 기억하는 능력이 심하게 손상되어 있다. 쓰기장애는 문장 내의 문법이나 구두점의 잘못, 문단 구성의 빈약함, 철자법 실수, 지나치게 형편없는 필체 등으로 표현된다. 따라서 쓰기장애가 있는 아동은 종종 글씨를 쓰거나 철자를 기억할 때 혹은 작문을 할 때 어려움을 느낀다. 또한 셈하기 장애에는 여러 가지 다른 기능상 문제가 포함된다. 즉, 언어적 기능, 지각적 기능, 주의집중기능, 그리고 산술적 기능의 문제가 있다(APA, 1994; 신명희 외, 2012에서 재인용). 학생장애를 가진 학생의 특성은 다음 <표 6-2>와 같다(Eggen & Kauchak, 2004).

〈표 6-2〉 학습장애 학생의 특성

일반적 특성	
• 주의력 결핍 • 목적 없는 행동 및 산만한 경향 • 하나의 일을 지속적으로 하지 못하여 과제를 끝까지 수행해 내지 못함 • 불균등한 수행(한 영역에서는 잘 수행하는 반면, 다른 영역에서는 극단적으로 낮은 수행을 보임) • 몸의 균형과 신체기관 간 협응의 결여	
학업 수행	
읽기	유창하게 읽지 못함
	단어를 거꾸로 읽음(영어의 경우 'saw'를 'was'로 읽음)
	읽고 있는 지점을 놓치고 찾지 못함
쓰기	글자쓰기가 서투름
	한 줄로 쓰는 데 어려움이 있음
	쓰기 작업을 끝내는 속도가 느림
	칠판에 쓰인 내용을 노트에 옮기는 데 어려움이 있음
수학	수학적 사실을 기억하는 데 어려움이 있음
	계산할 때 자릿수를 혼동함(십의 자리와 일의 자리)
	응용문제 해결에 어려움이 있음

(5) 학습장애 학생의 수업전략

학생장애를 가진 학생의 수업전략은 다음과 같다(Jeanne Ellis Ormrod, 2011; 이명숙 외 역, 2011).

첫째, 주의산만을 최소화 한다. 많은 학습장애를 가진 학생들은 쉽게 주의가 분산되기 때문에 그들의 주의를 끌 수 있는 자극의 제시를 최소화해야 한다.

둘째, 명시적이고 잘 조직된 방법으로 새로운 정보를 제공한다. 대부분의 학습장애를 가진 학생들은 추론이나 종합을 요구하기보다는 학습할 것을 직접적으로 전달하는 수업에서 성공하는 경향이 있으므로, 중요한 기술을 잘 구조화시켜 연습을 자주 하도록 한다.

셋째, 다양한 양식을 사용해서 정보를 제공한다. 일부 학습장애를 가진 학생들은 특정한 감각 양식을 통해 학습하는 데 어려움이 있기 때문에 정보를 제공할 때 사용하는 양식에 대해 포괄적으로 고려해야 한다.

넷째, 공부기술과 학습전략을 가르쳐야 한다. 노트 필기나 과제 조직화와 같은 구체적인 전략과 특정한 사실을 기억하도록 구체적인 기억술을 가르쳐야 한다.

다섯째, 공부에 도움을 주어야 한다. 학습장애를 가진 학생들은 그들의 노력을 안내해 주는 발판(scaffolding)을 제공해주어 더 효과적으로 학습하도록 한다.

(6) 학습장애 학생의 상담

학생장애를 가진 학생의 문제를 해결하기 위한 상담은 학습장애 교육이론가의 영향을 받아 주로 정보처리이론과 인지·행동적 접근이 많이 적용된다. 즉, 학습의 장애를 극복할 수 있는 심리기능의 훈련, 학업기술지도, 학습전략이나 학습방법을 훈련하는 상위인지훈련 및 정서·행동지도가 주축을 이룬다.

그 외에 학습장애는 아니지만, 많은 수의 학습 부진아동도 교사의 지도와 도움을 필요로 하고 있다. 이들에 대한 지도의 가장 우선은 상담자나 교사가 아동의 학습부진의 원인이 어디에 있는지를 파악하는 것이다. 학습부진은 주 원인에 따른 지도를 모색하면서, 학습부진으로 인한 다른 장애가 발생하지 않도록 2차 장애발생 예방상담이 필요하다(김영숙 외, 2004).

4) 지적장애

(1) 지적장애의 정의

대부분의 영역에서 발달이 지체된 것을 정신지체라고 한다. 그러나 최근 특수교육자들은 지적장애(intellectual disability)라는 용어를 더 선호한다(Luckasson et al., 2002; 이명숙 외 역, 2011 재인용). 미국정신지체학회(American Association of Mental Retardation)에서는 현재 기능에 실질적으로 제한성이 있는 것을 지칭한다. 유의하게 평균 이하인 지적 기능과 동시에 그와 연관된 적응적 제한성이 두 가지 혹은 그 이상의 실제 적응 기술 영역들, 즉 의사소통, 자기관리, 가정생활, 사회성기술, 지역사회 활용, 자기지시, 건강과 안정, 기능적 학업교과, 여가, 직업 기술의 영역에서 정상적으로 발달하지 못하고 지체되는 경우를 말한다. 이는 18세 이전에 나타난다.

(2) 지적장애의 출현율

지적장애의 출현율에 대한 추정치는 전인구의 약 2~3%의 범위에 걸쳐 다양하게 분포되어 있는 것으로 보고 있다. 과거에는 지적기능 사정근거로 스텐포드-비네(Stanford-Binet) 검사와 웩슬러(Wechsler) 검사가 대표적으로 사용되어 왔다. 이러한 검사에서 대체로 규준집단의 평균에서 2표준편차보다 낮을 때 지적장애라고 간주한다. 예컨대, [그림 6-2]에서 웩슬러 지능검사의 1표준편차는 15이므로, -2표준편차 절선은 70이다. 여기에서 이론적으로 0~70 이하까지를 지적장애의 범위라고 보면 그 비율은 2.27%가 된다.

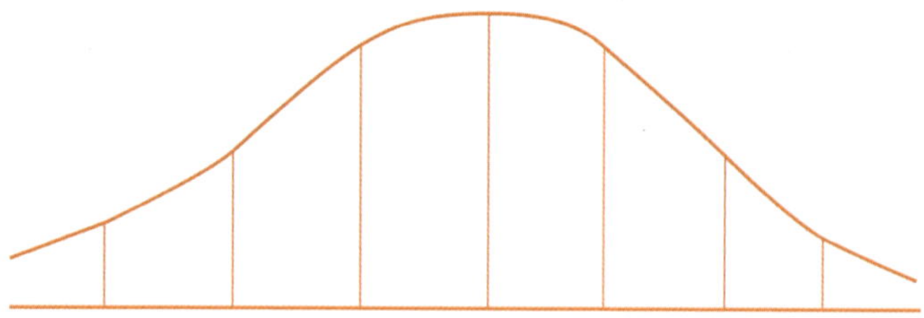

각 영역별 면적(%)	0.1	2.2	13.6	34.1	34.1	13.6	2.2	0.1
표준편차	−3	−2	−1	0	+1	+2	+3	
Wechsler IQ	55	70	85	100	115	120	145	
Stanford Binet IQ	52	68	84	100	116	132	148	
누가백분율	0.1	2	16	50	84	98	99.9	

[그림 6-2] 지능검사 점수의 정상분포 곡선

그러나 우리나라 한국보건사회연구원(2001)의 조사에 의하면, 지적장애의 출현율이 0.31%라고 보고하고 있으며, 최근의 조사결과인 정동영 등(2001)은 전체 특수대상자를 2.71%로 추정하고, 그 중 지적장애아동은 전체 학령아동의 0.83%로 34,026명으로 추정하고 있다(김영욱 외, 2009).

(3) 지적장애의 판별

지적장애를 판별하기 위해서는 형식적·비형식적 검사, 면접, 관찰 누가기록 등 다양한 기법들을 통해 광범위한 정보의 수집이 필요하다. 정보수집 과정에서 지적기능, 학업성적, 사회적(생육력), 병력, 가정환경조사)·정서적 행동과 차원, 적응행동, 의학적 상태, 그리고 언어발달 등을 조사해야 한다. 지적장애 판별 대상작업은 첫째, 이 아동이 지적장애이냐 아니냐를 알아내고, 둘째, 지적장애라면 어떤 유형이며, 셋째, 지적장애의 정도는 어떠하며, 넷째, 지적장애에 수반해서 일어나는 여러 기능의 결함은 무엇이며, 다섯째, 어떤 결함이 치료가 가능한지, 또 가능하다면 그 방향은 어떻게 해야 할지 등의 다섯 가지 측면을 고려하여야 한다(김영욱 외, 2009).

(4) 지적장애의 특성

지적장애를 가진 학생의 특성은 다음 <표 6-3>과 같다(권요한 외, 1995; 김영숙 외, 2004에서 재인용).

〈표 6-3〉 **지적장애 아동 특성**

일반적 특성	
• 사교성 및 학교에 적응하고 소속감을 느끼고자 하는 강한 욕구 • 세상사에 대한 일반지식 부족 • 읽기와 언어기술 미숙, 주의집중력 부족 • 기억력이 좋지 않고 효과적인 학습과 기억전략을 거의 갖고 있지 않음 • 추상적 아이디어로부터 추론과 이해곤란 • 놀이행동과 대인가 기술 미숙	
학업수행	
인지적	• 제한된 기억력 • 제한된 일반적 지식과 정보 • 추상적이기보다는 구체적인 사고 • 느린 학습속도
학업적	• 대부분의 교과영역 학습이 곤란 • 대부분의 교과내용에 대한 제한된 수행 • 제한된 문제해결 능력 • 내용숙달 면에서 제한적
신체적	• 신체능력과 정신능력 간의 불일치
행동적	• 제한된 사회적 및 개인적 유능성 • 제한된 대처기술 • 제한된 개인 생활기술과 유능성
의사소통	• 낮은 수준의 언어발달 • 원활한 청취와 회화에 필요한 어휘의 제한

(5) 지적장애 학생의 수업전략

학생장애를 가진 학생의 수업전략은 다음과 같다(Jeanne Ellis Ormrod, 2011; 이명숙 외 역, 2011).

첫째, 수업을 잘 배울 수 있도록 수업을 천천히 진행해야 한다. 지적장애를 가진 학생들을 가르칠 때 교사들은 새로운 주제와 과제를 충분히 수달할 수 있을 정도로 천천히 다루어야 한다. 이들은 학업과제에 대한 실패 경험이 많으므로, 열심히 하면 많은 과제를 성공적으로 수행할 수 있다는 것을 학습할 수 있도록 많은 성공경험을 제공해주어야 한다.

둘째, 효과적인 인지과정과 바람직한 행동을 촉진시키기 위하여 많은 발판을 제공하여야 한다. 이들은 새로운 정보를 어떻게 기억하고 학습해야 하는지 거의 모르기 때문에, 어떤 것을 기억하기 위하여 그들이 할 수 있는 것을 구체적으로 알려줌으로써 도움을 줄 수 있다. 또한 다양한 과제를 수행하도록 하기 위해서는 분명하게 지시해주는 것이 좋다.

셋째, 교육과정에 직업 기능과 일반 생활기능을 포함하여야 한다.

(6) 지적장애 학생의 상담

지적장애를 가진 학생의 상담자는 개인적·사회적 발달 분야에 가치 있는 서비스를 제공하고, 행동문제나 적응문제를 효과적으로 처리할 수 있도록 가족 구성원에게 도움을 주는 것도 가치 있다고 할 수 있다. 지적장애 아동들에 대한 편견을 없애고 부모를 수용하고 존중하는 자세를 가져야 한다. 이들이 지닌 수치심과 자아존중감의 결여는 극복되어야 한다.

또한 내담자가 자신의 이야기를 공감하며 들어줄 상담자에게 감정을 털어놓을 수 있도록 하여, 아동이 지닌 스트레스를 해소하도록 해야 한다. 그러나 상담자는 아동, 청소년의 잠재능력에 대해 지나치게 낙관적인 표현을 나타내어 부모가 지적장애 학생 자녀의 발달가능성을 잘못 생각하거나 고무시켜서는 안 됨을 주의해야 한다. 이처럼 상담자는 지적장애 아동, 청소년이 가질 수 있는 2차 장애를 예방하기 위한 철저한 상담이 요구된다(김영숙 외, 2004).

5) 정서·행동장애

(1) 정서·행동장애의 정의

최근에 정서 및 행동장애 영역과 30여 개 단체들의 모임인 미국 국립정신건강 및 특수교육협회(the National Mental Health and Special Educational Coalition)에서 정서 및 행동장애라는 용어 사용을 제안한 이래로, 이 용어는 법적인 공식용어가 아님에도 학문적 분야와 교육현장에서 현재 가장 폭넓게 사용되고 있다(Heward, 1995). 미국 국립정신건강 및 특수교육협회(CBC)의 정의는 다음과 같다(신현기 외, 2009).

첫째, 정서 및 행동장애아동 교육특수교육의 이해 정서 및 행동장애는 학교생활에 있어서의 행동이나 정서적인 반응이 일반 또래의 나이나 문화, 민족 내의 평균치와 매우 달라서 결과적으로 학업, 사회성, 직업, 성격적인 면을 포함한 교육적 성취에 부정적인 영향을 미치게 되는 장애로서, ① 일시적인 현상으로 나타나는 것이 아니며, 환경 내의 스트레스성 사건에 대해서 예측이 가능한 반응을 보이며, ② 두 개의 서로 다른 환경에서 지속적으로 나타나고, 적어도 그 중 하나는 학교생활과 관련된 환경이며, ③ 교수방법이 적절하지 못하다는 전문가의 판단이 없었음에도 계속적으로 개별화 교육을 받아온 경우를 말한다.

둘째, 정서 및 행동장애는 기타 장애와 중복되어 나타날 수 있다.

셋째, 첫째와 둘째에서 명시한 대로 교육적인 성취에 부정적인 영향을 미치는 경우에는 정신분열증, 애착장애, 불안장애, 그리고 기타 품행이나 적응에 문제를 보이는 아동들이 이 영역에 포함될 수도 있다(Forness & Knitzer, 1992).

(2) 정서·행동장애의 출현율

미국국립교육통계센터는 학령기 아동 중에 약 2%를 정서·행동장애로 추정하고 있다. 그리고 여러 학자들이 인구조사를 하여 나타난 결과는 3~6%로 나타났는데, 이 통계가 가장 신뢰할 만한 추정으로 받아들여지고 있다. 정서·행동장애의 정의를 내리며 객관적인 자료수집을 했던 바우어(Bower, 1981)는 연구 결과에서 학령기 아동 중의 10%를 정서·행동장애로 추정하였다. 루빈과 발로우(Rubin & Balow, 1978)는 연구대상 아동 중 7.4%의 아동을 정서·행동상의 문제로 교사들에게 의뢰받았다(김동일 외, 2003).

이와 같이, 많은 아동들은 학교 현장에서 문제행동을 보이고 있으므로 이러한 문제행동에 대한 정확한 평가와 지도가 적절히 이루어져야 한다. 여러 학자들의 연구 결과를 종합하면, 0.5%에서 22%로 매우 다양하게 나타났다. 우리나라의 경우 정서·행동장애아동의 출현율은 1.27%에서부터 22%까지 연구자들에 따라 불일치를 보이고 있다. 우리나라 초등학교와 중학교 학생을 대상으로 조사를 한 결과, 중학생이 초등학생보다 약 2.5배 많이 나타났고, 여학생보다 남학생이 약 2.9배 더 많이 나타났다(김승국, 1989).

(3) 정서·행동장애의 판별

정서·행동장애를 판별하는 근거는 다음 세 가지를 들 수 있다.

첫째, 인지, 정서, 행동의 특징을 빈도, 강도, 심각도의 측면에서 확인하는 과제를 해결하여야 한다.

둘째, 누가 아동의 문제를 제기하고 있는지에 대해서도 파악하여야 한다. 즉 부모, 아동 자신, 혹은 교사가 아동의 문제를 판별하는 방식을 명료화하여야 한다. 이것은 아동의 문제를 확인하는 데 도움이 될 뿐만 아니라, 아동의 문제를 발생시키고 유지하는 이유에 대한 정보를 제공하기도 한다.

셋째, 맥락에 대한 이해가 이루어져야 한다. 즉, 평가자는 아동이 어떤 환경적 상황에서 문제의 행동이나 정서적 특징을 보이는 지에 대해 이해하여야 한다. 이상의 과제로부터 얻게 되는 정보를 바탕으로 그 특징들이 지소되는 역동 혹은 메커니즘을 파악하여야 한다(김동일 외, 2003).

(4) 정서·행동장애의 특성

정서·행동장애를 가진 학생의 특성은 다음 <표 6-4>와 같다(Jeanne Ellis Ormrod, 2011; 이명숙 외 역, 2011).

〈표 6-4〉 정서·행동장애 학생의 특성

일반적 특성	
• 평균적인 지능은 낮은 정상 범주인 90~95 • 싸우기, 때리기, 반항하기, 울기, 소리 지르기, 기물 파괴하기, 강탈하기 • 기능적인 목적 없이 동일한 행동을 반복하는 상동행동, 자해행동 • 지나친 음주나 흡연, 다양한 종류의 약물복용 • 낮은 자아존중감 • 연령의 증가에 따른 학업성취도 하락 • 타인의 질병에 대한 공감이 낮거나 거의 없음 • 자신이 갖고 있는 문제가 심각하다는 것에 대한 인식부족	
학업수행	
지능 및 학업성취	• 읽기를 잘 못함 • 수학문제 푸는 데 어려움 나타냄 • 기타 과목의 학습에도 문제를 나타냄 • 기본적인 자조기술 부족함
적응행동	• 만족스러운 인간관계를 발달시키지 못하기 때문에 사회적으로 고립되어 친구가 거의 없음 • 놀이기술 등의 필요한 사회적 기술의 결핍 • 환상이나 백일몽, 신체적인 고통을 호소함
과잉행동	• 활동의 양이 연령이나 주어진 과제에 비해 지나치게 과도함 • 과제에 대한 집중력이 부족함 • 아무런 생각이나 목적 없이 행동함
기타	• 수업에 대한 관심부족 • 학업수행의 질이 떨어짐

(5) 정서·행동장애 학생의 수업전략

정서·행동장애를 가진 학생의 수업전략은 다음과 같다(Jeanne Ellis Ormrod, 2011; 이명숙 외 역, 2011).

첫째, 학생의 안녕과 개인적 성장에 관심을 보여야 한다. 우리가 그들에게 관심이 있다는 것을 보여준다. 스트레스를 받고 있거나 혼란스러워 할 때 염려를 표현해주고 그들이 의견이나 좌절을 나누고자 할 경우 경청해 준다. 또한 가능하다면 우리 자신의 생활상을 그들에게 보여줌으로써 그들에게는 우리의 노출이 카타르시스 작용을 하게 되고 치료에도 도움이 된다.

둘째, 학생들에게 환경의 일부를 통제할 수 있다는 것을 전달해주어야 한다. 반항적인 학생들이 그들의 부적절한 행동을 통제하려는 노력을 도와주어야 한다. 그러한 학생들에게는 단지 한 사람만 승리하고, 다른 사람은 필연적으로 패배할 수밖에 없는 상황을 피하는 것이 중요하다. 대신에 교사들은 학생들이 교실 활동에 통제감을 느끼면서 그 활동에 적응할 수 있는 분위기를 만들어야 한다. 또한 교사는 합리적인 범위 내의 특별한 상황에서 그들이 하고 싶어 하는 일에 대한 선택권을 줄 수 있다(Lane, Falk, & Wehby, 2006).

셋째, 자살을 생각하지 않는지 주의 깊게 살펴보아야 한다. 자살을 일으킬 수 있는 증상은 다음과 같다. 사회적 관계의 갑작스러운 철회, 개인적 외모에 대한 무관심 증가, 갑작스러운 성격변화, 죽음과 질병에 대한 주제에 몰두함, 명백한 혹은 암시적 위협, 자신의 삶을 정리하는 것과 같은 행동(Wiles & Bondi, 2001) 등이다. 교사들은 이러한 경고 증상에 주의해야 하고, 학교 심리학자나 상담가와 같은 전문가로부터 즉각적인 도움을 받아야 한다.

(6) 정서·행동장애 학생의 상담

정서·행동장애 학생을 상담하는 과정은 일반적 과정과 다를 수 없다. 먼저 라포(rapport)를 형성하면서 문제를 평가해야 한다. 라포의 형성은 가장 중요한 과제이지만 여기에서는 평가에 관해서만 논의하려고 한다. 내담자의 문제가 어떤 기준에서 문제라고 할 수 있는지, 얼마나 심각한 문제라고 할 수 있는지, 왜 그 문제가 반복적으로 나타나고 있는지에 대해 관찰, 면접, 심리검사를 통해 평가한다. 이때 어떤 사람을 만나고 어떤 방식의 면접을 할 것인지, 어떤 검사를 사용하게 될지를 결정해야 한다. 이런 과제를 결정하기 위해서 여러 가지 놀이기구나 그림의 활용, 그리고 아동의 인지, 정서, 행동의 발달 정도, 그리고 사회적 성숙도나 사회적 기술의 정도를 평가할 수 있는 여러 가지 심리검사에 대해 알고, 그것들의 실시나 해석 방법에 대해 충분히 익히고 있어야 한다.

실제로 한 상담자가 필요한 평가를 다 해낸다는 것은 어려운 일이기 때문에 필요한 경우 검사는 외부에 의뢰할 필요가 있다. 미국의 특수학교에는 학교상담자 외에 학교심리전문가가 있어서 평가를 전담하고 있는 곳이 많다. 가끔 교사나 부모가 아동의 문제를 호소하는 문제를 상담자가 살펴보면, 부모의 성급함이나 교사의 특정 가치관 혹은 낮은 인내 수준이 문제가 될 때가 있다. 그 때는 부모를 상담의 대상으로 삼거나 교사에게 자문을 함으로써 해결될 수 있다. 그런 사례들은 아동이 설혹 문제행동을 보이더라도, 교사나 특히 부모가 설명하는 정도보다 심하지 않은 경우가 많으며, 아동의 문제 또한 부부관계의 특질이나 아동의 능력과 아동이 학교에서 경험하는 것 등을 고려하면 그 기능이 분명하게 파악되는 경우가 많다. 이런 사례들을 유사 장애사례(Pseudo Disorders)라고 부를 수 있다. 이런 사례들은 상담에 의해 상대적으로 쉽게 개선될 수 있다.

문제에 대한 이해와 평가가 이루어지면, 다음으로 상담의 목표를 정해야 한다. 목표를 정하는 원칙은 가능한 한 아동과 부모, 그리고 상담자가 모두 명료하게 이해될 수 있는 형태라야 한다는 것이다. 그럼으로써 상담의 방향이 분명해지고 상담의 결과가 내담자, 부모, 그리고 상담자에게 명료하게 확인될 수 있게 된다. 따라서 부모와의 갈등 검소, 혹은 수업시간에 집중력 향상시키기와 같은 형태보다는 부와 같이 놀이하는 시간이 현재보다는 증가하는 것, 혹은 수업시간에 선생님을 쳐다보는 시간이 현재보다 증가하는 것과 같이 모두에게 분명하게 확인될 수 있는 형태가 바람직하다. 목표를 명료하게 규정하는 일은 실제 상담에서 아주 중요하다. 많은 상담자들이 상담의 방향을 잃을 때, 내담자가 협조하지 않을 때, 혹은 상담을 내담자가 자의적으로 중단하려할 때에 목표를 명료하게 설정하지 않은 것에 대해 후회한다. 마지막으로 목표에 대해 언급하고 싶은 것은 목표설정과정에 가능한 한 내담자가 적극적으로 참여하게 해야 한다는 것이다. 내담자가 자기의 문제를 모호하게 이해하거나 수용하지 않은 것보다 그것을 분명히 이해하고 수용하는 것이 상담의 효과를 증진시킨다는 것은 당연한 일이다. 즉, 목표설정과정에 내담자를 적극적으로 참여시킨다는 것은 그 효과를 극대화시킨다(김동일 외, 2003).

6) 영재학생

지난 10년 동안 영재학생은 누구인가에 대한 정의와 판별에 관한 논란이 많았다. 이와 더불어 '지능'과 '영재성'의 개념, 나아가서 '창의성' 또는 '우수성'의 개념에 대한 논란이 계속되어 왔다. 영재성(giftedness)은 1차적으로 보통의 아이들과 능력 면에서 구별 짓지만, 어느 정도 다른 문화적 환경마다 다르게 의미하거나 달리 가치평가를 하는 질적인 용어이다(Freeman, 1985).

과거에는 비네(Binet), 시몽(Simon), 터만(Terman) 등의 심리학자들에 의해 지능검사에서의 높은 IQ 점수로 또는 학교 교육현장에서 보여주는 높은 학업성취 수준(Webb, 1993)으로 영재성을 구분하기도 하였다. 우리나라에서도 초·중·고등학교에서의 높은 성적이나 수능에서의 높은 성적, 우수한 명문대 인기학과에 입학하는 것이나 수석 입학이나 졸업 등의 외현적인 성취를 영재학생으로 생각하는 경향이 있으며, 이와 더불어 그 사람의 IQ의 수치가 따라다니곤 하였다. 이에 정범모(196)는 3~4살부터 천부적인 재능을 나타내는 모차르트 같은 사람을 천재로, 학교 공부에서 우수한 성적을 나타내는 학생을 수재로, 영재학생은 어떤 특정 문화영역에서 창의적인 성취를 하는 사람이라고 구별 짓기도 한다(김영숙 외, 2004).

(1) 영재의 정의

렌줄리(Renzulli), 타넨바움(Tannenbaum), 펠더휴슨(Feldhusen), 가드너(Gardner), 터만(Terman), 블룸(Bloom) 등의 학자들에 따른 영재성 정의를 종합해보면, IQ와 같은 심리측정에 입각한 정의나 개인이 가진 특질에 입각한 정의, 또는 사회적인 요구나 교육 지향적인 정의, 특수 재능에 관심을 둔 정의 등이 있음을 알 수 있다. 이러한 여러 입장에서의 정의는 심리학이나 교육학 전문가들로 하여금 영재아동을 지적 능력(intellectual ability)이 높은 아동과 특정한 학업적 재능(academic aptitude)이 우수한 아동을 구분하기도 하며, 학업적으로 우수한 영재와 사회적으로 우수한 영재를 구분하거나, 우수한 영재와 평범한 영재를 구분하기도 하고, 어떤 경우는 창의적인 특성의 소유자와 재능을 가진 아동과 구분하기도 한다. 때로는 촉진 영재와 심화 영재로 나뉘기도 한다.

영재는 성취가 있어야 한다. 성취는 재능과 더불어 개인의 성격, 수행태도 및 환경에 의해 발현된다. 그러나 지나친 성취의 강조는 사회·문화적으로 영재에 대한 가치편견을 낳게 만든다. 예컨대, 우리나라의 경우, 영재를 수학, 과학 등에 초점을 두다 보니 점차 인문사회계열의 영재들이 인정되지 못하는 경향이 있다. 그러나 타고난 재능은 여러 분야에서 나타난다.

영재는 재능뿐만 아니라 이를 키워나가는 성격적 특성이 필요하다. 영재성은 IQ보다는 개인이 가진 재능과 더불어 창의적 성취를 이루어 낼 수 있는 창의성과 동기나 과제집착력, 적극성 등의 인성이 포함되어야 한다. 결국, 영재란 "지금 현재는 재능, 창의성, 그리고 인성적인 면에서 영재적 특성을 많이 지니고 있어서 영재교육에 의해 잠재능력을 향상시켜 앞으로의 창의적 성취를 이룰 가능성이 아주 높은 아동"을 의미한다고 하겠다(김영숙 외, 2004). 또한 렌줄리는 영재성 정의를 다음 [그림 6-3]과 같이 제시하였다.

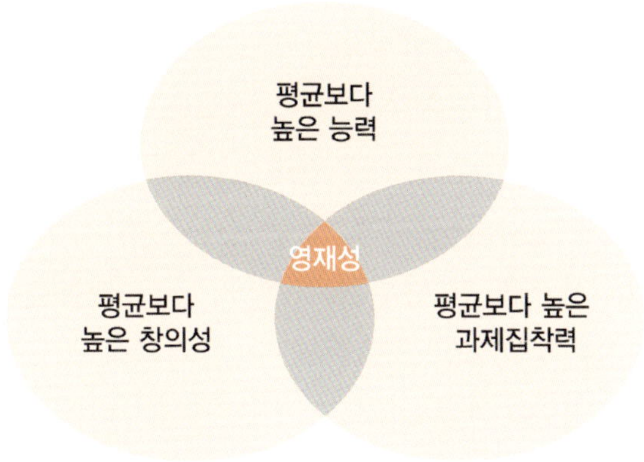

[그림 6-3] 렌줄리의 영재성 정의(Renzulli, 1985)

(2) 영재의 출현율

영재는 수학, 과학 분야뿐만 아니라 여러 영역에 걸쳐 존재하기 때문에 여러 영역에 속한 영재가 모두 어느 정도인지를 파악하기는 매우 어렵다. 보통 인구

통계학적으로 언급하게 되면, 인구의 약 3~5% 정도가 영재에 속한다고 할 수 있다. 그러나 우리나라의 경우, 약 100만 명의 학생에게 연령당 상위 1%에 해당하는 경우만을 따져도 최소 1만 명 정도가 영재 학생이 있다고 보며, 다만 겉으로 드러나지 않을 뿐이다(김영숙 외, 2004).

(3) 영재의 판별

보리치와 톰바리(Borich & Tombari, 1995)는 영재의 판별기준을 지능, 성취수준, 창의성, 과제 지속성의 네 가지로 구분하여 확정적이라기보다는 융통적인 판별방법을 제시한다.

첫째, 지능의 정상분포에서 상위 2~3%에 해당되는, 즉 지능지수 130 이상이 되면 영재교육 프로그램을 받을 수 있는 능력이 있다고 판단한다(Dumo, 1981). 그러나 지능지수 130이라는 기준만으로는 충분치 않으며, 다른 준거를 함께 고려해야 한다.

둘째, 성취수준은 백분위수에 기준을 두어 판단하지만, 이것은 각 교과영역마다 달리 결정된다. 흔히 기준 백분위는 정답률이 90% 이상일 때 영재수업을 받을 능력이 있는 것으로 간주한다.

셋째, 창의성과 관련하여 추상적인 원리를 문제해결에 적용하고, 호기심과 질문이 많으며, 비범한 반응을 보이고, 풍부한 상상력을 지니고 있으며, 중요한 사건과 그렇지 않은 사건을 잘 변별하고, 서로 다른 목적들 간의 관계성을 정확하게 탐구하는 등의 행동특성이 관찰될 때 담임교사나 학부모 등 학생 주변의 교육관계자의 추천으로 판단한다.

넷째, 높은 수준의 과제 지속성에 대한 존재 유무로 판단하는데, 구체적인 내용은 학습에 대해 조직화된 접근을 고안하는 능력, 세부적인 것에 집중하는 능력, 스스로 부과한 높은 성취기준, 자신의 목적을 성취하려는 지속성, 자기의 수행을 평가하려는 의지와 능력, 책임감, 학문적 과제에 대한 높은 열정 등을 포함한다.

이러한 판별의 과정은 객관적 평가자료와 주관적 평가자료를 모두 포괄하며,

다음과 같은 순서로 진행되는 것이 일반적이다(김청자, 2012).

- 제1단계: 교사, 학부모, 친구 또는 자기 자신에 의한 추천
- 제2단계: 지능, 성취도, 창의성, 인성검사 등의 표준화검사의 실시
- 제3단계: 실험실습, 연주 등의 수행검사
- 제4단계: 교육 프로그램에 배치하여 관찰과정을 거치면서 점차적으로 학생선발 감소

(4) 영재의 유형

영재에 대한 개념 규정이 쉽지 않듯이, 현존하는 영재는 매우 다양한 양상과 특성으로 관찰된다. 영재가 항상 우리가 알고 있는 방식으로 존재하는 것이 아니라는 말이다. 베츠와 니하르(Betts & Neiharr, 1988)는 수년간의 관찰 및 인터뷰, 문헌연구를 통하여 영재에 대한 여섯 가지 유형을 만들었다. 다음 유형은 다양한 양상으로 관찰되는 영재의 특성을 정리한 것이다(신명희 외, 2012).

❶ 성공적인 유형

성공적인(the successful) 유형은 대부분 판별이 되어 이미 영재교육에 투입되어 있는 영재다. 아마 우리나라 영재교육원이나 영재학급에서 수업을 받고 있는 학생의 대부분이 이 유형에 속할 것이다. 이 유형에 속하는 영재의 경우 지능은 높지만 창의성은 그다지 높지 않은 아동이 많다. 즉, 지능검사와 학업성취도로 판별된 집단이다. 이러한 아동은 대부분 부모나 교사의 말을 주의 깊게 경청하고 그들로부터 목표를 잡는 경향이 있으며, 자율성은 낮은 편이다. 그러나 이 유형의 영재는 '스스로 할 수 있다.'는 믿음을 지니고 있다. 그에 따라 성취를 확신하기 때문에 이미 긍정적인 자아개념을 지니고 있는 것처럼 보일 수 있다. 학급에서는 가장 영리한 아동이지만 실제로 그들의 상상력은 낮을 수 있으므로, 자신의 목표추구에서는 실패하여 결국 장기적인 인생을 놓고 보았을 때 자신의 영재성을 제대로 발휘하지 못할 수도 있다. 대학, 성인기 후반에 낮

은 성취를 보이는 젊은 성인 영재가 이 집단에 속한다. 사회에서는 별 문제 없이 잘 적응하지만 삶의 변화를 위한 도전의 준비가 되어 있지 않다.

❷ 발산적인 유형

발산적인(the divergently gifted) 유형은 창의성이 높은 유머감각을 지니고 있어서 친구 사이에서 인기가 많지만, 반대로 완고하고 요령이 없으며 빈정대는 특징 또한 보인다. 학교나 교사의 권위에 도전적이고 시스템에 순종하지 않는 경향이 있기 때문에 칭찬이나 인정을 거의 받지 못하는 집단이다. 그러므로 많은 학교에서 이들은 영재판별 시 처음부터 소외될 수 있다. 이들은 자신들의 영재성이 거의 인식되지 못하는 상황으로 인하여 내적 갈등이 심하기 때문에 대체적으로 부정적인 자아개념을 지니고 있다. 중학교 시기에 적절한 조치를 해주지 않으면 이런 아동은 고등학교에 들어가서 퇴학(dropout)의 위협에 놓일 수도 있다. 그러므로 최소한 중학교에서는 이들에 대한 판별이 정확하게 이루어져야 한다.

❸ 잠복되어 있는 유형

잠복되어 있는(the underground) 유형은 일반적으로 우수한 여자 중학생이 해당된다. 사춘기의 여학생은 또래집단과의 관계를 유지하기 위하여, 즉 소속을 위하여 자신의 높은 잠재능력을 스스로 퇴보시키는 경우가 많다. 이 유형의 학생들은 뭔가 불안정한 느낌을 늘 지니고 있으며 걱정을 많이 한다. 창의적인 일이나 학업에 높은 흥미를 가진 학생은 사춘기와 같은 급격한 변화를 겪으면서 모든 흥미와 동기를 잃어버릴 수도 있다. 변화하려는 이들의 욕구는 이들에 대한 부모나 교사의 기대와 갈등을 일으킨다. 따라서 빠른 변화 속에 있는 이들의 능력과 동기를 충족시킬 수 있는 대안이 마련되어야 할 것이다. 또한 이 유형에 속하는 영재의 잠재력이 실현될 수 있도록 학교나 부모가 지지와 이해를 보여 주어야 할 것이다.

❹ 중도탈락 유형

중토탈락(the dropout) 유형은 자신의 요구가 학교나 부모로부터 거부되고 무시되어 왔기에 학교에 대한 적개심이 높은 영재다. 이 유형에 속하는 영재의 경우 판별이 매우 늦게 되는 경우가 많은데, 문제는 고등학교에 와서도 이들의 영재성이 미처 판별되지 못하는 경우가 많다는 점이다. 이러한 이유로 이들은 자아존중감이 매우 낮을 뿐만 아니라, 지금까지 거부되고 무시당한 감정의 결과로 인하여 자주 분노를 보인다. 따라서 현재 진행 중인 영재교육 프로그램은 이들에게 적합하지 않다. 이들은 자신이 신뢰할 수 있는 성인과의 밀접한 관계를 강하게 원하며, 무엇보다도 가족치료나 개인상담이 필요하다.

❺ 중복낙인 유형

중복낙인(the double-labeled) 유형은 신체적·정서적 장애를 지닌 영재다. 지능은 매우 높으나 학업성취는 낮은 경우, 즉 학습에 실패한 영재를 말한다. 이들은 심리적으로 혼란을 매우 심하게 겪으며 스트레스가 높다. 무기력감이나 좌절, 낙담과 고립감을 느낀다. 학교의 과제가 항상 지루하고 따분하여 멍청하다고 불평하면서 어려움을 거부하거나 자기 자신을 방어한다. 자신의 낮아진 자아존중감을 보상받기 위하여 유머를 사용하기는 하지만, 사용하는 목적이 다른 사람의 품위를 떨어뜨리는 데 있다. 이들의 내적 욕구는 '실패회피'이며, 방어기재가 발달되어 있다. 이 유형에 해당되는 영재는 실제 평균능력의 아동으로 인지되기 때문에 판별에서 제외되는 경우가 많다. 학교의 구조는 이런 아동의 결점에 초점을 두며, 이들의 장점이나 영재성의 육성에는 실패하는 경향이 높다.

❻ 자율적 학습자 유형

자율적 학습자(the autonomous learner) 유형은 지능과 창의성이 모두 높은 영재다. 자아존중감이 매우 높고, 자기조절 학습능력이 뛰어난 집단이다. '성공적인' 유형과 같이 이들은 학교 구조와 체제 속에서 매우 효과적으로 학습한다. 그러나 최대한 적게 노력하려는 '성공적인' 유형과는 달리, 학교구조에 자기 자신을 그저 맞추는 것에서 탈피하여 스스로 학습 구조를 만들어 나간다. 이들은 자기 지향적이며 독립심이 높고 모험심도 강하다. 이들은 자율적인 아동으로서, 가장 성공가능성이 높다. 부모나 학교 환경의 많은 지지를 받아 자신의 잠재능력을 이미 충분히 발휘하고 있는 영재다(신명희 외, 2012).

(5) 영재의 지도방법

영재들을 효과적으로 지도하는 방법은 다음과 같다(Borich & Tombari, 1995).

❶ 도전적인 문제의 제시

교사가 제시하는 도전적인 질문과 문제를 통해 영재학생들은 자신과 관련된 문제를 독립적으로 탐구할 수 있는 자유를 얻는다. 학생들은 탐구에 대한 책임감을 인식해야 하며, 학생들에게 자신이 추구하는 방향에 관련된 추가적인 참고문헌과 자료를 사용하기 위해 교사의 지원, 격려, 활용의 필요성을 느끼도록 한다.

❷ 집단활동과 관련된 수업계획

영재학생은 대부분 다른 사람의 아이디어를 발전하여 그것을 새롭게 강조하고 변화시키는데 뛰어난 능력을 보인다. 집단토론, 동료에 대한 인터뷰, 탐구, 논쟁 등은 영재학생을 전체 학급 학생들과 함께 가르칠 때 유용하게 사용할 수 있는 교수방법들이다.

❸ 문제해결을 요구하는 실생활 문제의 포함

영재학생들에게는 내용영역에 있어 세계의 갈등에 대해 실재적인 조사를 하게 해야 한다. 이것은 그들에게 새롭게 요구되는 지식을 찾게 하고 문제해결의 도전력을 증가시킨다. 특별한 정답이 없는 질문을 제기하는 것도 좋다. 예를 들어, "문명충돌의 긴장을 어떻게 감소할 수 있겠는가?"와 같은 질문이다. 또한 자신의 의견만이 아닌 객관적인 증거와 가능한 해결책을 이끌 수 있도록 실제적인 문헌연구나 실험연구를 요구하는 것도 좋다.

❹ 지식과 이해의 도출

영재학생들은 대부분 언어적 유창성이 각별하기 때문에 이들이 보이는 명쾌한 반응이 문제를 정확하고 심도 있게 이해한 것인지, 아니면 표면적으로만 이해할 것인지를 결정하기가 어려울 수 있다. 따라서 영재학생을 검사하거나 질문할 때 심도 있는 이해와 표면적인 이해를 구분하기 위해서는 그들의 내부에 있는 지식과 이해를 도출해야 한다. 영재학생에 대한 평가는 단순한 지식의 암기와 습득의 측정을 넘어서, 대답에 대한 이유를 설명하고 알고 있는 사실을 조합하여 새로운 것을 만들어내는 일련의 과정을 통한 수행평가를 활용하는 것이 바람직하다(김청자, 2012).

(6) 영재학생의 상담

상담은 어느 시점에서 어떤 목적으로 개입하는가에 따라 크게 치료적 상담과 예방·발달적 상담으로 구분할 수 있다. 치료적 상담은 내담자가 문제를 경험할 때를 기다려 문제가 발생했을 때 개입함으로써 문제를 해결하거나 감소시키는 기능을 한다. 반면, 발달적 상담은 내담자가 문제를 경험한 후 그 문제에 개입하기도 하지만, 내담자가 아직 심각한 문제를 경험하지 않고 있을 때라도 그들의 발달과 성장을 촉진할 만한 일들을 하는 것을 의미한다. 이러한 두 가지 상담접근은 평균적인 능력을 가진 아동뿐 아니라 영재아동에게도 적용된다. 예방·발달적 상담에서 추구하는 목표는 영재아동의 능력, 흥미, 현재 등을 확인하는 것, 필요한 사회적 기술을 습득하는 것, 문제해결기술을 습득하는 것, 독립적으로 일하는 능력을 습득하는 것, 현실적인 목표를 세우는 것 등을 비롯하여 자기이해, 타인에 대한 자각, 사회적 관계 형성, 창의적 사고, 문제해결, 독립적 학습, 부모와 교사에 대한 교육, 현실적 목표 세우기 등에 대한 사전교육 등이 포함된다.

이처럼 영재아동들이 겪는 어려움은 그들이 가지고 있는 문제나 병리적인 요인 때문에 발생한 것이 아니라, 그들의 독특성과 그 독특성을 가진 사람이 평범한 사람들에게 적합한 환경 속에서 살면서 겪는 불화로 인한 어려움이다. 따라서 영재아동의 독특성은 병리적인 사람이 가진 문제처럼 고쳐지거나 제거되어야 하는 것이 아니라 그들의 삶에서 하나의 도전으로 받아들이고, 때에 따라서는 그 독특성은 최대한 발휘할 필요가 있다. 상담자는 이 점을 고려하여 영재아동을 위한 상담에 참여해야 한다.

영재아동을 위한 상담은 크게 영재아동 개인에 대한 개입, 영재아동과 가족 간의 관계에 대한 개입, 영재아동과 학교 간의 관계에 대한 개입 등으로 그 영역을 구분할 수 있다(김동일 외, 2003).

연습문제

객관식

1 렌줄리(J. S. Renulli)의 영재교육 심화학습 3단계 모형에 대한 〈보기〉의 설명 중 옳은 것은?

> 가. 처음에는 영재 학생들을 위해 제안된 수업모형이었으나, 일반 학생들을 포함한 학교 전체 심화학습 모형으로 발전하였다.
> 나. 이 모형에 근거한 최초의 프로그램은 중등학교 학생들을 대상으로 개발되었다.
> 다. 수업의 전개는 일반적 탐색활동→집단 훈련활동→개인과 소집단의 실제문제 탐구활동의 3단계로 이루어진다.
> 라. 개인과 소집단의 실제문제 탐구활동은 영재 수준의 학생들보다 보통 수준의 학생들에게 더 적합하다.

① 가, 나 ② 나, 라 ③ 가, 다 ④ 가, 라 ⑤ 다, 라

2 정신지체학생의 기억력 향상을 위해 교사가 일반적으로 사용할 수 있는 기억 전략 4가지 중 잘못 된 것은?

① 시연전략 : 나중에 회상해 낼 것을 생각하고 미리 기억해야 할 대상이나 정보를 눈으로 여러 번 보아 두거나 말로 되풀이 해 보는 것.
② 군화전략 : 연합적으로 관계가 없는 단어들을 앞 뒤 관계없이 자료를 짝짓는 방법
③ 군집화 전략 : 학습 자료나 항목을 기억할 때 같은 범주에 속하는 유목끼리 개념적 범주에 따라 지각하기 쉽도록 묶는 방법
④ 정교화 전략 : 기억해야할 정보에 무엇인가를 덧붙이거나 다른 정보와 서로 관련시킴으로써 기억하는 것

3 교사가 수업 중 자주 돌아다니던 영희를 강화, 소거 등 행동수정 방법으로 지도한 결과, 수업시간에 조용히 자리에 앉아 있는 행동이 증가하였다. 그래서 영희의 앉아 있는 행동을 일반화하고자 한다. 이때, 교사가 고려해야 할 일반화 구성요소 중 잘못 된 것은?

① 시간에 걸친 일반화: 프로그램이 끝난 후 시간이 지나도 행동변화가 지속되는 것.
② 행동에 걸친 일반화: 구체적인 목표 행동 이외의 다른 행동에까지도 변화가 오는 것.
③ 환경에 걸친 일반화: 훈련 상황과 같은 환경에서 행동 변화가 지속되는 것.
④ 대상에 걸친 일반화: 목표로 삼은 사람의 행동 변화와 비슷하게 목표로 삼지 않은 사람도 그와 같은 행동 변화가 이루어지는 것,

4 기원이는 기본적인 수 계산은 가능하나, 문장제 문제를 푸는 데 어려움을 가진 발달장애 학생이다. 기본적인 수계산 외에 문장제 문제를 풀기 위해 기원이가 갖추어야 할 수학적 능력이 잘못 된 것은?

① 문장제 문제 속에 포함된 단어의 의미를 이해하는 능력
② 문장제 문제 전체의 전체내용을 이해할 수 있는 능력
③ 문장제 문제의 주요부분에 대한 장기기억능력
④ 문제를 해결하는 과정에서의 자기점검능력

5 현행 특수교육진흥법에서 규정하고 있는 정서장애의 정의를 잘못기술 한 것은?

① 정상적인 환경 하에서 적절한 행동이나 감정을 나타내는 자
② 지적, 신체적 또는 지각적인 면에 이상이 없음에도, 학습 성적이 극히 부진 한 자
③ 친구나 교사들과의 대인관계에 부정적 문제를 지닌 자
④ 늘 불안해하고 우울한 기분으로 생활하는 자
⑤ 학교나 개인문제에 관련된 정서적인 장애로 인하여 신체적인 통증이나 공포를 느끼는 자

6 자폐학생의 사회적 특성을 잘못기술 한 것은?

① 눈 맞춤의 결여
② 주의 사람들과의 빈약한 애착형성
③ 하루의 대부분을 혼자서 보내기
④ 특정한 사물에의 강한 집착
⑤ 음에 대한 무반응과 과민성

정답

1. ③ 2. ② 3. ③ 4. ③ 5. ① 6. ⑤

주관식

1 장애를 가지고 있는 학생에게 장애명칭을 부여하는 것은 장점과 단점이 있다. 학교 환경에서 장애명칭을 부여하는 것의 장점과 단점을 각각 3가지 이상씩 제시하시오.

2 정신지체아동의 주의력 특성에 대해 쓰고 주의력 향상전략을 3가지 이상 쓰시오,

3 장애의 진단 및 통계 편람 제4판(DSM-Ⅳ)에 의하면 주의력 결핍 과잉행동장애(ADHD)아동의 특성은 부주의, 과잉행동, 충동성이다. 이 중에서 과잉행동과 충동성 증상을 2가지씩 쓰시오.

4 아래의 글을 읽고 물음에 답하시오. 학습장애 학생이 위와 같은 읽기 특성을 보이는 이유 1가지를 쓰고, 이 학생을 도와주기 위한 교사의 역할 2가지를 쓰시오.

> 학습장애 학생들은 글을 읽고 주요 내용 (비를 맞아 감기에 걸려 엄마에게 혼났다)을 추론하기보다는 자신의 사소한 경험에 근거하여 부수적인 내용 (우산을 잃어버려 엄마에게 혼났다)을 추론하는 경향이 높다.

5 자폐증의 특성은 사회적 상호작용의 질적 결함, 의사소통의 질적 결함, 반복적 상동행동 등이다. 자폐증에서 나타나는 일반적인 특성 외에 고기능 자폐증에서만 나타나는 특성을 3가지 쓰시오.

정답

1. 장점-특수교육 요구 아동이 특수교육기관에서 특수교육자와 접할 수 있는 기회를 마련하여 차별화된 처치가 가능하게 한다. 입법자들에게 특수교육을 지원하고 이를 위한 입법을 하도록 한다. 장애의 원인을 추적할 수 있다. 의사소통을 능률적으로 할 수 있다.
단점- 분류와 명명을 잘 못 될 수 있다. 아동의 자아개념에 부정적인 영향을 준다. 아동에게 적절한 프로그램을 구안하는 데에는 아무런 도움을 주지 못한다.
2. 특성-일반 아동에 비해 필요한 학습자극에 대한 선택적 주의집중(자극의 변별)이 어렵다. 주의 집중 시간이 짧다. 주의의 아동과 분할이 어렵기 때문에 한 번에 여러 자극에 자발적으로 주의를 집중하지 못한다.
향상전략-자극을 단순화하여 제시한다. 아동을 직접적으로 지도한다. 과제에 주의를 집중할 때 보상을 해준다.
3. 과잉행동-지나치게 말을 많이 하곤 함. 가만히 있지 못하고 모터가 달린 것처럼 행동하고 함. 조용히 놀이나 여가활에 차여하는 데 어려움을 보이곤 함.
충동성-질문이 끝나기도 전에 답을 말하곤 함, 게임이나 단체 상황에서 줄을 서거나 차례를 기다리는 데 어려움을 보이곤 함. 다른 사람들을 방해하거나 간섭하곤 함
4. 이유-읽기자료와 관련된 선행학습 및 사전 경험이 부족하다, 읽기 자료의 전체 주제와 관련하여 자신이 사전지식과 경험을 연결시키기 보다는 읽기 자료에 포함된 부분적 내용과 자신의 사전지식이나 경험을 연결시키는 경향이 있다.
역할-읽어야 할 내용과 관련된 배경지식을 직접 설명해 준다. 학생들 간에 자신의 경험을 이야기 할 수 있도록 활동을 구조화해 준다. 학생들 간에 논의되는 내용의 적절성을 읽을 자료 내용과의 관련성을 중심으로 평가해 준다.
5. 의사소통의 질적인 결함. 사회적 상호작용의 질적인 결함. 제한적이고 반복적이거나, 상동적인 행동

CHAPTER

07

생활지도와 상담

1. 생활지도
2. 상담

학교에서 행해지는 교육활동은 크게 두 가지 영역인 교과지도와 생활지도로 구분할 수 있다. 교과지도는 학생들의 인지적이고 기능적인 측면의 발달적 변화를 강조하는 반면, 생활지도는 학생들의 인격완성을 돕기 위한 활동으로 정서적이고 인성적인 측면의 성장 및 발달을 진전시키는 활동이라고 볼 수 있다. 따라서 진정한 전인교육이 이루어지도록 하기 위해서는 교과지도와 생활지도의 활동이 상호 보완적인 관계로 전개되어야 하고, 이것이 진정한 교육활동이라 할 수 있다. 또한 상담은 생활지도 활동 중에서 가장 핵심적이고 중추적인 활동이라고 할 수 있는데, 이는 대부분의 생활지도 활동이 상담활동을 통해서 이루어지기 때문이다. 그러므로 이 장에서는 생활지도의 필요성, 생활지도의 개념, 생활지도의 원리, 생활지도의 주요활동, 학교상담의 의미, 학교상담의 과정, 상담의 기법, 상담의 주요이론 등을 살펴보고자 한다.

1 생활지도

1) 생활지도의 필요성

생활지도는 개인을 대상으로 한 활동이든, 학교나 학급단위 활동이든 본질적으로 학생들이 자신을 실현하고, 개성을 신장시키며, 삶의 즐거움을 누리면서 성장할 수 있도록 돕기 위한 것으로, 신체적·정신적·심리적·사회적·교육적으로 건강하게 성장하도록 돕기 위해서 필요한 것이다. 이렇게 보면 생활지도의 필요성은 먼저 청소년 개인이 겪게 되는 발달 및 심리적인 특성으로 인해 제기되며, 이들의 건강한 성장을 저해하는 환경적 요소들이 필요성을 가중시키고 있다고 할 수 있다. 즉, 개인적 측면에서는 청소년의 발달·심리적 특성이 생활지도를 요구하고 있으며, 이들을 둘러싼 급격한 사회변화와 이로 인해 야기되는 가정과 학교, 사회의 다양한 문제들이 그 필요성을 더하고 있는 것이다(임경희 외, 2013). 생활지도의 필요성을 개인적 측면과 환경적 측면으로 나누어 살펴보면 다음과 같다.

(1) 개인적 측면

청소년기의 발달과정에 수반되는 특성들이 개인적 측면에서 생활지도를 필요로 한다.

첫째, 아동과 청소년의 발달과정에서 나타나는 여러 가지 발달·심리적 특성이 생활지도를 필요로 한다. 청소년기에는 심리적·사회적으로 큰 변화가 동시에 일어난다. 청소년의 신체적·생리적 변화는 정신적·심리적 문제를 변화를 수반하며, 이러한 변화에 적응하지 못할 경우 이에 따른 심리적·사회적 문제를 겪게 된다. 즉, 급격한 변화과정에 놓여 있는 청소년들이 자신의 신체변화를 정확히 이해하고, 정서적 불안정이나 적응과 관련된 정신건강의 문제를 해결하여 건강하게 성장할 수 있도록 돕기 위해서 생활지도가 요구된다.

둘째, 청소년들이 발달과정상의 변화를 수용하고 발달과업을 적절히 수행하여 원만한 적응을 할 수 있도록 도울 필요가 있다. 헤비거스트(Havighurst, 1972)는 청소년기의 발달과업을 다음과 같이 제시하였다. 자신의 신체적 발달에 적응하고 성 역할을 회득하는 것, 동성과 이성에 대한 적절한 관계를 발전시키는 것, 부모나 성인들로부터 정신적으로 독립하는 것, 경제적 독립의 필요성을 인정하는 것, 직업을 선택하며 준비하는 것, 시민으로서 필요한 지식, 기능 및 태도를 습득하는 것, 사회적으로 책임 있는 행동을 이해하고 이를 실천하는 것, 결혼과 가정생활을 준비하는 것, 추상적·논리적인 사고력을 배양하고 현실을 객관적으로 파악하는 태도를 확립하는 것 등이다.

셋째, 아동과 청소년은 성격의 형성과정에 놓여 있으므로 건강한 성격을 형성하고 잠재능력을 최대한 발휘할 수 있도록 도울 필요가 있다. 아동, 청소년기는 성격과 자아정체감이 형성되는 시기이다. 개인의 성격은 18~19세가 되어야 안정적으로 형성되며, 자신이 어떤 사람인지 이해하게 되는 자아정체감의 형성시기도 이와 비슷하다고 본다(김계현 외, 2013). 즉, 학생들로 하여금 자신을 다양하게 실험해보고 진정한 자신을 발견해 나갈 수 있도록 적절한 환경과 경험을 제공함으로써 자신을 발견하고 건전한 자아개념을 형성할 수 있도록 도울 필요가 있으며, 이는 학생 개인의 행복과 발전은 물론 국가와 사회의 발전에도 기여하게 한다.

(2) 환경적 측면

청소년을 둘러싼 여러 가지 환경적 요소들이 생활지도의 필요성을 증대시키고 있다.

첫째, 사회구조의 변화로 인해 청소년들이 성인의 사회적·경제적·가정적 역할을 수행하는 시기가 늦어지고, 신체적 발달은 빨라져 일찍 사춘기도 접어들게 되면서 청소년기가 전보다 일찍 시작해서 늦게 끝나는 현상이 나타나고 있다(이상주, 1983). 이로 인해 성인의 역할과 책임이 유보되는 시기가 길어짐으로써, 자아정체감 형성에 갈등을 일으키고 일탈행동을 할 기회가 증가되고 있다.

둘째, 전통사회에서 현대사회로 이행하는 과정에서 사회변화에 여러 가지 역기능적 문제들이 존재한다. 급속한 경제성장으로 인한 물질주의, 한탕주의, 금전만능주의, 요령 및 편법주의 등의 물질과 출세 지향적인 가치관이 청소년들에게 부정적인 영향을 미치고 있으며(이재창, 2005), 사회적 환경의 음란성과 퇴폐성은 청소년의 바람직하지 못한 성 행동을 조장한다. 이러한 요인들은 청소년의 정신 및 신체건강을 위협함으로써 생활지도의 필요성을 가중시키고 있으며, 더불어 청소년 범죄의 흉포화, 연소화, 지능화 경향 등도 생활지도의 필요성을 가중시키고 있다.

셋째, 가정의 전통적인 기능이 붕괴 또는 약화됨으로써 청소년의 생활지도와 학교상담에서 학교가 감당해야 할 역할이 증폭되고 있다. 핵가족화 현상, 부모와 함께 하는 시간의 부족, 과잉보호 또는 지나친 기대, 결손가정의 증가, 가정 내 성 역할의 변화 등으로 가정의 교육적·정서적 기능이 약화됨으로써 정서적 안정감을 잃고 정신적 혼란에 빠지거나 일탈 또는 비행에 이르는 청소년들이 늘고 있다.

넷째, 현대사회의 과도한 경쟁으로 청소년들은 인간성의 상실과 고독감, 스트레스 등을 경험한다. 특히 우리 사회의 학업에 대한 부담과 과도한 경쟁은 청소년들의 정신건강을 위협하는 큰 요인으로 작용하여 청소년의 정신건강 문제를 부추기고 있다. 이는 최근 학교현장에서 날로 심각해지고 있는 학교폭력, 사이버중독, 집단따돌림 등을 유발하는 원인으로 작용하기도 한다.

다섯째, 급격한 현대사회의 변화에 대처하고 적응하는 능력을 신장시켜야 할 필요성이 요구되고 있다. 지식정보화 사회를 살아가는 오늘날의 청소년들은 급격히 변화하고 무제한으로 제공되는 지식과 정보의 사회에서 이를 취사선택해야 하는 입장에 놓여 있으며, 직업의 세계 또한 다양화·세분화·전문화됨으로써 보다 체계적이고 전문적으로 대처해야 할 필요성을 증가시키고 있다. 이는 새로운 변화의 세계와 사회변화에 능동적으로 대처하여 자신의 진로를 선택하고, 자신의 개성과 인성을 창의적으로 개발시켜 갈 수 있도록 도와줄 필요가 있음을 시사한다(임경희 외, 2013).

2) 생활지도의 개념

생활지도의 개념을 한마디로 정의하기는 어렵다. 이는 학자들마다 생활지도에 대해 서로 다른 관점에서 다른 정의를 내리고 있고, 용어를 사용하는 이들마다 다른 의미로 쓰고 있는 경우가 많기 때문이다. 여기서 생활지도는 다음의 두 가지 의미를 내포한다고 할 수 있다.

첫째, 미국의 가이던스 개념으로 간주하는 것이다. 미국식 가이던스는 전문카운슬러가 학생들의 학업, 진로, 인성 등의 영역에서 발달, 의사결정, 문제해결 등의 과정을 조력하는 활동이며, 그 중 상담이 핵심적인 활동이다.

둘째, 한국식 생활지도 개념으로 간주하는 것이다. 이것은 미국식 생활지도가 한국에 가이던스라는 이름으로 도입된 후 토착의 생활규범 교육과 혼합된 것으로써, 예절, 도덕, 생활지도, 상담 등 지식교육 이외의 모든 정의적 교육을 포괄하며 그 중에서 생활지도가 핵심적인 활동이다(연문희 외, 2002). 따라서 전자는 상담에 중점을 두고 생활지도를 부차적으로 하는 활동이며, 후자는 생활지도에 중점을 두고 상담을 부차적으로 하는 활동이라고 할 수 있다. 그러나 최근에 와서는 양국이 모두 생활지도를 상담의 하위 요소로 귀속시키는 형태를 취하고 있다(신봉호, 2010).

또한 다양한 국내의 정의를 종합해보면 생활지도는 다음의 성격을 갖는다. 첫째, 자신에 대해 이해하도록 돕는 활동이다. 둘째, 자신을 둘러싸고 있는 환경과 당면 문제를 이해하도록 돕는 활동이다. 셋째, 교육, 진로, 개인·사회적 문제에 대한 현명한 의사결정과 원만한 적응을 돕는 활동이다. 넷째, 개인의 성장과 자기실현을 돕는 활동이다. 결국 생활지도는 학생으로 하여금 자신의 특성과 잠재력을 깨닫고, 환경을 현실적으로 이해할 수 있도록 도움으로써, 교육, 진로, 개인·사회적 문제에 대해 스스로 현명하게 의사결정을 하고 원만하게 적응하여, 자기를 실현하고 사회의 일원으로 성장 및 발달할 수 있도록 도와주는 활동이라고 할 수 있다(임경희 외, 2013).

3) 생활지도의 원리

생활지도의 원리는 생활지도 활동의 철학적인 준거를 형성하게 하고 생활지도를 효과적으로 수행하도록 하는 지침이 된다(이재창, 2005). 국내외 학자들(Dinkmeyer & Galdwell, 1970; Muro & Kottman, 1995; Schmidt, 1996; 임경희 외, 2013; 김청자, 2012; 신명희 외, 2012)이 제시하고 있는 생활지도의 원리를 참고해 정리하면 다음과 같다.

첫째, 모든 학생을 대상으로 한다. 생활지도는 적응상의 문제를 보이는 학생뿐만 아니라 전체 학생을 대상으로 하여 이루어져야 하며, 형식교육이 시작되는 초등학교에서부터 시작해서 중·고등학교, 대학교에 이르기까지 연령층을 대상으로 해야 한다.

둘째, 자율성을 존중한다. 학생 자신의 문제를 파악하고 적극적으로 해결하도록 도와주어야 하며, 그러기 위해서 학생 자신이 문제를 파악하고 가능한 해결방안을 탐색하여 최종적인 결정을 내리도록 해야 한다.

셋째, 예방과 성장에 역점을 둔다. 생활지도는 이미 발생한 문제의 치료보다는 문제발생을 예방함으로써 학생들의 전인적 발달을 도와야 하며, 처벌보다는 선도와 지도를 통해 성장을 촉진하는 활동에 역점을 두어야 한다. 이는 전체 학생을 대상으로 한 성장과 예방 중심의 생활지도 프로그램이 강조되어야 함을 시사한다.

넷째, 인간관계 증진에 역점을 둔다. 생활지도는 학생들의 생활태도와 가치관의 변화나 인성적 감화와 같은 정의적인 학습이 강조되는데, 이러한 학습은 교사와 학생 사이에 참다운 인간관계, 즉 감성이 교류하는 관계가 성립될 때 가능해지며 이로 인해서 생활지도가 촉진되게 된다.

다섯째, 학생 개개인의 전인적 발달에 초점을 둔다. 생활지도는 학생 개개인이 지적·정서적·사회적·신체적·도덕적으로 조화롭게 발달된 전인으로 성장할 수 있도록 돕는 데 초점을 둔다. 또한 교사는 학생들이 지적 발달에 치우치지 않도록 학업적·사회적·정서적·신체적 영역에 걸쳐 균형 있는 발달을 조장할 수 있는 활동을 제공하고, 다양한 프로그램들을 구성하여 실행해야 한다.

여섯째, 학교교육과정의 통합된 일부로서 이루어져야 한다. 생활지도는 학교 전체의 교육과정의 일부로서 구성되어야 하며, 의도적이고 조직적이며 체계적으로 계획되고 수행되어야 한다.

일곱째, 연속적이고 장기적으로 운영되어야 한다. 자기 스스로 문제를 해결할 수 있는 능력을 기른다는 것은 삶을 영위하는 데 중요한 기술이다. 따라서 생활지도는 장기적 계획 아래 연속적인 지도과정으로 이루어져야 한다.

마지막으로, 교사, 상담교사, 학교행정가, 학부모 및 지역사회의 협조체제가 잘 이루어져야 한다. 생활지도는 학교 내에서의 교사, 상담교사, 학교행정가 사이에 긴밀한 협조체제가 형성되고, 학교 밖에서는 학부모, 지역사회 인사, 외부의 전문가와 협조체제가 형성되어 협동적 노력을 수행할 때 가장 효과적으로 이루어질 수 있다.

4) 주요활동

(1) 문제별 영역

생활지도는 문제별로 활동영역을 찾아볼 수 있으나, 여기서는 대체로 많이 다루고 있는 문제유형별로 살펴보기로 하겠다(이시용 외, 1990; 김청자, 2012에서 재인용).

첫째, 학업지도이다. 학교활동의 중핵적인 영역으로 학생들의 학습을 돕는 활동이다. 학업지도 대상의 문제는 새로운 학교에서 적응문제, 교육과정 선택의 문제, 학업성적 부진의 문제, 특수아동의 문제, 진급이나 진학에 관련된 문제, 학습방법 및 학습습관의 문제 등이다.

둘째, 진로지도이다. 진로지도는 각 학생들이 자신의 진로에 대한 의식을 고취하고 자신의 적성에 맞는 진로의 결정과 그 목표달성에 필요한 활동들을 실행할 수 있도록 돕는 영역이다.

셋째, 건강지도이다. 학교에서의 건강지도는 학교생활에서 접하게 되는 여러 환경요인에 접할 수 있는 교실 내 환경, 휴식공간, 정신위생적 건강, 신체적 건강 등을 들 수 있다. 건강지도를 위해 정신위생에 관한 지도, 공중위생지도, 안전지도 등이 포함된다.

넷째, 인성지도이다. 인성지도는 성격지도 또는 인격지도라고 하는데, 개인의 정서적 안정 및 바람직한 품성을 형성하도록 도움을 주는 교육활동으로서 자기 성격의 긍정적인 특성을 발달시키고 촉진시킨다. 모든 개인적·심리적 부적응 문제에는 이해에 관한 전문적인 지도가 포함되어야 하며, 이런 문제들은 개인을 대상으로 생활지도를 하는 것이 바람직하기 때문에 개별적인 생활지도 활동이 요구된다.

다섯째, 사회성 지도이다. 반사회적이거나 비사회적인 행동을 예방치료하고 협동·관용과 같은 건전한 사회적 행동을 발달 촉진하기 위한 생활지도의 한 영역이다. 정서적 안정감 및 소속감을 지니도록 지도해야 하며, 집단의 분위기를 우호적이고 협동할 수 있는 상황이 되도록 조성해 준다.

여섯째, 여가선용지도이다. 취미활동, 창작활동, 감상활동 등으로 개인이 활용할 수 있는 시간을 뜻 깊고 생산적으로 보낼 수 있도록 하기 위한 영역이다. 여기시간을 선용함으로써 개인의 인간성을 높이고 교양을 풍부하게 할 뿐만 아니라, 신체적으로나 정신적으로 새로운 활력을 얻도록 지도해야 한다.

일곱째, 가정생활지도이다. 가정생활지도란 학생들이 가족구성원으로서 원만한 가정생활을 영위해 나갈 수 있도록 지도하는 것을 말한다.

여덟째, 창의성 지도이다. 교사는 교과서 내용을 설명할 때 창의력 증진을 위한 분위기를 마련해야 하며, 나아가서 학습지도안을 작성할 때도 창의적 학습지도안이 되도록 그 내용을 반영하여야 할 것이다(김청자, 2012).

(2) 기능별 영역

첫째, 학생조사활동으로, 학생을 정확히 이해하고 지원하는 데 필요한 각종 자료를 수집하는 활동이다. 학생조사활동의 범위는 가정환경, 출신학교의 성적, 적성, 학습 및 직업흥미, 지적 능력, 신체 및 정신건강, 교외생활, 성격 및 장래 계획 등이다. 학생조사활동의 방법은 각종 표준화심리검사, 학업성취도검사 등이 있으며, 그 밖에 환경 조사, 질병 검사, 생활사 조사, 가족관계 조사, 교우관계 조사, 관찰에 의한 행동 누적 기록 및 기타 필요하다고 생각되는 여러 조사방법이 활용되고 있다.

둘째, 정보제공활동으로, 학생, 교사, 학부모 등이 요구하는 정보를 수집해서 제공하는 활동이다. 학생의 생활지도에 도움이 되는 정보제공활동을 세 가지 측면으로 나누어 열거하면 다음과 같다. ① 학교생활에 관한 정보, 상급학교 진학에 관한 정보, 장학금에 관한 정보, 학습방법에 관한 정보, 도서관 이용방법에 관한 정보를 제공하는 교육정보활동. ② 직업군 또는 직업의 종류에 관한 정보, 직업에서 요구되는 기능이나 적성에 관한 정보, 직업 조건 및 전망에 관한 정보를 제공하는 직업정보활동. ③ 자기이해에 관한 정보, 대안관계에 관한 정보, 가족관계에 관한 정보, 성교육에 관한 정보, 가치관·도덕·종교 등에 관한 정보를 제공하는 개인 및 사회 적응 정보활동 등이다.

셋째, 상담활동으로, 생활지도에서 핵심적인 활동이다. 내담자와 상담자 사이의 인간관계를 통해 문제해결능력을 신장시키고, 정신건강을 증진시키며 적응을 돕기 위한 활동이다. 즉, 상담활동은 전문 자격을 갖춘 상담자와 도움이 필요한 내담자의 만남을 통해서 내담자의 문제해결을 돕는 활동을 말한다.

넷째, 배치활동으로, 학생에게 알맞은 다음 단계나 집단에 배치되어 그 생활에서 원만히 적응할 수 있도록 돕는 것이다. 배치활동이란 학생의 능력이나 흥미에 맞게 적절하게 배치하는 활동을 말한다. 학교에서 배치활동은 직업지도, 진학지도, 학과선택 지도 등에서 학생의 능력과 적성을 파악하여 현재의 자신을 정확하게 이해하는 데 도움을 제공하는 활동이다.

다섯째, 추수활동으로, 생활지도를 받은 학생의 추후 적응상태를 지속적으로 관찰하여 더욱 효과적으로 적응하도록 도와주는 활동이다. 즉, 추수활동은 일정 기간 생활지도를 받았던 학생이 진학하거나 졸업한 후 사회적응을 제대로 하고 있는가를 지속적으로 확인하는 활동이다(신명희 외, 2012).

2 상담

1) 학교상담의 의미

(1) 상담의 정의

상담에 대한 정의는 다양하지만, 여기에서는 상담과 학교상담이 어떻게 다른가 하는 점에 중점을 두고 상담의 개념을 살펴보았다. 상담은 프로이드가 신경증 환자를 치료할 목적으로 구안한 심리 치료에 뿌리를 두고 있기 때문에 의료적 모형에 기반을 두었을 뿐, 교육모형이나 학교장면을 고려한 것이 아니었다. 이것은 로저스(1942)가 상담을 '치료자와의 안전한 관계에서 환자가 과거에 부정했던 경험을 다시 통합해서 새로운 자기로 변화하는 과정'이라고 정의한 것을 보아도 알 수 있다. '치료자와 환자'라는 용어 자체가 '교사와 학생'이라는 학교 장면을 가정하고 사용한 것이 아니다.

깁슨과 미첼(Gibson & Mitchel, 2003)은 상담이란 학업적·개인적·직업적 요구에 초점을 두고 전문적으로 훈련받은 상담자와의 관계라고 하였다.

또한 이장호(1995)는 상담이란 도움을 필요로 하는 사람이 전문적 훈련을 받은 사람과의 대면관계에서, 생활과제의 해결과 사고, 행동 및 감정측면의 인간적 성장을 위해 노력하는 학습과정이라고 하였다. 로저스의 정의보다는 학교장면에 더 접근한 것 같지만, 여기서 말하는 학습과정은 학교에서 일어나는 학습활동이 아니라 인간이 전 생애에 걸쳐서 행동양식을 습득할 때 일어나는 보편적인 과정을 의미한다. 따라서 상담은 환자가 스스로 문제를 해결하도록 조력하는 과정이라는 일반적인 의미일 뿐, 학교 상황에 알맞게 적용시킨 전문 분야라는 의미는 없다. 그러므로 일반상담은 인간에 대한 포괄적인 조력활동이며, 학교상담은 학생들을 대상으로 전문화된 형태의 조력활동으로 양자를 구분할 수 있다(신봉호, 2010).

학교상담은 학교 장면에서 주로 학생과 교사 사이에 이루어지는 상담으로서, 경우에 따라서는 학생과 학부모의 자기이해를 통해서 생각, 감정, 행동 및 태도의 변화를 유도함으로써 인간적 성장을 도모하는 심리적 과정이다(연문희 외, 2002). 학교에서의 상담은 다른 현장에서 제공되는 상담에 비하여 상담내용과 형태를 비롯하여 그 특수성을 가지며, 다른 전문성을 가진다.

사실 학교상담을 생활지도와 구분하는 입장을 취한다 하더라도 두 영역 간에는 공통되는 부분이 많이 있으며, 경우에 따라서는 거의 같은 의미로 사용되고 있다. 학교상담에는 근본적으로 생활지도와 심리치료의 활동이 겹쳐지는 부분이 있다. 간혹 학교상담을 전문적인 상담활동으로 보지 않고 일상적인 생활지도의 한 활동으로 간주하려는 주장이 있는데, 이러한 주장의 저변에는 상담을 치료적인 모형으로만 한정하여 보려는 협소한 시각이 있기 때문이다(김계현 외, 2004).

생활지도와 학교상담을 구분하는 경우, 학교상담은 생활지도의 개념에 발달적, 예방적, 종합적, 체계적인 성격을 강화한 개념이라고 보면 될 것이다(유형근, 2002). 예전의 학교상담의 경우, 주로 학습자에 대한 정보의 제공이나 심리치료의 수준에서 다루어 왔으나 최근의 경향은 학습자의 교육적·발달적 지도에 초점을 두면서 모든 학습자들의 자아실현을 위한 최대한의 지원을 그 목표로 하고 있다(허승희, 2000).

슈미츠(Schmidt, 2000)는 학교상담을 학생에게 교육의 목적을 달성할 수 있는 평등한 기회를 제공하고 적절한 진로를 선택하게 하며, 민주사회의 건강한 시민으로 발전하도록 학생, 부모, 교사에게 서비스를 제공하는 광범위한 서비스 프로그램을 말한다.

이는 학자들에 따라 다양한 논의들이 있지만, 대체로 학교상담은 생활지도 활동에서 시작되어, 생활지도의 한 영역으로 중요하게 자리 잡은 후 점차 발전하게 되었다. 그 후 다시 학교상담과 생활지도는 구분되어 발전하다가 최근에 학교상담과 생활지도가 다시 통합되어 생활지도가 학교상담의 하위 영역으로 발달하게 되었다. 학교상담의 세 단계의 발달단계(Hahatzichristou, 1996)를 그림으로 나타내면 다음 [그림 7-1]과 같다.

이러한 흐름에 따라, 학교상담의 의미를 종래의 상담의 역할을 보다 폭넓고 학교교육에 도입시켜 학습자의 전인적인 발달을 조력하고자 하는 목적을 가진 보다 폭넓은 조력활동이라고 볼 때, 학교상담자의 활동은 상담과 인간발달의 이론, 인간의 잠재능력에 대한 인식 및 모든 학습자들을 위한 보다 나은 학습 환경 체제와 인간관계의 구축을 토대로 한 전문적인 활동이라 할 수 있다.

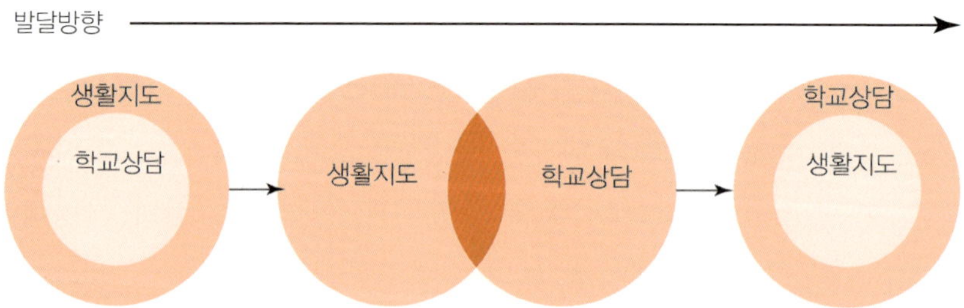

출처 : Hahatzichristou, C.(1996), Cross-national and cross-cultural reflection on the future development of school psychology. The School Psychologist, 50, 57. 신봉호(2010), 재인용.

[그림 7-1] Hahatzichristou에 의한 생활지도와 학교상담의 발전과정

여러 가지 의미를 지니는 학교상담을 정의하기는 어렵지만, 여기에서는 학교에서 모든 학생을 대상으로 하여 이루어지는 상담활동이다. 또한 예방적·발달적·체계적인 목적을 가지고 학생들이 당면하는 제반 문제를 예방하고, 스스로 해결하며 건강하게 적응 및 자기성장 능력을 길러주기 위해 발달과정에 맞도록 종합적이고 체계적으로 조력하는 광범위한 서비스 프로그램으로써 학교 교육목표를 달성하기 위한 활동으로 정의한다(신봉호, 2010).

(2) 학교상담의 필요성

한국에서 상담이 제일 먼저 도입된 곳도 학교이며, 또한 다른 어떤 곳보다 학교에서는 교육적 활동의 일환으로서 상담의 필요성이 요구된다. 학교상담이 필요한 이유는 다음 다섯 가지와 같다.

첫째, 통합적이고 발달적인 지도가 가능하다는 것이다. 다른 상담기관들과는 달리 학교에서는 전문상담교사와 담임교사와의 팀 작업을 통해서 학생들과 다양한 장면에서 다양한 활동이 가능하다. 학생들의 여러 가지 적응과 발달상의 문제들을 해결하기 위해서는 통합적인 접근이 필요하다고 볼 때, 학교가 그 역할을 해야 한다는 타당성을 갖는다.

둘째, 학교 안에 있는 많은 자료를 활용할 수 있다. 타 상담기관은 내담자에 대해서 먼저 자료를 수집해야 하지만 학교는 학생에 관한 자료를 이미 많이 가지고 있다. 이를 통해 즉각적이고 지속적인 상담이 가능하다는 장점이 있다.

셋째, 학교상담은 장기지도와 추수지도가 가능하다. 전문상담실과는 달리 학교는 여러 가지 학교활동에서 학생들을 관찰하고 변화를 평가할 수 있다는 장점을 지니고 있다. 따라서 학교는 학생들의 지도를 위해서 적합한 장소이다.

넷째, 가족 상담을 하기에 적합한 특징을 지니고 있다. 학부모들은 낯선 곳보다는 담임교사나 학교의 호출에 보다 쉽게 응하며, 이를 통해 학생과 부모를 모두를 상담하기에 적합하다.

중등학교 학생들은 그들이 활동하는 대부분의 시간을 학교에서 보내고 있다. 따라서 중등학생들을 대상으로 문제해결과 문제예방의 두 측면에서 심리서비스를 가장 용이하게 제공할 수 있는 곳이 학교이기 때문에 교과교육과 함께 학교상담은 가장 중요하게 생각되어야 할 과제라 할 수 있다(조아롱, 2005).

다섯째, 최근 전문상담인력이 학생지도와 상담을 수행하도록 법적 근거를 마련하고 학교상담 체제의 변화를 모색하도록 청소년관련 법에 학교상담의 근거가 마련되고 있다(권해수 외, 2006). 그러나 학교현장의 여건상 학교상담은 전문상담인력에 의해 이루어지기도 하겠지만 일반 교사 특히 담임교사에 의해서 진행될 가능성이 높다. 학교는 대부분 학급을 단위로 거의 모든 활동이 이루어지는 곳이고 대부분 담임교사가 자신이 맡은 학급의 학생들을 상대로 학업, 정서, 행동, 일상생활 습관, 진로 등 다양한 문제들을 상담하는 역할을 맡고 있기 때문이며, 학생들도 학교상담의 상담자로 가장 적합한 사람을 담임교사로 생각하고 있기 때문이다(박성순, 1996). 이러한 상황은 앞으로 전문상담교사가 각 학교별로 배치된다고 하더라도 크게 달라지지 않을 것으로 보여 지는데 수백 명의 전교생을 한 명 혹은 소수의 전문상담교사가 효율적으로 상담한다는 것은 사실상 거의 불가능하기 때문이다. 더욱이 학교상담 프로그램의 목적이 모든 학생들의 발달을 촉진하는 일련의 서비스를 제공하는 것이고, 종합적 학교상담 프로그램의 본질이 학교와 지역사회의 확인된 욕구, 목표, 목적에 반응하여 제공되는 상담, 자문, 조정, 그리고 평가 서비스로 구성되는 것(Schmidt, 2000)이라면 자문활동을 통한 전문상담교사와 담임교사의 협조는 학교상담 활성화를 위해 반드시 필요한 전제조건이 될 것이다(신봉호, 2010).

(3) 학교상담 프로그램

학교상담 프로그램은 학교상담의 목표를 성취하기 위한 수단으로써 학생 개개인의 성장과 발달을 극대화하고 잠재능력 개발을 촉진하는 것으로 학생들의 교육발달, 진로발달, 인성·사회성 발달을 위한 학교상담자들의 주요 활동이다(강진령 외, 2002). 캠벨과 다히르(Campbell & Dahir, 1997)는 학생들의 학업적 성취, 학생 행동에 대한 예방과 중재활동, 학생들에 대한 지지 및 학생들의 사회·정서적 발달과 진로발달에 초점을 두는 활동이라고 하였다. 한편 1970년대에 발달론적인 상담을 강조하는 동시에 종합적인 상담 프로그램을 발달시키고자 노력하면서 진로발달과 진로교육, 상담 프로그램 개발, 심리교육, 도덕교육에 대한 종합적이고 체계적인 발달적 접근에 대한 관심 증가와 상담에서 책무성이 요구되면서, 직접 투입될 수 있는 실제적이고 실천 가능한 상담 모형들이 중요시됨에 따라 유치원부터 고등학교까지 단계적으로 적용할 수 있는 종합적 상담프로그램이 구성되어야 한다(허승희 외, 2004). 이러한 주장들이 제기되어 20세기 초 상담활동은 조직적이고 종합적인 학교상담 프로그램으로 발전하였다(Gysbers & Henderson, 2000). 최근에는 주로 미국에서 종합적 발달적 상담 프로그램(The Developmental, Comprehensive School Counselor Program)이 사용되고 있다. 여기에서는 종합적 발달적 학교상담 프로그램은 학생들의 학업발달, 진로발달, 인성·사회성 발달을 돕기 위해 만들어진 구조화된 학교상담 프로그램이라고 정의한다(신봉호, 2010).

(4) 종합적 학교상담의 모델

종합적 학교상담의 모델은 1986년 미주리(Missouri) 주에서 출간한 미주리 종합적 지도 계획의 초안인 미주리 대학의 연구자들의 노력을 통해서 이루어졌다. 이 계획은 지역 교육청이 학교상담과 생활지도 프로그램을 개발하고 실행하고 평가하려는 것을 돕기 위해 주 단위의 전체적 노력이 이루어진 첫 번째 일이었다(Gysbers & Henderson, 2001). 기즈버스와 핸더슨(Gysbers & Henderson)은 최초로 학교의 전체적인 교육프로그램에 통합될 수 있는 학교상담 프로그램의 도입을 주장하였고, 이후 그의 이론을 계속 발전시켜 나갔다. 미국의 최근 학교상담 프로그램은 대부분 이 모형을 토대로 발전시킨 것들이며, 1997년에 ASCA에서 구성한 국가모델의 모태가 되었다.

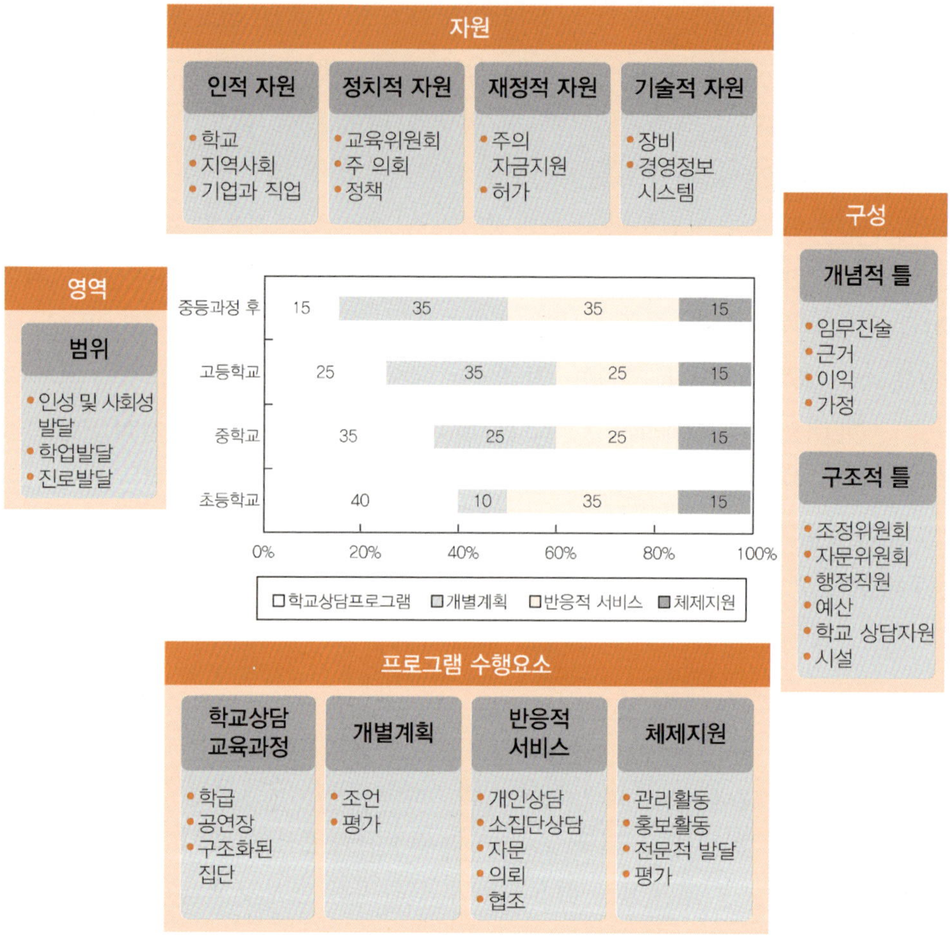

출처 : Gysbers & Henderson(2000). comprehensive school counseling-guidance program model을 Iowa (2001) 주에서 인용한 것을 재구성.

[그림 7-2] 종합적 학교상담모델

기즈버스와 핸더슨의 모델은 [그림 7-2]와 같이 구성, 프로그램 수행요소, 영역, 자원의 4요소로 이루어진다(Gysbers & Henderson, 2000). 구성요소는 학교상담의 개념적 틀과 구조적 틀로 구성되며, 프로그램 수행요소는 학교상담 교육과정, 개별계획, 반응적서비스, 체제지원으로 구성되고, 영역요소는 인성 및 사회성발달, 학업발달, 진로발의 범위로 되었으며, 자원요소는 학교상담 프로그램을 실행하기 위한 인적, 재정적, 정치적, 기술적 자원으로 이루어져 있다. 아울러 네 가지 프로그램 요소의 학년 수준별 시간배분이 제시된다.

이 모델에서는 종래의 학교상담이 주로 해 왔던 수동적이며 보조적인 봉사활동들을 줄이고, 균형 잡힌 하나의 체제와 조직으로써 보다 발달적이며 종합적인 차원에서 학교상담을 조직하는 것을 목표로 한다. 학교상담의 목적은 인성 및 사회적 발달, 학업발달, 진로발달에 있다고 간주되며, 각 학년 단계에서 학생들이 획득해야만 하는 필수적인 발달적 과업이 무엇이며, 이를 성취하도록 돕기 위해 학교상담은 어떤 프로그램을 실시해야 하는가에 초점을 맞춘다. 프로그램은 계열적으로 구성되어야 하며, 계열적인 프로그램이 학교상담의 내용영역 즉, 인성 및 사회적 발달, 학업발달, 진로발달 영역의 학년 수준에 근거해야 한다고 본다.

2) 학교상담의 과정

상담과정은 상담교사, 학생, 문제의 특성, 접근방식, 상활 등에 따라서 각각 달라질 수 있으나 학생과 상담교사가 함께 하는 공동 노력의 특징에 따라 단계를 구분해 볼 수 있다. 여기에서는 상담과정을 이해하기 위하여 이러한 상담과정을 첫 회, 초기, 중기, 종결단계로 나누어 살펴보고자 한다. 그러나 초기단계, 중간단계 등과 같이 상담의 과정을 구분하는 것은 아니며, 각 단계에서 이루어져야 할 일들에 중점을 두어 첫 회 상담, 초기상담, 중기상담, 종결로 구분하여 살펴보고자 한다(김계현, 2000; 김환 외, 2006; 이장호, 1997; Muro & Korman, 1995; 임경희 외, 2013에서 재인용).

(1) 첫 회 상담

처음 상담을 받으러 오는 학생에게는 첫 면접이 상담의 전체기간 중에서 가장 불안하고 두려운 시간이다. 학생은 상담교사의 인간적·전문적 능력과 상담 자체에 대한 의심과 불안을 느끼며, 비밀누설에 대한 불안과 자기가 상담교사에게 어떻게 보일까 하는 등의 불안을 갖는다.

상담교사는 학생의 비합리적인 두려움과 상담교사에 대한 비현실적인 기대를 줄여 주어야 하며, 상담교사 자신의 불안과 긴장감을 통제할 수 있어야 한다. 또한 상담교사는 학생이 상담을 받으러 오게 된 문제에 대한 기초 정보를 수집하고, 학생 스스로 자유롭게 자신의 생각을 말할 수 있게 하며, 상담에 대한 긍정적인 기대를 갖도록 해야 한다. 결국 첫 회 상담이 효과적이려면, 학생이 자유롭게 말할 수 있는 편안하고 수용적인 분위기를 조성한다.

(2) 초기단계

상담의 초기단계는 상담교사와 학생 사이에 첫 만남이 이루어지는 순간부터 이후의 몇 번의 만남을 말한다. 초기단계의 가장 큰 목표는 상담의 틀을 잡는 일이다. 상담의 틀을 잡기 위해서는 효과적인 상담관계를 형성하고, 학생의 문제를 이해하며, 상담목표를 결정해야 한다. 학생을 대상으로 하는 상담의 경우 학생의 세계로 들어가는 작업이 포함되어야 할 것이다. 이러한 일은 거의 첫 회 상담에서 어느 정도 대강의 틀이 잡히지만, 초기 몇 회기 동안에 걸쳐 계속 틀을 다져간다고 볼 수 있다. 초기단계에서 상담의 틀을 제대로 잡지 않으면 이후의 상담에서 좋은 성과를 내기 어려운 경우가 많다.

(3) 중기단계

상담의 중기과정은 상담관계의 발전 및 상담목표와 상호합의단계에서 학생들의 자기탐색, 자기발견, 자기측정을 돕는 단계로 옮겨간다. 상담교사는 학생이 자기 가치와 목표들을 표현하고 충족시킬 방법을 결정하도록 돕는다. 이 과정에서 상담교사는 학생들의 생활유형을 이해하도록 노력한다. 상담이 진전됨에 따라 상담교사는 학생의 문제해결을 돕기 위한 과정으로서 상담교사 자신의 견해와 가치, 생활유형, 생활목표를 상담에 통합시키기 위해서 학생의 이해를 더 깊이 하도록 주의를 기울임으로써 학생들이 자기 자신, 자기 문제들, 자기 행동들을 더 잘 이해하도록 도와주어야 한다.

(4) 종결단계

상담의 종결단계에서는 목표성취가 요약되고 상담 진전과정이 평가된다. 이 단계에서 상담자는 학생들이 자기 자신과 타인에 대해 건설적인 방법으로 행동하고 처신하도록 돕는 데 주의를 기울인다. 이 단계는 학생들이 특정절차를 배우고, 계획을 발달시키고, 행동수행을 하는 시기로서(Blackman, 1977) 행동변화를 통한 목표실현의 시기(Nugent, 1990)로 묘사된다. 글래서(Glasser, 1980)는 상담의 마지막 단계를 행동지향적 계획시기라고 묘사한다.

이러한 상담종결은 종결되기 2~3회 전에 학생에게 권유하는 것이 좋다. 사전에 종결을 준비하면서 일상생활에서 자신의 적응 정도를 스스로 확인하도록 하여 상담의 효과를 인식하도록 만든다. 특히 상담의 종결을 자기를 배척하는 것으로 생각하는 학생에게는 사전에 종결을 고지함으로써 갑작스런 종결에 의해서 받을 수 있는 충격을 최소화한다. 학생과 종결에 대한 생각, 감정 등을 나누고 장래의 계획을 이야기함으로써 학생 스스로 홀로서기를 준비하도록 기회를 제공한다. 또한 학생에게 문제가 생기면 언제라도 다시 찾아올 수 있다는 추수상담의 가능성을 제시하는 것도 잊지 말아야 한다(임경희 외, 2013).

3) 상담의 기법

상담면접의 기법 중 경청, 수용, 반영, 침묵, 요약, 재보증, 재언과 정보의 제공, 해석, 질문, 잠정적 가설에 대해여 살펴보기로 한다(임경희 외, 2013; 김계현, 2000; 김환 외, 2006; 노안영, 2005; 금명자 외, 1992; Muro & Kottman, 1995).

(1) 경청

상담은 내담자가 말하는 흐름을 잘 따라가며 듣는 것을 말한다. 상담자는 내담자의 말과 행동에 선택적으로 주목함으로써 내담자가 특정 문제에 대해 탐색하도록 돕는다. 상담자는 내담자의 음성언어를 들으면서 신체언어를 관찰한다. 내담자에게 초점을 유지하면서 내담자가 표현하는 모든 감정, 행동, 생각을 이해하려는 노력이 요구된다.

내담자의 말과 행동에 대한 경청은 상담을 성공으로 이끄는 요인이며, 내담자에게 생각이나 감정을 자유롭게 표현할 수 있게 북돋아 주며, 자신의 방식으로 문제를 탐색하게 하며, 상담에 대한 책임감을 느끼게 한다(이장호, 2005). 상담자는 자신이 내담자의 말을 주목하여 듣고 있음을 전달하는 것이 도움이 된다.

또한 상담교사는 학생에게 다음과 같은 태도로 경청을 전달할 수 있다.

첫째, 학생에게 주목하는 시선을 통해 경청하는 태도를 전달할 수 있다. 고정적으로 응시할 필요까지는 없지만, 상담교사는 학생에게 진지한 관심을 가지고 자연스럽게 눈길을 보냄으로써 '너를 이해한다.'는 뜻을 전달하는 것이다.

둘째, 학생 쪽으로 약간 몸을 기울이는 자세가 경청을 전달한다. 상담교사의 자세가 이완되지 않고 긴장된 경우는 학생에게도 긴장을 유발하게 한다.

셋째, 상담교사는 자신의 자세와 몸짓이 어떤 의미를 전달하는지 주목하고, 이것이 자신이 의도한 것인지를 분명히 파악해야 한다.

넷째, 학생의 진술의 흐름에 따라 말해야 한다. 학생의 말을 가로막거나 학생의 발언 중에 질문을 던지거나 새로운 문제를 제시하지 않도록 해야 한다.

(2) 수용

수용은 아동에 대한 존중과 아동이 하는 말에 대한 감정이입을 말한다(Kottler & Brown, 1992; Nelson-Jones, 1990). 수용은 "으음"이나 "예, 계속 이야기해 보렴." "이해가 간다.", "그렇겠구나."와 같이 짧은 문구로 표현되는 상담교사의 반응을 말한다. 수용기법은 상담의 초기단계에서 많이 사용되지만, 학생이 자신을 깊이 탐색하고 의미 있는 자료를 고통스럽게 진술하는 상담의 중반기에서도 사용하는 경우가 있다. 수용이란 아동이 진술한 모든 내용에 반드시 동의할 것을 말하는 것은 아니다. 상담자의 적극적 경청과 아동이 탐색을 해나갈 수 있도록 경청 받는다는 느낌을 받도록 격려함으로써 수용이 촉진된다. 그러나 이것은 상담교사가 학생이 하는 모든 말에 동의해야 한다는 뜻은 아니다. 만약 "친구들이 나를 좋아하지 않고요, 놀 때도 나를 끼워주지 않아요."라고 말할 경우 상담교사는 "그래. 알겠어." 또는 "음. 이해해"라고 대답할 수 있다.

상담교사와 학생은 서로 신뢰를 형성하고 상담목표를 설정하는 과정에서 서로를 알게 되기 때문에 상담교사는 단지 학생이 말하도록 격려해주는 것이 좋다. 부적절하게 문제를 탐색하는 것은 학생이 자유롭게 말하는 것을 방해하게 되며, 자발적으로 학생이 제공하는 정보들은 상담후기에 가서 매우 중요한 도움이 될 수 있기 때문이다. 이러한 말들은 상담교사의 수용적 태도를 전달해주는 효과가 있으며, 학생으로 하여금 자기 이야기를 계속해 나갈 수 있도록 강화시키는 효과가 있다. 또한 생각이나 대화의 중간을 연결해 줌으로써 대화나 의논이 부드럽게 되어 간다는 느낌을 갖게 해 준다(Muro & Kottman, 1995).

(3) 반영

반영은 의사전달의 핵심 내용을 그대로 비추어 주는 기법이다(Hutchins & Cole, 1986). 내담자의 말 속에 흐르는 주요 감정을 놓치지 않고 전달해주는 것이다. 학생들의 감정, 말한 내용, 행동에 대한 반영은 학생으로 하여금 상담교사로부터 자신이 깊이 받고 있다고 느끼게 해주며, 자신이 말하는 것들이 중요하다는 것을 나타내 줄 수 있다. 많은 학생들은 자신들의 감정들이 타당하게 취급받아 본 적이 없으므로, 반영은 상담에 있어서 강력한 도구로 사용될 수 있다. 반영은 학생이 한 말의 의미를 그 학생에게 피드백해 주려는 시도이다. 상담교사는 "너는 ……라고 느끼고 있는 것 같구나." 혹은 "너는 ……을 생각하고 있는 것 같다."라는 식으로 학생이 표현한 느낌이나 생각이 바로 자기 자신의 것으로 생각되도록 이끌어 주는 것이 필요하다.

그런데 상담교사가 고정 관념적인 반영을 사용하거나 학생이 이야기한 것을 그대로 계속해서 "앵무새처럼 되풀이"할 경우, 학생은 자기의 말이 어딘가 잘못되지는 않았나 생각하거나 상담교사의 그러한 반복에 지겨움을 느끼게기 쉽다. 상담교사는 학생이 이야기한 말의 차원을 넘어 학생이 어떻게 느끼는가를 파악하여 의사소통을 하는 것이 바람직하다.

(4) 침묵

학생이 말한 것에 대해서 상담교사는 단순히 좋은 표정으로 눈 맞춤을 유지하고 머리를 끄덕여 주면서 아무 말도 하지 않을 때가 있다. 학생이 침묵하는 이유는 여러 가지가 있지만 가장 분명한 이유는 할 말이 없는 경우, 상담교사는 두려워하여 벌을 받거나 책망 받을까봐 걱정하는 경우, 할 말이 잘 생각나지 않고 불분명한 경우나 자기가 한 말이 거부될까봐 두려워할 때 침묵한다(Corey & Corey, 1993).

상담교사가 학생에게 침묵을 사용할 때는 상담실 이외의 현실생활 속에서, 교사나 다른 권위적인 인물이 침묵을 사용할 때는 학생들을 처벌하기 위해서이거나 자기 자신들의 분노를 통제하는 데 도움이 되는 경우임을 명심해야 한다.

상담교사는 "여기서는 네가 좋다면 잠자코 있어도 좋아." 또는 "내가 네 질문에 대답을 안 하고 잠자코 있었던 이유는 나는 네가 한 말에 대해 네가 스스로 더 많이 생각하였다고 생각했기 때문이야. 나는 단지 너의 생각을 방해하지 않고 싶었을 뿐이야." 등과 같이 설명함으로써 침묵의 의미를 잘 전달할 수 있다. 흔히 놀이매체를 이용하는 경우 아동들은 상담자에게 거의 말하지 않고 15분 정도 또는 그 이상 잠자코 놀이를 하는 것이 보통이다(Muro & Kottman, 1995). 그러나 만약 학생의 침묵이 저항으로 인식된다면 상담교사와 학생의 관계를 논의할 필요가 있다. 학생이 말문이 막힌 경우 자기 생각을 가다듬는 데 필요한 시간을 주어야 한다. 학생의 생각이 다 끝나버렸다면 상담교사와 학생은 새로운 화제를 모색할 필요가 있다.

(5) 요약

요약은 여러 생각과 감정을 간략하게 묶어 정리하는 것이다. 요약은 매회 상담이 끝날 무렵 묶어 정리하면서 매회의 내용과 감정들의 요체 그리고 일반적인 줄거리를 잡아내는 데 활용할 수 있으며, 내담자가 너무 많은 말을 하면 중간 중간에 내담자의 이야기를 정리할 필요가 있을 때도 유용하게 사용될 수 있다. 요약은 학생에게 미처 의식하지 못한 면을 알게 하고, 문제해결의 과정을 밝히며 자신의 생각과 느낌을 탐색하도록 돕는다. 학생의 말을 요약하는 것은 학생의 말에 주목하고 이해하고 있음을 확신시킨다. 요약은 상담교사에게도 유용한 것으로, 학생의 말을 올바로 지각하고 있는가를 검토하게 한다.

요약 반응은 상담과정에 초점을 맞추거나 방향을 제시하기 위해 언제든지 사용할 수 있지만, 새로운 상담시간이 시작될 때, 상담시간 중에 학생이 산만하게 이야기하는 것처럼 보일 때, 학생이 어떤 주제에 대해 하고자 했던 말들을 전부 한 것처럼 보일 때도 요긴하게 사용할 수 있다. 또한 면접의 초기에 지금까지의 진행내용을 요약하는 것은 상담의 연속성을 확실하게 한다. 이때는 가능한 학생 스스로 요약할 수 있도록 하는 것이 좋으며, 요약한 것을 보면서 얼마나 이해하였는가를 알 수 있다. 상담이 끝날 때의 요약은 상담에서 탐색한 주요 문제점, 진행정도 및 다음 단계에 대한 계획을 파악하는 데 도움이 된다.

(6) 직면

직면은 학생들이 자기 책임을 질 수 있도록 돕는 개인 상담과정의 일부분으로 학생들이 표현한 정서, 행동, 생각 사이의 불일치한 점들을 학생과 함께 의논하는 것이다. 이러한 불일치는 일상생활에서도 있고, 상담시간 내에서도 발견된다. 그러나 많은 경우 직면은 약간의 위험이 따르기 때문에 사용하기가 어려운 기술이다. 상담교사와 학생의 관계가 강력하게 형성되기도 전에 미숙하게 직접적으로 행한 직면반응은 준비되지 않은 학생을 당황하게 하거나 꼼짝 못하게 할 수도 있다.

또한 직면은 다소 도전적인 기법으로 학생들의 지각을 탐색하고 확대시키는 것을 돕는 데 사용한다. 직명의 예로 "너는 네가 잘 지내고 있다고 말하지만 나는 네 목소리에서 약간의 불안이 느껴진다." 또는 "너는 네가 공부를 열심히 하고 싶다고 말하지만 나는 아직 네가 그렇게 하는지를 발견하지 못하고 있다." 라고 말할 수 있다.

(7) 격려와 재보증

상담자는 학생들이 자신감 및 적극적인 생활태도를 갖도록 하고 바람직하고 생각되는 주요 행동과 노력을 격려한다. 재보증은 학생의 행동과 감정에 대하여 스트레스를 감소시키고, 자신감을 세워주고 장래 보상에 대한 기대를 증진시키는 기법이다. 이 기법은 결과를 예언하거나 실제적인 확신을 주기 위해서 사용된다. 그러나 만약 과도하게 사용되거나 학생들이 자신의 문제들을 줄여주는 것으로 지각한다면 사용을 제한하여야 한다. 이것은 동정심에서 발생할 수도 있고 어떤 경우에는 학생의 의존심을 만들게 된다(Brammer, 1988).

"너는 그것을 할 수 있어.", "너는 좋은 방법을 찾을 수 있어.", "좋은 생각이야."와 같은 재보증의 말들은 학생들의 자신감을 심어주고 긍정적인 강점들을 찾게 해주며, 스트레스와 불안감을 감소시킬 수 있다.

(8) 제언과 정보의 제공

상담교사를 포함한 많은 어른들은 학생이 미숙하고 의사결정 능력이 없다고 지각하기 때문에 '만약 내가 너라면' 식의 조언하기를 좋아한다. 조언은 특히 초기 회기에는 마음대로 사용하지 말아야 하며, 중간 그리고 종결단계에서도 주의 깊게 사용하여야 한다. 그러나 어떤 것이 가장 정확한 답이라고 구체적으로 제시하지 말고 여러 대안을 제시하는 것이 좋으며, 대안을 제시할 때 상담교사는 학생들에게 대안을 거부하는 기회와 자유를 제공하여야 한다.

때때로 학생은 정보가 부족해서 자신의 문제를 충분히 탐색할 수 없는 경우도 있다. 이럴 때 필요한 정보를 준다거나 정보를 얻을 수 있는 자료를 소개해 줄 수 있다. 그러나 정보를 제공할 때는 정보로 학생을 압도하여 당황하게 하지 않아야 한다. 문제 상황에 관련된 정보만 제공하여야 한다. 또한 충고를 하는 것과 정보를 주는 것은 혼동해서는 안 된다. 뿐만 아니라, 학생의 가치에 묘하게 압력을 가하는 방법으로 정보를 제공하지 않아야 한다. 정보제공은 학생들이 자신의 목표를 설정하는 데 필요한 새로운 통찰력 형성을 돕는 것이어야 한다.

(9) 해석

해석은 학생이 자기 문제(감정, 행동)를 새로운 방법으로 볼 수 있도록 의미를 설명하는 적극적인 조력과정이다(Brammer, 1988). 즉, 내담자로 하여금 자기의 문제를 새로운 각도에서 이해하도록 그의 생활경험과 행동의 의미를 설명하는 것이다. 때때로 상담교사들은 과거에 발생했던 일로부터 새롭고 참신한 통찰을 학생에게 제공하기 위해서 해석을 한다. 또 상담교사는 학생의 행동목표를 명료화하기 위해서 또는 개인 기능의 현재 수준을 명료화하도록 돕기 위해 해석기법을 사용한다. 일반적으로 해석은 육감이나 추측의 형태로 주어진다. 해석은 잠정적이건 아니건 간에 치료의 과정을 더디게 만들고, 어떤 경우에는 학생에게 위협적일 수 있다.

초기 상담회기에서 깊이 탐색하는 해석은 학생들에게는 조금 위험스럽지만, 상담후기의 회기에서 이와 비슷한 해석을 하면 유익하다. 해석을 사용할 때 상담교사는 자기가 왜 이 기법을 사용하는가에 대한 이유를 알고 있어야 한다.

한편, 해석은 학생들의 말을 새로운 견해로 해석하는 일이므로 자칫하면 잘못 해석할 가능성이 있다. 그러므로 상담교사는 부드러운 말이나 실현성이 확실한 해석보다는 실현성이 희박한 가능성을 뜻하는 언어를 사용해야 한다. "아마", "혹시", "이건 하나의 생각이니", "나는 혹시나 ~할까 하는 생각이 드는데" 등의 말을 사용하는 것이 바람직하다. 이는 어떤 해석일지라도 학생들에게는 여러 가지 방식으로 지각될 수 있다. 학생들은 상담교사의 해석을 받아들일 수도 있고, 거부할 수도 있고, 또 단순히 무관심할 수도 있다. 때때로 상담교사의 해석이 급소를 찌르는 경우에 학생들은 놀라서 강한 거부나 저항을 할 수도 있다.

(10) 질문

상담에서 질문하는 것은 반드시 나쁘지는 않지만 과도하게 사용하면 비생산적이다. 질문은 단순히 정보수집 이상의 의미가 있다. 질문은 의도에 따라 탐색질문, 조사질문, 교정질문, 반영질문 등이 있다(Tomm, 1987). 탐색질문은 정보를 탐색하는 질문으로 "너는 수학공부를 어떤 방식으로 하니?"라고 묻는다. 조사질문은 누가, 왜, 언제, 어디서 등을 묻거나 "친구가 너를 놀이에 끼워주지 않았을 때 기분이 어떠했니?"라고 묻는다. 교정질문은 학생들이 다른 행동과정을 추구하도록 만드는 질문으로 "네가 숙제를 못하도록 방해한 것이 무엇이냐?"라고 묻는다. 반영질문은 상담자가 해결점을 찾도록 시도하는 질문으로 "만약 선생님이 너를 더 좋아한다고 느껴지면 공부를 더 잘 할 것 같니?"라고 묻는다.

(11) 잠정적 가설

상담의 중기과정에서 학생들이 자신의 행동 이면의 목적들을 이해시키도록 돕는 데 이 기법을 유효하게 사용할 수 있다. 학생들은 상담중기가 되면 행동의 목적들이 무엇인지를 상담교사들이 이해할 수 있는 여러 가지 행동들과 생각들을 노출하게 된다. 이 기법은 상담교사가 이미 특정 해석들을 가지고 하는 것인 만큼 잠정적인 방법으로 반응해야 한다.

"철수야, 내가 틀릴 수도 있지만 말인데, 놀이터에서 놀 때 네가 언제나 대장이 되어 규칙들을 정하기 때문에 친구들이 너를 어떤 게임에도 끼워주지 않는 것이 아닐까?"라는 식의 가설적인 질문을 한다. 이 기법도 일종의 해석이므로 부드러운 언급이 바람직하다.

(12) 명료화

명료화는 내담자의 말 중에서 모호한 점을 내담자가 확실히 알도록 해주는 것이다. 상담자가 내담자의 반응을 이해할 수 없을 때는 분명하게 다시 말할 것을 요청하기도 한다. 내담자가 말하는 의미가 모호하거나 혼란되어 있을 때 "잘 이해하지 못하겠네. 좀 더 분명하게 말해 볼래." 또는 "예를 들어서 이야기해 볼래." 등으로 말할 수 있다.

명료화하도록 요청하는 것은 내담자로 하여금 자기가 한 말을 요약하거나, 예를 들거나, 새롭게 표현하도록 함으로써 이야기의 의미를 보다 분명하게 한다. 이는 학생이 관심을 두고 있는 생각이나 욕구를 분명하게 이해하도록 돕는다. 이처럼 명료화는 상담의 초기단계뿐 아니라 상담과정의 어느 단계에서도 사용할 수 있으나, 초기단계에서 특히 적절하다. 상담자가 명료화를 사용하는 경우는 학생들이 말하고 있는 내용에 부가적인 의미를 추가하거나 해석을 가하지 않는다. 그보다 말의 의미를 반드시 이해할 필요는 없으며, 언어로 표현한 것과 관련하여 연결을 시도한다(Muro & Kottman, 1995).

4) 상담의 주요이론

상담자는 내담자들을 대상으로 개인·집단상담을 수행한다. 상담자가 효과적인 상담을 하기 위해서는 자신이 선호하거나 지지하는 상담이론을 개발하고, 인간의 사고와 정서 및 행동에 영향을 주는 요인들을 설명하는 다양한 이론과 정보들을 통합해 나가야 할 필요가 있다(Finch, Mattson & Moore, 1993). 그러한 이론들은 상담자에게 내담자와 내담자와의 동기, 내담자의 변화를 이해하고, 개입전략을 사용하는 데 필요한 지침을 제공해 준다. 여기에서는 130개가 넘는 상담이론과 접근방식 중에서 지시적 상담, 비지시적 상담, 정신분석적 상담, 행동주의 상담, 인지행동적 상담, 형태주의 상담, 의사거래분석 상담, 현실요법 상담, 해결중심 상담 등을 살펴보고자 한다.

(1) 지시적 상담

지시적 상담은 윌리암슨(E. G. Williamson)에 의해 제시된 이론으로, 특성·요인적 상담, 카운슬러 중심 상담, 의사결정적 상담 등 다양하게 표현되고 있다. 이는 상담자가 내담자의 특성과 직업의 특성을 서로 맞추어 직업을 선택하도록 돕는 것이다. 이 이론의 특징은 다음과 같다.

윌리암슨
(E. G. Williamson)

첫째, 상담자의 역할은 내담자가 자기의 행동을 좀 더 적합한 행동으로 대치하도록 가르치거나 도와주며, 더 나아가 교육적 또는 직업적 적응행동을 도와주는 과정이다.

둘째, 상담의 과정은 분석, 종합, 진단, 예후, 상담, 추수지도로 6단계이다.

셋째, 상담의 기법은 라포 형성, 자기이해 증진, 활동계획 수립, 계획의 실행, 전문가에 의뢰하기 등이 있다.

(2) 비지시적 상담

칼 로저스
(Carl R. Rogers)

비지시적 상담은 칼 로저스(Carl R. Rogers)에 의해 제시된 이론으로, 내담자중심 상담, 인간중심 상담으로 표현되고 있다. 상담자가 성실성(일관성), 무조건적 긍정적 배려, 공감적 이해의 세 가지 조건을 충족시켜 내담자의 긍정적인 변화가 일어나도록 돕는 것이다. 이 이론의 특징은 다음과 같다.

첫째, 상담자의 역할은 내담자가 자아개념과 유기체적 경험 간에 불일치를 제거하고, 그가 느끼는 자아에 대한 위협과 그것을 방어하려는 방어기제를 해체함으로써 충분히 기능하는 사람으로 성장하도록 도와주는 것이다.

둘째, 상담의 과정은 내담자가 도움 요청, 조력상황 설정, 자유로운 감정 표현, 상담자가 내담자의 부정적인 감정들을 수용하고 인식하며 명료화함, 통찰과 자기 이해, 내담자의 적극적인 행동 나타남. 통합된 긍정적 행위를 함, 종결로 총 7단계이다.

셋째, 상담의 기법은 공감, 무조건적 긍정적 배려, 진실성, 계획의 실행, 전문가에 의뢰하기 등이 있다.

지그문드 프로이드
(Sigmund Freud)

(3) 정신분석적 상담

정신분석적 상담은 지그문드 프로이드(Sigmund Freud)에 의해 제시된 것으로, 인간의 본성에 대한 철학이며, 인간의 성격이 어떻게 발달되는가를 설명하는 성격발달이론인 동시에 그것을 활용한 심리치료의 한 방법이다. 이 이론은 인간의 행동이 어렸을 때의 경험에 의해 크게 좌우되며, 마음의 대부분은 빙산의 대부분이 물속에 잠겨 보이지 않듯이 의식할 수 없는 무의식 속에 잠겨 있다고 본다. 이 이론의 특징은 다음과 같다.

첫째, 상담자의 역할은 내담자와 신뢰적인 인간관계를 맺는다. 상담자는 내담자에게 과거의 경험과 그때그때의 감정, 경험, 연상, 기억, 환상 등 마음속에 떠오르는 것은 무엇이든 거리낌 없이 자유롭게 털어놓게 한다. 처음에 상담자는 주로 내담자가 심리적으로 저항을 나타내는 것이 무엇인지에 관심을 갖고, 이야기 중에 일치되지 않는 점이 있는지에 주의를 기울이면서 듣는다. 상담자는 내담자의 꿈과 자유연상의 의미를 추론하여 가끔 해석을 해주며, 내담자가 상담자에게 어떤 감정을 나타내는지에 주의를 기울인다. 이런 과정을 통해 내담자의 성격구조와 심리적인 역동을 이해하게 되면 문제의 윤곽이 드러난다. 상담자는 내담자가 자신과 자신의 문제를 이해하고 자기에 대하여 솔직해지도록 돕는다(임경희 외, 2013).

둘째, 상담의 과정은 시작단계, 전이의 발달, 훈습, 전이의 해결로 4단계이다.

셋째, 상담의 기법은 자유연상, 중립성과 공감, 저항, 해석, 꿈의 해석, 전이의 해석과 분석, 역전이 등이 있다.

(4) 행동주의적 상담

행동주의적 상담은 이미 체계화되어 있던 학습이론을 상담에 응용한 것으로 파블로프(Pavlov), 왓슨(Watson), 손다이크(Thorndike), 스키너(Skinner), 울페(Wolpe), 크롬볼츠(Krumboltz), 라자루스(Lazarus), 아이젠크(Eysenck), 반두라(Bandura) 등에 의해 체계화되어 왔다. 이 이론은 지배적인 이론은 없고, 기본적인 학습원리에 일치하는 방법들을 적용하여 행동을 직접 변화시키기 보다는 그 행동에 선행하는 조건 또는 후속하는 조건을 변화시킴으로써 행동의 맥락을 변화시키고자 하는 것이다. 즉, 학습을 위해 새로운 조건을 만드는 것이다. 이것은 학습경험들이 문제행동을 해결할 수 있

스키너
(B. F. Skinner)

다는 가정이 뒷받침되어야 한다. 이 이론의 특징은 다음과 같다.

첫째, 상담자의 역할은 적극적이고 지시적인 역할을 하게 된다. 상담교사는 구체적인 것에 초점을 두고 어떤 상황에서 문제행동이 일어나는지, 나타난 문제행동은 어떤 것이지, 그 문제행동의 결과 어떤 일이 생겨나는지 등에 관한 정보를 얻어야 한다(Goldfried & Davison, 1976). 학생들은 자신의 문제행동이 무엇인지 분명히 알고 있는 경우도 있지만, 그렇지 못한 경우도 많기 때문에 상담교사는 겉으로 드러나는 구체적인 문제행동이 무엇인지 학생이 알 수 있게 도와주어야 한다.

그런 후에 상담교사는 학생들이 현재 처해 있는 상태를 파악해야 한다. 학생들이 어떤 생각을 하고 있는지, 어떻게 느끼고 있는지, 무엇을 중요하게 생각하는지, 무엇을 잘 하고 무엇을 잘 못하는지, 어떻게 자라왔으며, 현재 어떤 상황에 있는지, 무엇이 문제행동을 하게 이끄는지 등에 대한 정보를 모은다. 학생들의 상태를 파악하기 위해서는 여러 가지 심리검사도 사용할 수 있지만, 가족이나 주변 사람들에게 얻은 정보나 학생을 면접하거나 관찰하면서 얻어내는 정보도 매우 유익하게 사용할 수 있다(임경희 외, 2013).

둘째, 상담의 과정은 상담관계 형성, 문제행동의 확인, 현재 상태파악, 상담목표 설정, 상담기술 적용, 상담결과 평가, 상담의 종결로 7단계이다.

셋째, 상담의 기법은 정적 강화, 부적 강화, 차별강화, 행동형성, 소거, 벌, 타임아웃, 모델링, 이완훈련과 체계적 탈감법, 표현훈련, 행동계약, 환권보상, 역할극, 중다양식 상담 등이 있다.

(5) 인지행동적 상담

알버트 엘리스
(Albert Ellis)

인지행동적 상담은 알버트 엘리스(Albert Ellis)에 의해 제시된 이론으로, 합리적·정서적 상담, 합리·정서·행동치료로 표현되고 있다. 상담자는 내담자의 자기파괴적인 신념을 줄이고, 보다 합리적이고 현실적이며 관대한 인생관을 갖게 하여 융통성 있고 생산적인 삶을 살아가도록 돕는 것이다. 또한 인간의 신념체계는 정서나 행동에 크게 영향을 미칠 수 있다는 가정에서 출발하다. 즉, 인간에 있어 어떤 사태(Agent)에 대한 정서적 결과(Consequence)는 우리가 그 사태에 대해 가지고 있는 신념(Belief)에 의해 결정된다는 것이다. 이 이론의 특징은 다음과 같다.

첫째, 상담자의 역할은 내담자의 겉으로 드러난 어떤 행동과 관련된 그의 자기파괴적 생각을 줄여서 그 행동을 바람직하게 변화시키거나, 그의 행동 결과에 대해 자기 자신이나 다른 사람 또는 환경을 비난하지 않도록 하는 데 머물지 않고 내담자의 정서나 행동, 특히 부적절한 정서나 행동에 큰 영향을 미치는 신념이나 가치체계를 재검토하도록 도움으로써 성격이나 인생관을 근본적으로 변화시키는 것이다.

둘째, 상담의 과정은 내담자가 가지고 있는 비합리적인 생각과 그 생각에 근거한 자기언어를 찾아서 이의 비합리성을 확인하고 논박하여 합리적 생각과 자기언어로 바꾸고, 이를 토대로 적절한 정서와 행동을 할 수 있도록 하는 것이다(Pattertson; Ellis, 1973; Corey, 2005). 구체적인 과정은 상담관계 수립, 부적절한 정서 및 행동 확인, 성격의 ABC 이론 확인, 비합리적 생각 확인, 비합리적 생각 논박, 합리적 생각 확인, 합리적 생각 적용, 합리적 인생관 확립으로 8단계이다.

셋째, 상담의 인지적 기법은 논박, 가르치기, 패배적인 자기 말 바꾸기, 유머의 사용, 인지적 과제 주기, 또한 정서적·행동적 기법은 합리적 정서 상상, 역할연기, 수치감 - 공격 연습 등이 있다.

(6) 형태주의적 상담

프리츠 펄스
(Fritz Perls)

형태주의적 상담은 프리츠 펄스(Fritz Perls)에 의해 창안된 이론으로, 게슈탈트 상담으로도 표현되고 있다. 상담자는 내담자가 현재 자신에게 가장 적실한 욕구와 감정이 무엇인지를 잘 깨닫지 못해서 욕구를 채울 수 있는 행동을 하지 못하면, 심리적·신체적 장애를 겪게 된다. 건강한 사람은 자기가 무엇을 느끼고 있는지, 무엇을 하고 싶은지를 분명하고 강하게 깨달아 행동으로 옮긴다. 따라서 이 상담은 자신에 대해 더 많이 알고 받아들이며, 현실을 알고 더 많이 접촉하고, 스스로 더 많이 선택하고 책임지는 인간이 되게 한다. 이 이론의 특징은 다음과 같다.

첫째, 상담자의 역할은 내담자들로 하여금 자신의 욕구와 감정을 분명히 알아차리고, 이를 환경과의 접촉을 통해 잘 해소할 수 있도록 도와준다. 상담자는 학생에게 새로운 행동을 시도하고 무슨 일이 일어났는지를 스스로 깨닫게 하는 실험적 태도를 선택함으로써 자신에 관하여 배울 수 있도록 돕는다.

둘째, 상담의 과정은 지금 여기에서 나와 그대가 함께 경험함으로써 내담자가 자기를 충분히 각성하여 자기의 부적응 행동의 본질과 그것이 어떻게 자기의 삶을 방해해 왔는지를 알도록 돕는 과정이라고 할 수 있다. 구체적인 성격의 변화과정은 피상층, 공포층, 곤경층, 내파층, 폭발층으로 총 5단계이다(이형득 외, 1994).

셋째, 상담의 인지적 기법은 자기각성, 대화게임, 투사연기하기, 반대행동하기, 책임지기, 신체표현을 활용하기, 과정하기, 빈의자 기법, 뜨거운 자리, 언어적 접근기법 등이 있다.

(7) 의사거래 분석적 상담

에릭 번
(Eric Berne)

의사거래 분석적 상담은 에릭 번(Eric Berne)에 의해 창안된 이론으로, 의사교류분석 상담으로도 표현되고 있다. 상담자는 내담자가 어릴 때 생활하는 데 도움을 주었던 생활 자세와 자아상태들이 더 이상 자신에게 도움이 되지 않는다는 것을 깨닫게 하여, 자신의 인생을 새롭고 효과적으로 다시 설계할 수 있도록 돕는 것이다. 이 이론의 특징은 다음과 같다.

첫째, 상담자의 역할은 내담자들로 하여금 자신이 가지고 있는 내적 힘을 찾아 스스로 지금 더 적절한 결정을 하도록 돕는 것이다.

둘째, 상담의 과정은 계약, 구조 분석, 의사거래 분석, 게임 분석, 각본 분석, 재결단 등으로 총 6단계이다(이형득 외, 1994).

셋째, 상담의 인지적 기법은 허용, 보호, 잠재력, 질의, 특별세부반응, 맞닥뜨림, 설명, 실증, 확립, 해석, 구체적 종결 등이 있다.

(8) 현실적 상담

현실적 상담은 윌리엄 글래서(William Glasser)에 의해 창안된 이론으로, 현실요법상담으로도 표현되고 있다. 상담자는 내담자가로 하여금 자신의 행복 세상에서 자신이 선택한 사람들과 관계를 잘 맺도록 도와주고, 내담자에게 선택이론을 가르쳐 주는 것이다(이재창, 2005). 이 이론의 특징은 다음과 같다.

윌리엄 글래서
(William Glasser)

첫째, 상담자의 역할은 내담자들이 단기적이든 장기적이든 간에 현실적 맥락에서 자신의 생활을 이해하고 명료화하도록 도와주는 것이다.

둘째, 상담의 과정은 상담관계 형성하기, 현재행동에 초점두기, 행동을 평가하기, 활동계획 짜기, 다짐을 받아내기, 변명을 받아들이지 않기, 처벌을 사용하지 않기, 포기하지 않기 등으로 8단계이다,

셋째, 상담의 기법은 질문, 유모어, 토의와 논쟁, 맞닥뜨림, 언어충격 등이 있다.

(9) 해결중심 상담

해결중심 상담은 스티브 드 세이저(Steve de Shazer)와 빌 오헬론(Bill O'Hanlon)에 의해 시작된 이론으로, 단기치료의 창시자인 밀턴 에릭슨(Milton Erickson)에 의해 직접적으로 영향을 받았다. 인간은 자신 안에 자신의 문제를 해결할 수 있는 능력과 자원을 지니고 있다는 생각을 받아들이고, 어느 한 사람의 작은 행동이 간혹 문제의 맥락에서 더 큰 변화를 가져오는 데 있어서 꼭 필요한 것이라고 믿었다(김계현 외, 2013). 이 이론의 특징은 다음과 같다.

밀턴 에릭슨
(Milton Erickson)

첫째, 상담자의 역할은 내담자가 변화의 과정에서 얼마나 적극적이고 헌신적

인가를 결정하는 것으로, 내담자를 방문형, 불평형, 고객형으로 나누었다. 또한 내담자가 자신이 자원과 강점을 발견할 수 있도록 도와주는 변화의 촉진자 역할을 수행한다.

둘째, 상담의 과정은 상담자와 내담자 간에 협동적인 과정이다. 즉, 상담자는 내담자에게 따뜻하고 긍정적이며 수용적인 관계를 제공하고 내담자는 이해되고 존중받는 다고 느껴지는 협력적 '결합'을 발달시키려고 노력한다.

셋째, 상담의 기법은 기적질문, 척도화, 내담자를 칭찬, 단서와 만능의 열쇠 등이 있다(Gladding, 2007; 김계현 외, 2013에서 재인용).

(10) 개인심리학적 상담

이름
(영문)

의사인 Alfred Adler에 의해 주창된 상담으로 Freud가 성 심리 발달을 강조한 것에 대해 논박하고 대신에 사회적이고 교육적인 범위를 결합하면서 전체적인 관점의 중요성을 강조했다.

인간은 누구나 가족, 학교, 친구 관계 등의 사회 속에 소속되어 인정받으며 살아가고 싶어 하며 그러기 위해서 자신에게 잘 맞고 최선이라고 여겨지는 생활양식과 성격을 발달시켜 간다고 보았다.

특히 가족 내에서의 영향력, 즉 자신이 어떤 위치에 있는지, 가정의 분위기가 어떠한지, 어떤 것에 열등감을 느끼는지, 그리고 어떤 것을 잘해서 인정받고 싶어 하는지 등에 따라 생활양식과 성격을 발달시켜간다고 보았다.

이에 상담에서 타인에 대한 관심을 갖기 위한 방법을 탐색하며, 과거의 사건 자체가 중요한 것이 아닌 과거 사건에 대한 지각과 해석이 어떻게 현재에 지속적인 영향을 미치며 자신이 가진 능력으로 무엇을 하는지가 중요다. 따라서 인간행동을 결정하는 것은 그의 가치, 믿음, 태도, 등과 같은 내적 요인들의 변화를 추구하였다.

상담의 목표로는 개인이 자신을 이해하고 자신의 인생에 대해 보다 현실적, 공동체적인 견해를 갖도록 도우며 이를 위해 사회적 관심을 기르도록 하였다. 또한 패배감을 극복하고 열등감을 감소시키기 위해 내담자를 잘못된 동기를 바꾸며 내담자가 다른 사람들과 동등하다는 인식을 갖도록 도우며, 사회 구성원으로서 사회적 관심을 갖고 기여할 수 있도록 노력하였다.

상담의 기법으로 생활양식 조사를 통해 가족구조, 초기 아동기의 회상, 기본적인 오류를 찾아봄으로써 가족 내에서와 또래관계, 학교에서의 내담자의 위치를 탐색하며 어린 시절 생활양식을 형성하는 과정에서 어떤 영향을 받았는지를 확인하였다. 여기에는 초기 기억, 꿈, 우선적 욕구, 즉시성, 역설적 의도, 마차 ~인 것처럼 행동하기, 행동의 대가 알려 주기, 버튼 누르기, 과제 설정과 수행 순으로 진행한다(조붕환 외, 2011).

(11) 이야기 치료

이야기 치료(narrative therapy)는 호주의 앱스턴(D. Epston, 1944~)과 뉴질랜드의 화이트(M. White, 1948~)에 의해 개발되었다. 해결중심 치료와 함께 1990년대 이후 널리 주목받기 시작한 치료적 접근 가운데 하나로 철학, 언어학, 인류학, 문화 비평, 페미니즘, 사회심리학 등 광범위한 분야의 이론을 임상적으로 해석하고 적용하는 접근 방법이다(이선혜, 2004 재인용). 이야기 치료는 내담자의 문제와 그 해결 방안에 대해 다음과 같은 일곱가지 기본 가정을 제시하고 있다(Russell & Mann, 2004; 정문자, 정혜정, 이선혜, 전영주, 2007). 첫째, 인간은 능동적 행위자이다. 둘째, 이야기는 삶을 반영하는 도구이다. 셋째, 문제가 문제이지 사람이 문제가 아니다. 넷째, 경험은 사회문화적 산물이다. 다섯째, 정체성은 사회적 산물이다. 여섯째, 삶은 복합적인 이야기이다. 일곱째, 삶의 목적이 인간 삶의 방향을 결정한다.

이름
(영문)

이야기 치료의 주요 개념은 빈약한 서술과 심층적 서술, 지배적 이야기, 문제 이야기와 대안적 이야기, 해체적 경청, 외현화 대화와 독특한 결과를 찾을 수 있는 공간을 마련해 주는 것이다.

상담의 목표로는 우리 삶의 저변에 깔려 있는 대안적 이야기들이 더 뚜렷이 삶의 전면에 드러남으로써 그 이야기에 의해 삶을 다시 보고, 그 이야기를 따라 삶을 살아가게 하는 것이다. 이것은 우리가 하는 이야기에 따라 우리의 삶을 살아간다고 믿기 때문이다.

상담의 과정은 문제의 해체, 독특한 결과의 해체, 대안적 이야기 구축, 대안적 정체성 구축이다(정문자 외, 2007).

이야기 치료의 대표적인 상다 기법은 문제의 정상화, 문제의 외현화, 문제의 지도, 예외적 질문, 스토리의 재진술, 새로운 스토리의 강화, 스토리의 풍부화, 입장 지도(이름 붙이기, 영향력 찾아보기, 영향력 평가하기, 입장 취하기), 인증을 위한 의식(김유숙, 2000 재인용)이 있다.

연습문제

객관식

1 생활지도의 기본 개념을 바르게 설명한 것으로 보기 어려운 것은?

① 학생의 발달 가능성을 찾아내서 이를 최대한 발달할 수 있도록 도와주는 것이다.
② 생활지도의 대상은 기본적으로 문제를 가지고 있는 학생으로 한다.
③ 개인으로서 인생을 행복하게 개척하고 사회인으로서 적응할 수 있는 가치 판단능력을 가지도록 도와준다.
④ 자기 지도가 가능한 인간이 되기 위해 지도하는 일련의 활동들이다.
⑤ 생활지도의 목적은 자율적 성장에 있다.

2 다음에서 생활지도의 기본 원리에 속하는 것은?

① 처벌보다는 선도를 앞세운다.
② 교과활동과는 별개로 운영한다.
③ 문제 학생을 대상으로 한다.
④ 예방보다 치료에 중점을 둔다.
⑤ 상식적인 판단에 기초를 둔다.

3 **다음 중 옳지 않은 내용을 고르시오.**

① 특성 요인 이론은 윌리암슨(Willimson), 파슨스(Parsons) 등이 대표자들로서 생의 어느 특정한 시기에 의사결정을 하려고 할 때 도움을 줄 수 있는 이론이다. 이 이론에서는 개인의 특성에 대한 객관적 자료와 직업의 특성에 관한 자료를 중시하고 있다.

② 의사결정이론은 개인이 의사결정의 문제에서 자신의 이익을 극대화하고 손실을 극소화하는 방향으로 행동한다는 케인즈(Keynes)의 이론에 바탕을 두고 있다. 개인은 여러 가지 선택 가능한 직업 중에서 자신의 투자가 최대로 보장을 받을 수 있는 직업을 선택한다는 입장이다.

③ 슈퍼(Super)의 인성이론(6각형 모델)에서는 개인의 행동양식이나 인성유형이 직업선택과 발달에 중요한 영향을 미친다고 보았다. 그는 개인의 행동은 인성과 환경 간의 상호작용의 함수이며, 개인의 직업선택 행동은 인성의 표출이라고 보았다. 그래서 사람들은 자신의 인성유형을 표출할 수 있는 직업환경을 선택한다는 것이다.

④ 진즈버그(Ginzberg)는 인간의 신체와 정신이 발달하는 것처럼 직업에 대한 지식, 태도, 기능도 어려서부터 발달하기 시작하여 일련의 발달단계를 거친다는 입장이다.

⑤ 로우(Roe)는 개인의 욕구가 직업선택에 큰 영향을 미친다고 보았다. 즉, 아동기에 형성된 욕구에 대한 반응으로 직업선택이 이루어진다는 입장이다. 로우는 초기의 가정환경이 그 후의 직업 선택에 중요한 영향을 미친다고 보았다. 즉, 인생 초기에 어떤 방식으로 양육되었고, 어떤 경험을 했느냐가 아동이 장차 어떤 직업을 택하게 되는가에 중요한 영향을 미친다는 입장이다.

4 **상담을 구조화하기 위해 상담교사가 학생에게 하는 말로 적절한 것을 보기에서 모두 고르면?**

가. 상담은 40분에서 50분 정도하게 될 거고, 일주일에 한번씩 약 네 번쯤 될 거야.
나. 나는 진심으로 너를 도와줄 생각이야. 그러니까 힘든 일이 있을 때는 언제든지 나를 찾아와도 된단다.
다. 이 시간은 훈계를 듣는 시간이 아니니까 너가 생각하고 느끼는 것을 솔직하게 이야기하는 게 무엇보다도 중요하다.
라. 여기서 하는 이야기는 모두 비밀이야. 하지만, 너나 다른 사람에게 해로울 수 있는 경우에는 예외가 된 단다.
마. 우선 이렇게 시작하지만, 혹시 힘든 일이 있으면 중간에라도 이야기해주면 좋겠구나, 어떤 식으로 할지는 다시 정할 수 있단다.

① 가, 나 ② 나, 다, 마 ③ 나, 다, 마
④ 가, 다, 라, 마 ⑤ 가, 나, 다, 라, 마

5 다음 보기의 내용과 관련이 있는 상담의 접근 유형을 고르면?

> 이 상담은 개인의 전 생애를 통해서 이루어지는 상담유형이다. 상담자는 각 연령층에 속하는 내담자로 하여금 이완되고 위기를 느끼지 않는 상황에서 개인적 성장을 이룰 수 있도록 돕는데 초점을 둔다. 예를 들어 초등학교 시절에는 적극적인 자아개념의 발달을 촉진하는 문제를 다루고, 중 고등학교 시절에는 정체감의 확립과 직업의 선택과 적응문제, 그리고 성인의 경우 직업문제, 가족문제, 건강문제, 생애목표문제 등의 변화를 수용하는 문제를 다룬다.

① 위기 상담 ② 촉진 상담 ③ 예방 상담
④ 발달 상담 ⑤ 단기 상담

6 다음 보기에 제시된 예들은 상담기법 중 어디에 해당하는가?

> • '그것이 정확하게 무엇을 뜻하는 것이지요?'
> • '방금........스럽다고 했는데 잘 못 들었습니다. 다시 말해 주겠어요?'
> • '그 사람이 마음에 들지 않는다고 했는데 애 마음에 들지 않는지 그게 불분명하군요.'
> • '방금 말한 두 가지가 어떻게 연결되는지 잘 모르겠는데요?'
> • '내가 듣기에 그 사람이 어떻게 속였기 때문에 더 믿을 수 없다. 그런데 그 사람이 싫지는 않다. 이런 거 같은 데 정확합니까?'

① 반영 ② 해석 ③ 명료화
④ 즉시성 ⑤ 재진술

7 다음 중 상담이론에 대한 설명으로 옳은 것은?

① 게슈탈트 상담이론에서는 죽음과 비존재, 실존적 불안, 삶의 의미를 강조한다.
② 합리적 정서적 행동치료에서는 사건 자체가 정서를 문제를 유발하는 원인이라고 본다.
③ 정신분석 상담 이론에서는 "지금-여기"에 초점을 두며 접촉을 통한 자각으로 통합을 이루게 된다고 본다.
④ 인간중심 상담 이론에서는 성장을 위한 적절한 조건이 갖추어지면 누구나 자아실현을 이룰 수 있다고 본다.
⑤ 해결중심 상담 이론에서는 인간의 욕구에 의한 선택에 의해 행동을 하기 때문에 바람직하지 못한 행동은 결국 타인에 의한 강압에 의한 것으로 본다.

정답

1. ② 2. ⑤ 3. ③ 4. ⑤ 5. ④ 6. ③ 7. ④

주관식

1 지시적 상담과 비지시적 상담의 장점과 단점을 서술하시오.

2 학교상담의 필요성을 다섯 가지 이상 서술하시오.

3 인간중심 상담 중 무조건적 긍정적 배려에 대해 약술하시오.

4 생활지도와 학교상담 심리치료의 차이점을 설명하시오.

5 종합적 학교상담 모델에 대해 설명하시오.

정답

1. 지시적 상담은 분석-종합-진단-예진-상담-추후지도의 절차로 환경에 타협을 강요한다. 학생이 지닌 문제의 원인을 제거한다. 적당한 환경을 선택한다. 결함의 해결에 필요한 기술을 학습시킨다. 내담자의 심리적 변화를 꾀한다. 비지시적 상담은 모든 인간은 적절한 환경이 제공된다면 스스로 성장할 수 있으며 자아실현을 할 수 있는 능력이 있다. 문제의 치료적 과정을 중시한다. 환자 중심의 상담이라고도 한다. 인간의 잠재능력에 큰 신뢰를 두고, 내담자로 하여금 자신의 문제해결능력을 스스로 발전 성장할 수 있는 촉진적인 조건을 제공하는 것을 강조한다.

2. 발달적 종합적 학교상담 프로그램의 개발 및 진행자, 전문적인 학교상담자의 책무성, 진로발달에서 전문적인 학교상담자로서의 역할, 문화적으로 민감한 전문적인 학교상담자, 특수한 학생들을 위한 전문가로서의 역할

3. 무조건적 긍정적 배려는 가치의 조건을 버리고 조건 없이 내담자를 있는 그대로 수용하는 것이다. 비소유적 온정, 돌봄, 수용, 관심, 존중 등이다. 내담자의 행동 자체가 비록 못마땅하고 인정할 수 없다 하더라도 인간 그 자체를 존중하고 신뢰한다는 의미를 내포한다. 또한 만약 당신이 인간다운 행동을 할 때에만 한 인간으로 상대할 것이다. 가 아니라 나는 당신이 과거에 무슨 일을 했고 어떤 사람이었는지에 관계없이 당신을 있는 그대로 존중하고 수용한다는 수용적인 태도를 말한다.

4. 생활지도, 상담, 심리치료의 비교

구분	생활지도	상담	심리치료
대상	소속 인원 전부	개인 내담자, 소집단	개인 환자, 소집단
목표	바람직한 생활 과정과 성장발달의 지도	구체적 생활 과제의 해결: 감정, 사고, 행동 양식의 변화	정서적 문제의 해소: 성격 구조의 '심층적 변화'
다루는 문제	현실적 능력의 평가 및 장래 계획 등	장애적 긴장, 불안, 비능률적 행동 습관, 비성취적 관념	신경증, 성격장애, 우울증, 정신병
전문가	일반 교사, 교도 교사, 연수담당자	상담 교사, 상담심리 전문가	정신과 의사, 임상 심리 전문가
장소	교육 장면 전체	상담실, 출장 장소	진료실, 환자 가정
지속 횟수	1~6회 정도	1~20회 정도	10~100회 정도
접근 방법	정보, 자료 제공: 교양 강좌, 토의 집단	면접 중의 조언, 교육, 훈련, 분석: 면접 의의 측정, 자문지도	분석적 면접, 약물요법: 문제환경으로부터의 격리 수용
기타	무료	유료(학교 및 봉사 기관 제외)	유료

5. 종합적 학교상담 모델

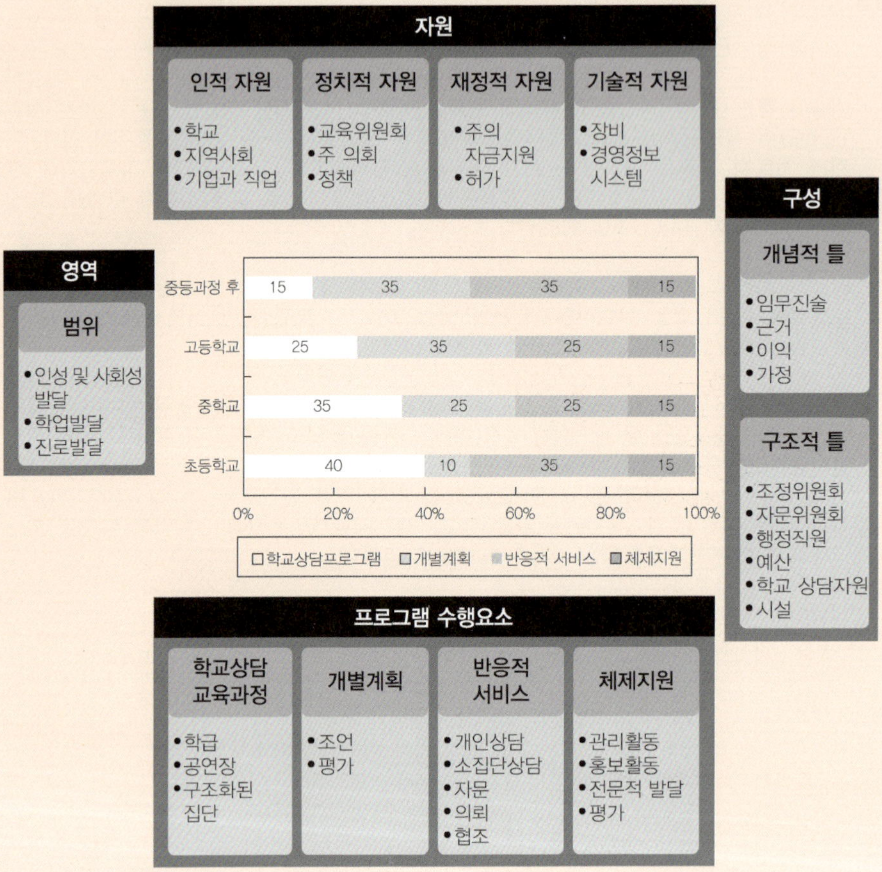

자원
인적 자원
•학교
•지역사회
•기업과 직업
정치적 자원
•교육위원회
•주 의회
•정책
재정적 자원
•주의 자금지원
•허가
기술적 자원
•장비
•경영정보 시스템
구성
개념적 틀
•임무진술
•근거
•이익
•가정
구조적 틀
•조정위원회
•자문위원회
•행정직원
•예산
•학교 상담자원
•시설
영역
범위
•인성 및 사회성 발달
•학업발달
•진로발달
중등과정 후 15 35 35 15
고등학교 25 35 25 15
중학교 35 25 25 15
초등학교 40 10 35 15
0% 20% 40% 60% 80% 100%
□학교상담프로그램 □개별계획 반응적 서비스 체제지원
프로그램 수행요소
학교상담 교육과정
•학급
•공연장
•구조화된 집단
개별계획
•조언
•평가
반응적 서비스
•개인상담
•소집단상담
•자문
•의뢰
•협조
체제지원
•관리활동
•홍보활동
•전문적 발달
•평가

CHAPTER

08

수업이론

1. 수업의 개념
2. 수업이론
3. 효과적인 수업 전략

교육이란 피교육자가 본래 가지지 않은 지식, 기능, 태도 등을 몸에 익히게 하기 위한 수단으로, 개인을 보다 나은 방향으로 발달시키고 그에 따라 사회가 유지 및 발전하는 것을 목표로 하거나, 잠재적으로 가진 여러 가지 능력을 끌어내는 활동이다. 교육에서 가장 핵심을 이루고 있는 부분은 수업이다. 수업은 교사가 학습자에게 지식이나 기능을 가르쳐 주는 행위이며, 능력을 향상시키거나 가치관을 형성시키는 교육적인 활동을 의미한다. 수업이 유목적적이며 의도적인 활동이라면, 수업은 치밀한 계획과 전략을 가지고 있어야 한다.

따라서 본 장에서는 수업의 개념 및 효과적인 수업을 위해 제시한 Skinner, Bruner, Ausubel, Gagné의 학자들의 수업이론과 수업전략을 소개하고자 한다.

1 수업의 개념

학교교육에서 핵심적인 활동은 교실에서 이루어지는 수업이다. 수업은 교사가 학습자에게 지식이나 기능을 가르쳐 주는 행위이며, 능력을 향상시키거나 가치관을 형성시키는 교육적인 활동을 의미한다. 수업이 유목적적이며 의도적인 활동이며, 치밀한 계획과 전략을 가지고 있어야 한다.

수업과 교수에 대한 용어에 대해 서로 많이 혼용되어 사용하고 있다. 영어에서는 'Instruction'과 'Teaching'이다. 학자에 따라 'Instruction'을 수업, 'Teaching'을 교수로 번역한다. 즉, 수업과 교수가 같은 뜻으로 또는 강조점이 다른 의미로 사용되고 있다. 그러나 엄밀하게 말하면 수업과 교수에는 차이가 있다. 이렇듯 교수와 수업의 개념을 구분하면 다음과 같다(이성진 외, 1990).

첫째, 교수는 가르치는 내용의 성격이나 학습자 특성 및 유형을 포괄하는 개념이다. 즉, 수업은 주로 학습자의 지적 능력을 자극하는 내용을 전달하는 데 비하여 교수는 학습자의 모든 능력을 자극하는 포괄적인 내용을 가르친다.

둘째, 교수는 학습자가 보인 변화 중에서 의도적인 것과 비의도적인 것을 모두 포함한다는 점에서 수업보다 포괄적이다. 즉, 수업은 보다 의도적인 목표달성을 추구한다.

셋째, 교수는 교사와 학생 간의 인격적 상호작용을 전제하고 있는 데 비하여 수업은 반드시 인격적 상호작용을 전제로 하지 않는다. 이러한 점에서 교수는 수업보다 포괄적이다.

Gagné는 "교사가 교사의 자격으로 하는 모든 행동을 모두 교수라고 하고, 학습지도, 생활지도, 학급경영 등 모든 활동이 포함된다."고 정의하고 있다. 여기에서 교수는 하나의 통일된 단일 현상이 아니라 포괄적인 개념을 말하고 있다. 그러나 수업은 학습자의 학습목표 달성에 교수처럼 반드시 교사를 전제하지 않으며, 프로그램 학습자료, 시청각 매체, 컴퓨터 프로그램 등으로도 학습목표 달성을 위한 수업을 할 수 있다. 즉, 교수는 교사-학생 간의 인간적 교류를 전제로 한 수업이라고 한다면, 수업은 교사-학생 간의 인격적 상호작용뿐만 아니라, 자료-학생 간의 상호작용에 의해서도 이루어질 수 있다. 그러나 적어도 현재의 수업의 주도적 기능은 교사가 수행한다고 볼 수 있고, 자료는 수업의 매개체로서 보조적인 역할을 한다고 보지 않을 수 없다. 이와 같이, 수업과 교수를 구분해서 이해하게 되면 수업은 그 내용상의 범위가 교수보다 훨씬 한정적인 것이 되므로, 생활지도나 학급경영 등은 당연히 수업의 개념에서 제외되는 것이다(송인섭 외, 2000).

이러한 수업에 대한 정의를 살펴보면 다음과 같다.

Corey(1971)는 "수업이란 개인으로 하여금 특정한 조건하에서 또는 특정한 상황에 대한 반응으로서 특정한 행동을 나타내도록 학습하게 하거나 또는 특정 행동에 참여할 수 있도록 개인을 둘러싼 환경을 계획적으로 조작하는 과정"이라고 정의하고 있다. 여기에서 수업에 중요한 개념은 첫째로 수업의 명세성, 무엇을 가르칠 것인가에 관한 명확한 의도가 전제되어야 한다는 것이다. 둘째는 수업의 계획성, 의도된 학습을 성취하기 위해 학습자의 환경 조건을 계획적이고 정교하게 준비해야 한다는 것이다.

Gagné(1977)는 "수업이란 학습자 외부에서 학습의 내적 과정을 지원하기 위해 고안된 일련의 사상"이라고 정의하고 있다. 즉, 수업은 학습의 내적 과정이 촉진될 수 있도록 교사가 수업목표에 대하여 주의를 집중시키고, 학습과제를 의미 있게 부호화하여 학습자의 기존 인지구조와 잘 관련지어 저장하도록 도와주고, 필요할 때 이를 쉽게 인출하여 효과적으로 수행함으로써, 긍정적 효과를 갖도록 도와주는 활동이다.

이와 같은 정의들을 분석 및 종합해보면, 수업이란 정해진 목표에 도달하기 위해 학습자의 내·외적 환경을 조작해 가는 변인들의 상호과정이라고 정의할 수 있다(송인섭 외, 2000).

2 수업이론

학교교육의 핵심은 가르치고 배우는 활동이기 때문에 많은 교육학자들이 효과적으로 가르치는 원리를 대해 연구하였다. 수업 장면을 과학적으로 분석하고, 수업에 영향을 미치는 학습자 변인, 과제의 특징, 수업절차, 수업형태, 수업매체, 수업시간 등 변인을 체계적으로 통제·관리하려는 노력이 시작되었다(이명기 외, 2011). 따라서 1960년대부터 Bruner, Gagné 등 많은 학자들이 수업이론의 정립에 기여하게 되었다. 여기에서는 효과적인 수업을 위해 제시한 Skinner, Bruner, Ausubel, Gagné의 학자들의 수업이론을 소개하고자 한다.

1) 스키너(Skinner)의 수업이론

미국 교육심리학자인 스키너(Skinner, 1904 ~ 1990)는 행동주의 심리학자로서 동물학습 연구를 통해서 조작적 조건화(Operant Conditioning)에 의한 강화이론을 제시하였으며, 조작적 조건형성이론의 주요 변인은 자극(Stimulus), 반응(Response), 강화(Reinforcement)라고 할 수 있다.

Skinner가 관심을 가진 것은 선행자극에 의해 부득이 일어나는 반사적 행동으로서의 수동적 행동이 아니고, 유기체가 자발적으로 반응하는 행동으로서의 '조작적 행동'이었다(Bower & Hilgard, 1981).

Skinner는 조작적 행동의 결과에 수반되는 강화자극에 의해서 행동이 다시 일어날 확률이 증가되는 것을 '조작적 조건화'라고 정의하였고, 수업의 과학화는 학습자의 바람직한 행동이 재 발생할 확률을 증가시키기 위해서 행동을 강화하는 조작적 강화에 기초되어야 한다고 주장하였다. 예컨대, 아동에게 읽기를 가르치는 경우 아동이 시각자료에 반응한 결과에 따라 피드백을 통해 아동의 읽는 행동을 강화한다면, 이는 조작적 조건화가 일어났다고 말할 수 있다(Bell-Gradler, 1986).

Skinner는 교사를 대신하여 기계적이고 전자적인 기기가 학습을 효과적으로 통제하기 위해서 사용되어야 할 것을 강조하였고, 하드웨어로서 수업기계(Teaching Machine)를 고안하고 소프트웨어로서 프로그램 수업교재를 개발하여 수업의 공학화를 꾀하였다. Skinner의 조작적 조건화 이론은 1950년대 후반에서 1960년대 초기에 걸쳐 프로그램 수업(Programmed Instruction)의 발전에 공헌하였고, 나아가서 프로그램 수업원리는 최근의 컴퓨터 보조수업(CAI : Computer Assisted Instruction) 설계에까지 그 영향을 미치고 있다(문승한 외, 2014).

(1) Skinner의 수업이론 원리

Skinner의 수업이론의 수업원리로 일반화와 변별, 강화계획의 성격과 종류, 강화계획과 학습 등을 제시 할 수 있다.

첫째, 일반화(Generalization)는 하나의 자극상태에서 강화(Reinforcement)된 후 다른 유사한 자극 상태에서도 같은 반응이 일어나는 상태를 말한다. 변별(Discrimination)이란 주위의 다양한 자극에 대해 구별되는 것을 나타낼 수 있게 되는 것을 말한다. 이러한 변별은 자극상태에 따라 강화되기도 하고, 강화되지 않기도 하는 차별강화에 의해 형성된다. Skinner는 지식학습은 연쇄반응을 형성함으로써 가능하다고 분석하였다. 즉, 작동적 행동모형에서는 조건자극에 대해 반응을 하여 강화를 받게 되면 조건반응을 자극하게 된다. 변별자극이 있을 때 반응하면 조건강화가 주어지고, 이 조건강화가 다음 반응을 일으키는 변별자극이 되고, 이 변별자극에 대한 반응에 다시 조건강화가 주어진다는 것이다.

둘째, 강화계획의 성격과 종류에서 강화의 유형 및 양과 학습의 관계를 보면 배부른 사람에게 먹을 것을 강화로 주는 것보다는 영화를 보여주는 것이 더 효과적이다. 그 반대로 배고픈 사람에게 들려주는 좋은 음악은 그 효과가 적어진다. 강화계획의 개념을 살펴보면 다음 [그림 8-1]과 같이 계속적 강화계획과 간헐적 또는 부분적 강화계획이 있는데, 간헐적 강화계획은 다시 빈도(비율) 강화와 시간(간격) 강화의 두 종류로 나눌 수 있다.

[그림 8-1] 강화 계획의 종류

- 계속적 강화 : 정반응을 할 때마다 제시되는 경우
- 간헐적 강화 : 정반응을 해도 때로는 강화를 제공하고 때로는 강화를 제공하지 않는 식으로 부분적인 강화가 이루어지는 경우
- 빈도(비율) 강화 : 전체 시행횟수에서 일정한 비율의 반응에만 강화를 제공하는 경우
- 시간(간격) 강화 : 반응횟수 또는 시행횟수와는 관계없이 일정한 시간 간격을 두고 한 번씩 강화를 제공하는 경우

셋째, 강화계획과 학습에서 학습측정 기준은 대체로 학습속도, 반응속도, 소거속도로 말할 수 있다. 학습속도는 계속적으로 강화를 제공하는 방식이 가장 효과적이다. 그러나 계속적 강화는 초기학습을 촉진시킬 수 있지만 오래도록

파지하지 못한다. 따라서 가장 이상적인 강화계획은 처음에는 계속적 강화를 주고, 나중에는 간헐적 강화를 제공하는 것이다. 간헐적 강화 중에서도 변동비율 강화는 소거를 가장 느리게 한다. 반응속도 역시 강화계획에 따라 달라진다. 비율 강화계획은 반응속도를 높일 뿐만 아니라 지속적이다. 계속적 강화계획에서 행동의 소거가 빠르다는 것도 인간을 대상으로 한 실험에서 그대로 지지되고 있다(문승한 외, 2014).

(2) Skinner의 수업이론 프로그램 수업

Skinner의 수업이론의 원리를 가장 충실하게 반영한 것은 프로그램 수업(직선형)이다. 프로그램이란 학생이 정반응을 하도록 이끌고 그 정반응에 대해 강화를 제공할 수 있도록 자료를 배열한 것이다. Skinner의 직선형 프로그램의 특징은 다음과 같다.

첫째, 학생에게 자극을 주고 반응을 불러일으키며 그 반응에 의한 강화의 횟수를 늘림으로써 학습의 효과를 높인다. 둘째, 학습의 내용은 학습이 효과적으로 진행될 수 있도록 단계적으로 조직된다. 셋째, 학생은 제시된 내용에 대해 적극적인 반응을 나타내며, 그의 반응이 옳은지 그른지에 대하여 즉시 알게 된다. 넷째, 학생은 학습의 내용을 작은 단계로부터 익혀가면서 자기의 학습능력에 맞는 문제부터 손을 대기 시작하여 점차 높은 학습목표로 옮겨간다.

❶ 행동수정

프로그램 수업은 제시하는 자극, 즉 자료를 아주 단순하게 구성하고 주력하는 것에 반하여, 행동수정은 복잡한 여러 행동들 중에서 강화를 차별적으로 제공하는 데 중점을 두는 것이다. 그러나 실제 학교학습상황에서는 학생 개개인에게 이와 같은 차별강화를 제공하는 데 어려움이 있으므로 수업자체보다는 상담을 위한 목적으로 이용되고 있다.

❷ 수업목표

수업목표는 일련의 수업과정을 통해서 성취하고자 하는 목표행동으로 규정된다. 또한 수업목표의 진술은 구체적이고 명확하게, 그리고 관찰 가능한 행동으로 하여야 한다고 주장한다. 메이거(Mager)의 수업목표의 진술을 보면 ① 관찰 가능한 행동, ② 의도하는 목표가 기준점까지 도달하는데 필요한 조건, ③ 수행한 학습 성취도가 "어느 정도까지 달성되어야 수락할 수 있는가" 하는 기준으로 이루어져 있다. 1시간의 수업시간 동안 다루어질 여러 수업목표는 내용적으로 작게 쪼개어진 단편적 토막에 관련된다. 학생의 구체적인 반응이 요구되는 것이다. 그러나 이들 토막으로서의 수업목표는 프로그램 수업자료로 만들 때 학생이 꼭 거쳐야 될 징검다리 구실을 한다. 징검다리 구실을 하는 프레임을 준거프레임이라 부른다.

❸ 동기형성과 수업계열 및 형태

Skinner는 개인의 내재적 동기보다는 외재적 동기를 더 중요시한다. 그리고 외적강화에 의한 동기형성을 하는 데 일반적으로 일치되는 원리가 많다. 강화는 행동이 보여진 직후에 했을 때 동기형성이 잘 된다고 보는 것이다. 또한 강화는 작동의 강도를 증가시키는 기능을 하지만 벌은 강화에 상응하는 정도로 행동을 강화시키지는 못한다. 개인의 요구수준에 따라 반응속도는 달라지지만 요구수준의 정도가 소거를 막기 위한 자극강화의 효과를 결정하지는 못한다.

❹ 학습계열과 형태

Skinner에 있어서 학습계열은 일관성이 없는 것처럼 보인다. 그런데 작동적 조건 형성모형이나 프로그램 수업에 작용된 원리에서 시사되는 것은 다분히 설명적 수업형태를 취하고 있다. 수업형태가 설명형이라 해도 그 계열은 귀납법과 연역법을 모두 사용한다. 귀납적 계열이든 연역적 계열이든 관계없이 Skinner가 취한 방식은 점진적 접근이다. 즉, 각자의 학습속도에 따라 학습을 진행할 수 있도록 되어야 한다.

⑤ 수업사태

수업사태는 학습자에게 제공하는 외적 환경이다. 즉, 학습이 일어나도록 학습자에게 제공하는 자극사태가 곧 수업사태이다. Skinner에 의하면, 일반적인 수업사태의 첫 단계인 주의집중을 위해서는 학습과제를 아주 쉽게 제시해야 한다. 기대되는 성과, 즉 목표 제시보다는 외적동기 유발을 더욱 강조한다.

2) 브루너(Bruner)의 수업이론

브루너(Bruner)의 발견학습은 교사의 도움 없이 학생 스스로 학습할 내용을 발견하여 자발적으로 학습하게 하는 방법을 의미한다. 여기서 발견이란 유목과 분류체계의 형성이다. 유목이나 분류체계는 대상 간, 사태 간에 존재하는 유사점과 차이점을 찾아 관계짓는 것을 말한다. 이러한 발견 학습은 최근에 구성된 개념이 아니라 고대 그리스의 Socrates가 중요시한 질문법에까지 거슬러 올라가며, 또한 1930년대 Dewey의 문제해결학습, 구안법 등에서도 찾아볼 수 있다.

학습자의 일상생활과 직접 관련 없는 내용을 기계적으로 암기하고 연습하는 전통적인 수용학습에 대한 불안에서 1950년대 후반부터 시작된 학문 중심 교육사상이 대두됨으로써 '발견에 의한 학습'의 필요성이 본격적으로 강조되기 시작하였다. 이런 발견학습에 교육학적 의미를 부여하고 이론화하여 명명한 사람이 Bruner이다. 그는 1960년대 학문중심 교육과정과 Piaget의 인지발달이론에 기반을 둔 탐구적 학습의 방법으로 발견학습 방법을 제안하였다.

Bruner는 "발견학습은 학습자에게 가르쳐야 할 내용을 최종적인 형태로 제공하는 것이 아니라, 그 최종 형태를 학습자 스스로 조직하도록 요구되는 상황에서 일어나는 학습"이라고 주장했다. 또한 지금까지 알려져 있지 않은 새로운 규칙성의 발견을 중요시하고, 학생 스스로 그런 규칙성을 발견할 수 있는 학문의 기본구조를 제시할 수 있다고 주장함으로써 발견학습은 학생들 스스로 일반화를 찾게 하는 절차에 따라 이루어지는 귀납적 추론과정에 바탕을 두고 있다.

또한 Bruner는 Piaget와 같은 맥락에서 어린이는 각 발달단계에 적합한 고유의 인지구조가 있다는 데 기초하여, Piaget의 인지발달단계에 대응하는 3단계의 표상양식을 다음과 같이 제안하였다(Driscoll, 1994).

첫째, 작동적 표상(Enactive Representation)은 학령 전기의 아동들은 이전의 사건을 적절한 행동이나 동작을 통해서 재현할 수 있다. 예컨대, 어린이는 자신의 집에서 가게까지 가는 길을 친구에게 말로 설명할 수 없지만, 이전에 했던 방식으로 직접 친구를 데려다 줄 수는 있다는 것이다. 이것은 정보처리 체계 중의 가장 기초적인 형태로 볼 수 있다.

둘째, 영상적 표상(Iconic Representation)은 초등학교 입학 전후의 정보의 재현 형태로서, 어린이들은 사태를 지각과 영상의 선택된 조직에 의해서 요약하거나 공간·시간상의 구조와 이들의 변형된 이미지에 의해서 요약하게 된다. 예를 들면, 어린이는 집에서 가게까지 가는 길을 친구에게 그림으로 그려서 가르쳐 줄 수 있다. 이 단계의 어린이는 자신의 경험과 길을 찾아가는 과정에 대한 이해를 영상적 양식을 통해서 표현할 수 있게 된다.

셋째, 상징적 표상(Symbolic Representation)은 초등학교 상급반의 10세에서 14세 전후의 어린이가 지니는 정보처리 체계로서, 자신의 경험을 언어 등의 기호에 의해서 표현할 수 있는 것을 말한다. 예컨대, 어린이가 친구에게 길을 말로 설명해 주거나 수학 문제를 기호 이용해서 풀 수 있게 되는 것이다. 기호적 표상 단계에서 사용되는 단어는 사물과 사건들을 지시하는 임의적인 표현으로서 그 기능을 하고, 단어의 조합을 통해서 영상이나 행위로 표현할 수 있는 것 이상을 생성해 낼 수 있다.

Bruner는 어린이의 인지발달의 과정이 작동적 표현으로부터 영상적 표현을 거쳐 상징적 표현으로 발전해 감으로써 수업절차도 그와 동일하게 직접 경험, 구체적인 영상을 통한 경험, 상징적 경험의 순으로 조직되어야 한다고 주장했다. 그러나 학습자가 잘 발달된 기호 체계를 가졌다면 작동적, 영상적 표현 단계를 생략할 수 있다. 수업에 가장 적합한 표현양식을 결정하기 위해서는 학습자의 선행지식과 지배적인 사고양식을 파악하는 것이 요구된다.

❶ Bruner의 수업이론의 구성요인

첫째, 학습자 주위의 환경에서 학습자가 보는 입장은 구조화되어 있지 않고 불확실한 환경이 적절한 학습 환경이 되기 위해서는 학습자의 내적 동기를 자극하는 것이어야 한다. 학습을 위한 내적 동기는 호기심, 유능해지려는 동인으로 나타난다. 학습자에게 제공하는 환경은 적절한 수준의 곤란도를 유지할 때 효과적인 학습이 일어날 수 있다. 학습자에게 제공되는 환경은 학습자가 소유하는 표현양식의 정도에 따라 다양화시켜야 한다.

둘째, 유목과 속성은 수업의 결과 학생들이 얻게 되는 일련의 지적 능력이라고 설명될 수 있으며, Bruner에게 유목이란 곧 개념이다. 즉, 유목은 비슷한 속성을 지닌 무리의 대상이나 사태를 표현하기 위한 대상의 추상화로 정의된다. 유목화의 이점은 ① 유목화는 복잡한 환경을 단순화시킨다. ② 유목화는 대상의 재인을 가능케 한다. ③ 유목화는 계속적인 학습의 필요성을 감소시킨다. ④ 유목화는 도구적 활동의 방향을 지워준다. ⑤ 유목화는 대상을 관련짓고 사태를 관계짓는 데 도움을 준다.

셋째, 지식의 구조는 일종의 분류체계로 특정학문 분야에 포함되어 있는 기본적 사실, 개념, 명제, 원리, 법칙을 분류하여 체계화한 것이다. 이를 익히게 되면 새로운 대상, 사실, 사태를 서로 관련짓고, 또 기존의 정보와 관련지을 수 있게 된다. 즉, 정보를 단순화하는 능력, 새로운 원리를 생성해 내는 능력, 지식의 조작 능력을 크게 증대시킬 수 있다. 이러한 지식의 구조는 세 가지 특성으로 기술될 수 있다. 즉, 표현양식, 경제성, 생성력이다. 잘 구조화된 지식의 구조는 올바른 방식으로 표현되고 경제성과 생성력이 있도록 조직된 지식이다. 경제성은 머리에 저장시켰다가 내용을 이해할 때 동원되는 정보의 양이며, 생성력은 학습자가 학습한 명제들이 얼마나 응용력 있으며 활용도가 높은가를 의미하는 것이다. 지식의 구조는 학습자의 수준에 따라 작동적 표현, 영상적 표현, 상징적 표현으로 번역될 수 있으며, 상징적 표현이 가장 경제성이 높다.

넷째, 개념화 능력과 지각능력은 개념을 형성한다든지 또는 유목을 형성한다는 것을 의미한다. 환경을 기술하고 묘사한다는 것은 환경을 개념화·유목화한다는 것이며 그것은 주위의 세계를 이해하고 표현하는 것과 같다. 이때의 표현은 이해한 것을 머리속에 재현시킨다는 것이다. 지각은 개념화 과정과 같다. 바르게 지각했다는 것은 적절한 유목을 학습했다는 것이고, 또한 대상을 어떤 유목에 분류하게 된 특성을 알고 있다는 것이 된다.

다섯째, 학습의욕에서 가장 중요한 것은 여러 가지 가능성을 탐색하고자 하는 경향인데, 이것의 극대화를 위해서는 ①가능성의 탐색을 자극하는 것, ②그 경향성을 계속 유지하도록 하는 것, ③가능성 탐색의 방향감을 주는 것 등의 세 가지 조건이 마련되어야 한다. 가능성을 자극하기 위해서는 적절한 수준의 불확실성을 가진 문제를 제시한다. 또한 탐색활동의 유지를 위해서는 가능성을 탐색해서 얻는 이득이 그 실패에서 오는 위험 부담보다 커야 한다. 그리고 가능성 탐색의 방향감을 주기 위해서는 학습과제가 어떤 목표를 향해서 나아가고 있다는 것과 진행 중인 학습활동이 그 목표와 관련된다는 것을 학생들이 알아야 한다.

❷ Bruner의 수업이론 원리

발견학습은 학습자에게 교과를 최종적인 형태로 제공하는 것이 아니라, 그 최종형태를 학습자 스스로 조직하도록 요구하는 상황에서 일어나는 학습'이라고 정의된다. 발견학습 방법의 근거는 Bruner에 의하면 발견이란 곧 유목의 형성이요, 분류체계의 형성이다. 발견학습은 분류체계의 형성에서 나타난 방법이기 때문에 분류체계가 갖는 장점은 곧 발견학습의 이점이 되는데 그것은 전이력과 파지력의 증진, 문제해결력의 획득, 학습동기의 형성이다. Bruner는 수업의 원리로 발견학습의 조건과 발견학습의 교육적 의의를 다음과 같이 제시하였다.

발견학습의 조건은 첫째, 학습태세는 학습자가 학습상황에 임했을 때 보이는 내적 경향성을 말하는데, 이는 수업방법에 따라서 수정될 수 있다. 둘째, 요구상태란 학습자의 학습동기수준을 가리키는데, Bruner에 의하면 보통의 동기수준은 너무 높거나 너무 낮은 동기수준보다 분류체계를 발견하는 데 더욱 효과적인 도움을 준다. 셋째, 관련 정보의 학습이란 학습자가 관련된 구체적 정보에 대해 알고 있는 정도를 말한다. 넷째, 연습의 다양성이란 같은 정보라 하더라도 그 정보에 접촉하는 사태가 다양하면 다양할수록 그 정보를 조직할 수 있는 분류체계의 개발이 용이해진다.

가장 효과적인 강화는 자기 학습의 결과를 확인하고 거기서 만족을 맛보는 내적 강화인데, 내적강화를 자극할 수 있는 결과에 대한 지식은 그 시기와 형태에 따라 차이가 있다. 첫째, 결과에 대한 지식은 가능한 하나의 학습단위가 끝나는 단계에서 학생 자신이 세운 가설, 시행과정을 확인하도록 하는 것이 유용하다. 둘째, 결과에 대한 지식은 학생들이 자기의 학습결과에 대해 지나치게 초조해하고 있는 상태에서는 효과가 적다. 셋째, 결과에 대한 지식은 학습자의 표현 양식수준과 같은 수준 내지 그 아래 단계의 표현양식으로 주어져야 효과적이다. 넷째, 결과에 대한 지식은 가능한 한 학습자가 독립적으로 자기 학습의 결과를 확인하고, 그것을 자기의 학습에 재활용할 수 있도록 도와주는 형식으로 제공될 때 효과적이다.

발견학습을 주창한 Bruner에 의하면, 발견은 자기 자신의 지력을 사용하여 스스로 지식을 획득하는 모든 형태이다. 따라서 발견의 과정은 지적 발달에 크게 공헌하고 발견적 수업법은 문제해결 과정을 통해서만 학습될 수 있으며, 발견을 유도하는 모형에 따라 학습하는 것이 발견을 촉진한다고 보고 있다.

3) 오수벨(Ausubel)의 수업이론

오수벨(Ausubel, 1963) 이론의 전제는 학습자의 기존 인지구조가 새로운 자료의 학습과 파지에 영향을 미치는 주요 요인이라는 것이다(Driscoll, 1994). 여기서 인지구조란 학습자의 의식내부에 존재하는 조직화된 개념이나 아이디어의 집합체이고, 유의미 학습이란 새로운 학습과제가 학습자의 기존 인지구조와 상호작용을 하여 인지구조 안으로 포섭(Subsumption)되는 것을 말한다. Ausubel의 포섭의 원리는 학습자가 어떻게 자신의 기존 지식을 확장하고 재조직하는가에 대한 이론적 원리이다. 포섭의 개념은 Piaget의 동화(Assimilation)의 개념과 유사하다고 하겠다.

Ausubel에 의하면, 새로운 지식의 획득과 유지를 위해서는 유의미 학습이 이루어져야 하는데, 이때 일어나는 유의미 학습 과정에서의 포섭의 원리는 다음의 세 가지 유형으로 분류될 수 있다. 첫째, 종속적 포섭이란 포괄성이 낮은 과제가 포괄성이 높은 인지구조 속으로 포섭되는 것이다. 여기에는 이전에 학습한 명제나 개념의 실례인 사례를 단순히 추가하는 파생적(Derivative) 포섭과, 새로운 개념을 포섭하여 기존에 학습한 개념을 수정, 확대, 정교화하는 상관적(Correlative) 포섭이 있다. 둘째, 상위적 포섭이란 포괄성이 높은 과제가 포괄성이 낮은 인지구조 속으로 포섭된다. 즉, 기존의 아이디어를 통합하고 포괄할 수 있는 새로운 명제나 개념을 학습하는 것을 말한다. 셋째, 병위적 포섭이란 새 과제와 인지구조 속에 이와 관련된 정착 개념이 서로 수평적 관계를 유지하면서 포섭된다.

유의미 학습을 포섭과 관련지어 Ausubel은 두 가지 원리를 제시하고 있다. 즉, 점진적 분화(Progressive Differentiation)와 통합적 조정(Integrative Reconciliation)이다. 첫째, 점진적 분화란 가장 일반적이고 포괄적인 개념을 먼저 제시하고 점차 구체화하여 상위개념이 하위개념을 포섭하도록 하는 것이다. 둘째, 통합적 조정이란 개념 간의 중요한 유사점이나 차이점을 인식하고 불일치점을 조정하여 개념을 상호관련짓도록 하는 것이다. 통합적 조정은 점진적 분화가 이루어질 경우에는 자연적으로 발생하게 된다.

또한 Ausubel은 유의미 학습을 촉진시킬 수 있는 선행조직자(Advance Organizer)라고 하는 장치를 제안하였다. 선행조직자란 학습자의 인지구조를 조정하기 위해 학습 이전에 미리 제공되는 일반적·포괄적·추상적인 도입 자료로서 새로운 자료와 이전 학습의 연결을 돕는 장치라고 할 수 있다. 선행조직자는 흔히 진술문으로 제시되어지나 질문, 이야기, 영화, 시범 등으로 제공될 수 있다. 가장 효과적인 선행조직자의 제시는 적절한 실례나 비유를 학습자가 이미 알고 있는 개념, 용어, 명제와 연관시켜 사용하는 것이다.

(1) Ausubel의 수업이론 구성요인

❶ 유의미 학습과제

유의미 학습과제는 유의미한 아이디어의 집합체라고 표현되기도 하며, 논리적으로는 유의미가를 가진 학습과제를 의미한다. 또한 이론적 유의미가를 가진 과제는 실사성과 구속성이 있는 관계를 말한다. 첫째, 실사성이란 어떤 명제를 어떻게 표현하더라도 그 명제의 의미가 변하지 않는 명제를 다루는 과제를 말하는데, '있다-없다'의 차원이 아니라 '높다-낮다'의 차원에서 해석된다. 둘째, 구속성이란 일단 임의적으로 맺어진 관계가 시간이 경과함에 따라 하나의 관습으로 굳어지면 그렇게 맺어진 관계를 임의적으로 변경할 수 없게 되는 성질을 말한다. 이와 같이 주어진 학습과제가 실사성과 구속성을 가지면 논리적 유의미가를 갖는 유의미 학습과제라 부른다.

❷ 인지구조와 인지과정

인지구조는 학습자의 의식 내부에 존재하고 있는 조직화된 개념이나 아이디어의 집합으로서, 개념이나 아이디어는 상호 위계성을 갖고 조직되어 있다. 그리고 외부로부터 투입되는 논리적 유의미 학습과제를 포섭하는 매개체 기능을 한다. 학습자의 의식 내부에 이용 가능한 인지구조가 내재되어 있을 때 유의미 학습을 촉진할 잠재력을 지닌다고 한다. 학습과제 자체에서 이론적 유의미가가 결핍되어 있으면 기계적 학습이 일어난다.

Ausubel은 그의 이론에서 인지과정을 포섭과 동화의 과정으로 설명하는데, 포섭이란 새로운 명제나 아이디어가 학습자의 머릿속에 이미 조직되어 있는 보다 포괄적인 인지구조 속으로 동화 또는 일체화되는 과정을 말한다. 즉, 포섭한다는 것은 유의미의 잠재성이 있는 학습 자료를 기존의 인지구조에 화합 또는 통합시킨다는 것으로, 이는 곧 학습한다는 의미를 나타낸다.

❸ 명제의 재생과 파지

유의미 학습을 통해 얻어지는 산물은 개념, 명제, 정보 등의 학습 또는 재생, 파지이다. 첫째, 학습이란 학습과제에 내포되어 있는 잠재적 의미를 획득하여 그 의미의 가용도를 높이는 것이다. 둘째, 파지란 새로 획득한 의미의 가용도를 유지하는 과정을 말하는데, 유의미 파지의 결과가 기계적 파지의 결과보다 우세하다. 유의미 파지란 학습 도중에 형성된 가용도를 학습 후에 교정하여 이해할 뿐만 아니라, 이 가용도 하에서도 새 의미와 기존의 관련 정착 의미와의 상호작용을 계속하고 있는 단계를 의미한다.

유의미 파지의 결과가 기계적 파지의 결과보다 우세한 이유는 인지 구조 내에 있는 관련 정착 의미와 실사성과 구속성이 있는 학습과제의 의미 간의 관계 때문에 유의미 학습의 경우에 보다 많은 학습 자료가 쉽게 학습되고, 학습 직후 학습된 의미의 가용도도 높아진다는 데 있다. 새로 형성된 의미는 파지기 동안 동화과정에 의해 유지되고 있기 때문에, 학습단계에서 작용하던 같은 변인이 초기와 후기의 분리력 강도에 영향을 끼치고 있기 때문에 획득된 의미가 오랫동안 파지된다.

(2) Ausubel의 수업이론 주요 원리

❶ 점진적 분화의 원리

일반적이고 포괄적인 의미를 먼저 제시하고 점차 세분화되고 특수한 의미로 분화하여 제시하는 원리, 즉 연역적 계열에 따르는 설명적 수업을 의미한다. 이는 학습자가 가장 포괄적인 개념을 구조의 최상단으로 점유하면서 점차 갈수록 덜 포괄적이고 분화된 개념이나 사실적 자료를 포섭하는 식의 위계적 구조로 이루어져 있다는 가정에 기초한다.

❷ 통합적 조정의 원리

새로운 개념이나 의미는 이미 학습된 내용과 일치되고 통합되어야 한다는 원리이다. 교육과정의 계열은 계속되는 학습이 이전에 학습된 것과 관련지어 조직되어야 한다는 것이다. 교사가 앞서 제시한 학습내용과 이후에 제시하는 학습내용 간에 유사점과 차이점을 제시하여 관련성을 갖도록 해주는 것을 말한다.

❸ 선행학습의 요약·정리 원리

새 과제의 학습에 임할 때 현재까지 학습해 온 내용을 요약·정리해 줌으로써 학습을 촉진시킬 수 있다는 원리다. 이와 같이 요약·정리하는 방법으로는 해당 학습과제를 반복하면서 확인, 교정, 명료화한다거나 차등 연습 및 복습을 하는 등의 여러 방법이 있다.

❹ 내용의 체계적 조직 원리

학습효과의 극대화를 위해서는 학문의 내용이 계열적·체계적으로 조직되어야 한다는 원리이다. 학습의 극대화는 별도의 조직자가 있으면 더욱 효과적이겠으나 계열적으로 조직된 교과에는 선행과제의 학습만으로도 충분하다. 이 경우는 매 선행과제에 대한 요약 및 정리가 확실하게 되어야 한다.

❺ 선행조직자의 원리

선행조직자는 새 학습과제에 대하여 학습의 점진적 증진효과를 최대화시키고 점진적 금지현상을 최소화시킬 수 있도록 인지구조를 조정하는 방법으로, 아주 명료하면서도 안정되고 한편으로는 적절하고 포괄적인 인문적 자료를 말한다. 이와 같은 선행조직자를 제공했을 때 학습효과를 기대할 수 있는 이유는 다음과 같다. 첫째, 이론적으로 유의미한 과제가 각 개인에게 잠재적으로 유의미가를 가지도록 하기 위해 개인의 인지구조 내에 기존의 개념이나 의미를 적절히 가지도록 하기 때문이다. 둘째, 관련 정착 의미 또는 포괄자의 기능을 가지도록 학문영역에서의 보다 포괄적이고 일반적인 의미를 제공하기 때문이다. 셋째, 인지구조 내에 기존하고 있는 적절한 내용을 확인하기도 하고, 선행하는 과제의 적절성을 분명하게 확인하는 데 도움을 주기 때문이다.

⑥ 학습준비도의 원리

학습자의 기존 인지구조뿐만 아니라 학습자의 발달수준도 고려해야 한다는 원리이다. 즉, 학습준비도란 단순한 유전적 영향만을 말하는 것이 아니고, 모든 선행했던 경험, 선행학습을 망라해서 개인의 인지구조와 인지능력의 형성에 영향을 주는 것을 총칭하는 것으로서 누가적이며 발달적인 성격을 띤다.

4) 가네(Gagné)의 수업이론

가네(Gagné)는 인간학습의 결과로 얻어지는 산출물을 5가지 영역(언어정보, 지적기술, 인지전략, 운동기능, 태도)으로 분류하고, 그 각각의 능력들을 가르쳐야 하는 목표로 보고 있다. 수업형태와 방법 및 절차는 수업목표가 무엇인가에 따라 달라진다. 따라서 5가지 다양한 수업목표에 따라 학습조건이 달라질 수밖에 없다. 이러한 이유로 Gagné의 이론을 목표별 수업이론이라고 부른다. Gagné의 목표별 수업이론은 목표에 따라 학습조건이 달라지기 때문에 학습조건 수업모형이라고도 한다. 또는 학습위계이론, 과제분석이론이라고도 한다.

기본적 관점은 첫째, 학습능력은 낮은 차원에서 높은 차원의 단계로 축적되어 왔다. 둘째, 높은 수준의 지식이나 기능을 학습하기 위해서는 반드시 낮은 단계의 지식이나 기능을 습득해야 한다. 셋째, 주어진 학습과제는 그 복잡성의 정도에 따라 다른 수준의 학습능력을 요구한다. 넷째, 다른 위계의 학습능력을 필요로 하는 학습과제를 학습하기 위해서는 거기에 알맞은 학습유형을 적용해야 한다.

(1) Gagné의 수업이론 구성변인

Gagné는 Skinner와 같은 행동주의자들의 강조(학습이 일어나는 데 영향을 미치는 외적요인의 강조)에 반대 입장을 취하지는 않는다. 다만, Skinner는 강화의 원리와 같은 외적요인이 모든 종류의 학습에서 그리고 모든 연령층의 학습자에게 보편적으로 적용될 수 있다고 보는 데 비하여, Gagné는 목표별 수업이론의 독립변인인 외적 요인의 효과는 학습과제의 종류와 학습자의 연령에 따라 달라진다고 생각한다. 첫째, 근접의 원리란 학습자가 반응해야 할 자극 사태와 적절한 반응이 시간적으로 가까이 있을 때에 학습이 효과적으로 이루어진다. 둘째, 반복의 원리란 자극 사태와 그에 따른 반응을 되풀이하거나 연습할 때 학습이 증진되고 파지가 확실해진다. 셋째, 강화의 원리란 행동주의 심리학자들이 강조하는 대표적인 학습조건의 하나이다. 새로운 행동의 학습은 그 행동이 일어날 때 보상과 같은 만족스러운 일이 있을 때 강화된다는 프리맥(Premack)의 원리를 적용한 것이다. 즉, 새로운 행동(A)은 그 행동을 한 후 학습자가 즐겨서 하는 행동(B)이 뒤따른다는 것을 알려주면 학습이 잘 된다. B의 행동이 A의 행동과 유관(Contingent)될 때 학습이 증진된다.

Gagné의 목표별 수업이론의 독립변인인 내적 조건은 첫째, 선행학습이란 새로운 학습은 이미 학습된 내용을 바탕으로 하여 이루어진다. 둘째, 학습동기란 학습이 시작되는 단계에서는 학습하려는 자세를 갖도록 하는 것이 꼭 필요하다. 일단 학습이 시작된 후에도 학습에 대한 동기가 계속되도록 하는 조치가 계속 취해져야 한다. 이는 성공적 학습을 위해 필수적인 것이다. 셋째, 자아개념이란 긍정적 자아개념은 학습동기와 더불어 학습을 위한 필수적 조건 중의 하나이다. 학습에 대한 자신감이 있어야 학습이 잘 이루어진다. 넷째, 주의집중이란 학습과제에 대한 집중을 말한다. 목표별 수업이론의 종속변인은 학습력의 획득, 학습력의 파지, 학습력의 전이이다.

(2) Gagné의 수업사태의 조정

수업사태의 조정이란 수업장면에서 교사가 학습사태를 통제하는 일련의 활동을 말하는 것으로, 학습이 일어나는 시기에 학습자 주위의 자극장면을 공간적 차원에서 적절히 배열한다는 것이다. Gagné는 수업사태를 9가지 과정으로 나누면서 이러한 수업사태들이 학습의 내적과정을 도울 수 있는 외적 방법들임을 주장하고, 이들 각 사태들의 구체적 특성은 학습능력에 따라서 달라져야 한다고 주장한다. 다음의 9가지 사태들은 수업활동을 계열화하는 기본적 원리들로 해석될 수 있다.

❶ 주의 집중 유도하기

수업의 시작단계에서 학생들의 주의를 집중시키는 것은 중요하다. 학생들의 시선을 교사에게 모으고, 관심을 갖게 하는 것이 우선되어야 한다. 학생들이 주의를 집중시키는 방법은 학생들에게 색다른 자극을 제시하거나, 학생들의 흥미를 끄는 방법을 활용하거나, 학습과제와 관련 있는 행동을 보여주는 것이다.

학생들의 주의를 끄는 방법은 예컨대, 갑자기 목소리를 높이거나 낮추는 방법이다. 또 다른 방법은 학생들의 학습 흥미를 돋구는 질문의 방법을 활용하는 것이다. 예컨대, 생물 시간이라면 "왜 나뭇잎은 떨어지나요?"와 같은 질문을 제기한다. 또 다른 방법은 학습과제와 관련 있는 행동을 보여주는 것이다. 예를 들어, 화학 시간이라면 마그네슘 조각에 불을 붙여 보인다.

❷ 학습자에게 수업목표 안내하기

학습과제를 다루기 전에 본시 학습을 통해 달성해야 할 목표를 제시하는 것이다. 학생들은 자신들이 달성해야 할 목표를 인지함으로써 자신의 학습태도를 재형성하는 것이다. 이때 학습목표를 효과적으로 전달하기 위하여 학생이 쉽게 이해할 수 있는 언어나 도구로 나타내는 것이 좋다.

❸ 선행학습 회상 자극하기

선행학습을 다시 확인하는 것으로 새로 배우게 될 내용의 단계나 성격, 그리고 이전 학습과의 관련성을 파악하는 데 초점이 맞추어진다. 환언하면 학습자로 하여금 이전에 배운 내용을 회상케 하는 것이다.

❹ 학습과제 자극 제시하기

학습과제 자극 제시하기는 본 학습이 시작되는 첫 단계에 필요한 것으로써 자극자료를 제시할 때 학습자의 선택적 지각을 결정하도록 돕는 데 초점을 맞춘다. 학습과제를 다루는 구체적인 활동이 전개된다. 교사는 가르치려는 내용의 성격에 따라 매우 다양한 교재와 방법을 활용하게 된다. 그림, 인쇄, 실물 등 다양한 사태에 따라 수업매체를 사용한다.

⑤ 학습안내하기

학습안내 제공하기는 자극을 보다 의미 있게 만들려는 노력이다. 여러 가지 구체적이고 친밀한 예를 제시하거나 연결시키려는 노력이 필요하다. 학습자의 학습행위를 이끌거나 특정 개념이나 원리를 가르치고자 할 때 교사가 질문이나 힌트 등의 자극을 제시하는 것이다.

⑥ 수행유도하기

학습자가 특정 능력을 습득했는지를 확인하기 위해서는 학습자에게 해당되는 행동을 수행하도록 요구하게 된다. 이는 교사로 하여금 학습자가 새로운 내용을 학습했는지를 확인하는 기회가 되며, 학습자 스스로도 그것을 확인해 보는 기회가 된다. 학습자의 반응을 유도하기 위하여 교사가 질문을 하거나 행동을 하도록 지시하는 것에 해당된다.

⑦ 피드백 제공하기

피드백의 방법은 매우 다양하며 상황에 따라 그 적용이 다르다. 피드백의 초점은 학습내용보다는 성취행동의 정확성에 초점을 맞추어야 한다. 대부분의 피드백은 즉각적이며 자동적으로 주어진다. 학습자가 일련의 성취행동을 하면 교사는 그 성취행동의 결과를 학습 전 단계에 반영시킬 필요가 있다.

⑧ 수행-형성 평가하기

성취행동의 평가는 수업목표에 비추어 그 도달 정도를 측정한 것이다. 이 평가에서 중요한 것은 평가의 타당도와 신뢰도이다. 학습자의 학업성취 행동 평가는 시험이나 퀴즈 혹은 간단한 질문 등으로 이루어질 수 있다. 평가의 두 가지 기능은 첫째, 새로운 학습이 어느 정도 안정성을 갖고 신뢰성 있고, 타당하게 이루어졌는지를 확인하게 한다. 둘째, 학습자에게 연습의 기회를 다시 한 번 더 제공한다.

⑨ 파지와 전이 증진시키기

평가가 이루어진 후에는 학습자들의 파지와 전이를 고양시키는 노력이 필요하다. 교사는 학생들의 기억을 오랫동안 지속케 하면서 이를 즉각적으로 재생시킬 필요가 있다. 일단 습득된 지식이나 태도 및 기능을 새로운 사태에 능동적으로 적용할 수 있는 전이 전략을 구사할 필요가 있다.

Gagné의 이상과 같은 아홉 가지 수업사태들은 모든 종류의 학습결과 혹은 능력을 학습하는 데 적용된다. 수업사태들의 순서는 고정된 것보다는 수업목표에 따라 유동성 있는 것으로 이해되어야 한다. 수업사태들은 교사, 학습자, 혹은 수업자료에 의해 제공될 수 있는 학습의 외적 조건들로써 학습자의 내적 인지과정을 돕기 위한 것이다. 이 수업사태들은 미시적 수준에서 파악된 수업목표를 달성하기 위하여 어떤 식으로 수업활동을 계열화할 것인지에 대한 원리를 제시하고 있다. 즉, Gagné는 학습자의 내적 인지과정 9가지 측면에 대응하는 수업사태들을 통하여 학습의 조건들을 제공함으로써 학습과정을 돕는 적절한 수업활동의 계열화 원리를 밝히고 있는 것이다.

3 효과적인 수업 전략

교육심리학 교수 게리 보리크가 쓴 『Effective Teaching Methods』에서 효과적인 수업과 관련된 교사의 다섯 가지 핵심 행동 다음과 같다.

첫째, 수업의 명료성이란 교사가 수업에서 얼마나 명확하고 정확하게 수업내용을 설명하고 전달하는가를 의미한다. 둘째, 수업 방법의 다양성이란 수업에서 전달 방법의 다양성과 관계되는 것이다. 수업 방법의 다양성은 질문, 수업자료, 수업 매체, 수업 장소를 잘 활용하는 것을 말한다. 셋째, 수업 활동에의 전념 정도란 교사가 수업 시간 중에 교과 내용을 가르치는 시간에 얼마나 많이 할애하고 집중할 수 있는가를 의미한다. 이것은 학생의 학습참여도에 관계한다. 넷째, 학생의 적극적인 참여란 학생이 특정한 교과를 학습하는데 얼마나 많은 시간을 몰두하는가의 정도를 의미한다. 이는 교사의 순수 수업 활동에의 전념 정도와 교사의 수업내용의 양과 질에 관련성이 깊다. 다섯째, 학생의 학습 성공률이란 학생의 수업이해와 학습 성공률의 정도를 의미하는 것으로 수업내용의 난이도와 관계가 깊다고 말할 수 있다(박승배 외 공역, 2002).

좋은 수업을 위한 교사의 준비 단계를 보면 다음과 같다.

① 교육과정과 교과서의 철저한 분석과 해석: 학생들의 개인차를 고려한 수준별 지도와 교재의 재구성
② 학생들의 발달단계를 고려한 수업사태의 제시와 다양한 교수 기법의 개발
③ 해당 학년의 발달적 특성 이해와 학습에 대한 학습자의 특성과 경향 파악
④ 단원과 차시내용의 철저한 분석과 재구성
⑤ 단위 시간의 수업 절차와 활용할 발문의 준비
⑥ 교실 공간 구성 및 학습 집단의 구성과 자료의 배치
⑦ 다양한 학습 상황에 대한 학생의 적응과정과 예상

좋은 수업을 하기 위해서는 교사의 질문 기술도 중요하다. 교사가 질문하고 교사가 대답하는 수업은 최악의 수업이고, 교사가 질문하고 학생이 대답을 하면 발전한 수업이며, 학생이 질문하고 교사가 대답하면 바람직한 수업이고, 학생이 질문하고 학생이 대답을 하면 최상의 수업이다(조벽, 2000). 그래서 좋은 수업을 하기 위해서 질문하기는 매우 중요한 기술이라고 말할 수 있다. 교사는 질문을 통해 학생의 사고를 자극하고 학습 내용의 습득을 강화하며 학생들의 학습참여도를 유도할 수 있고 학생들의 주의를 집중시킬 수 있다. 효과적인 질문 방법은 다음과 같다(이병환 외, 2012).

- 수업 목표에 따라 다양한 질문을 한다.
- 학습 지도 계획에서 이탈된 질문은 하지 않는다.
- 구체적인 목적에 따라 순서를 정하여 질문한다.
- 교과 내용의 논리적 계열의 순서에 따라 질문한다.
- 학습자의 능력에 적합한 질문을 한다.

- 한 번에 하나의 질문을 하는 것을 원칙으로 한다.
- 특정 학생에게 반복적으로 질문하지 않는다.
- 수업에 참여한 학생들에게 골고루 질문한다.
- 같은 질문을 반복하지 않는다.
- 질문 내용을 구체적이고 명료하게 한다.
- 공격적인 질문은 하지 말아야 한다.
- 학생이 즉각적인 대답을 어려워하면 생각할 시간을 준다.
- 학생의 사고를 활발히 자극할 수 있게 개방적인 질문을 한다.
- 질문의 개념을 명확히 한다.
- 구체적인 응답이 가능한 것을 질문한다. 너무 추상적이거나 막연한 질문은 피한다.

좋은 수업을 위해 교사가 해야 할 일을 살펴보면 첫째, 학생들의 발달 단계별 특징을 이해할 수 있는 연구이다. 둘째, 수업의 기능을 극대화하는 다양한 교수 이론의 체계 정립이다. 셋째, 구성주의에 대한 포괄적인 이해와 적용방법의 탐색이다. 넷째, 적극적 상담 원리와 인간의 본성에 대한 이해이다. 그리고 좋은 수업을 위한 39가지 전략을 소개하면 다음과 같다(정찬기오 외, 2016).

- 전략 1 : 교과서보다 교육과정을 중시하라.
- 전략 2 : 교육내용을 조직하라. 그러나 그것에 종속 되지 말라.
- 전략 3 : 교육과정을 수준화하라.
- 전략 4 : 주제를 새로운 각도로 생각하라.
- 전략 5 : 학습지도는 신선하고 활력 있게 전개하라.
- 전략 6 : 학습지도는 자연스럽게 하되 알고 있는 지식을 즉석에서 가르치지 말라.
- 전략 7 : 교사가 자신이 확실히 알고 있지 못한 내용을 학생이 알거나 이해할 수 있으리라 기대하지 말라.
- 전략 8 : 부분과 전체의 조화를 유지하라(부분-부분, 부분-전체, 전체-부분, 전체-전체).

- 전략 9 : 아는 지식을 마구 쏟지 말라.
- 전략10 : 교사와 학생의 적극적 관계를 유지하라.
- 전략11 : 어렵게 준비하지 말라.
- 전략12 : 적당히 넘기지 말라.
- 전략13 : 새로운 용어와 개념은 반복하라. 사고하고 이해하기 위해서는 암시보다 실체가 중요하다.
- 전략14 : 교수활동과 연기는 다르다.
- 전략15 : 학생의 질문에 최선을 다해 답하라. 질문은 학습목표로 가기 위한 최선의 통로이다.
- 전략16 : 학습의 책임을 묻지 말라.
- 전략17 : 배우기 원한다는 전제 하에 가르치되, 시험 통과를 전제하지 말라.
- 전략18 : 적절한 보상책을 강구하라.
- 전략19 : 교사는 안내자, 조력자, 촉진자, 보조자의 역할을 우선해라.
- 전략20 : 학습설계는 학습의 기초이며 기본이다.
- 전략21 : 교육내용보다 교육방법에 더욱 신경을 써라.
- 전략22 : 학생을 비웃지 말고, 함께 웃어라.
- 전략23 : 유머스럽게 수업을 전개하라.
- 전략24 : 학생이 당신을 대하듯 당신도 당신을 대하라.
- 전략25 : 교수활동을 너무 진지하게 하지 말라. 학생 스스로 생각이 얼마나 진지한지 느끼게 하라.
- 전략26 : 학생을 존경하라 그리하면 학생도 존경한다.
- 전략27 : 학생이 조용하다고 이해되었다고 생각하지 말라.
- 전략28 : 모든 학문은 각기 고유한 언어가 있다. 교과의 특성에 맞게 가르쳐라.
- 전략29 : 학습의 결과는 양보다 질에 승부를 걸어라.
- 전략30 : 학생에게 무리한 학습능력을 기대하지 말라.
- 전략31 : 학습의 방향(학습목표, 학습문제, 학습활동 안내)을 정확히 명시해라.
- 전략32 : 학습방법을 체득하는 수업을 전개하라.

- 전략33 : 가르치고 배우기보다는 생각하는 수업에 초점을 두어라.
- 전략34 : 학습의 결과보다는 학습의 과정을 중시해라.
- 전략35 : 알려진 지식의 전달보다는 알려지지 않은 지식의 탐구에 중점을 두어라.
- 전략36 : 지식의 속도보다는 지식의 힘에 중점을 두어라.
- 전략37 : 잘 가르치는 교사보다는 잘 배우게 하는 교사가 되어라.
- 전략38 : 학습내용을 구조화하고, 학습을 개별화시키고, 수업을 다양화 시켜라.
- 전략39 : 학습목표, 학습내용, 학습방법, 평가가 유관성 있는 수업이 되게 하라.

연습문제

객관식

1 다음 (가)~(다)의 교수활동과 가네(R. Gagné)의 수업사태의 단계를 옳게 연결한 것은? 〈2013년도 중등기출문제〉

> 홍 교사는 다항식의 덧셈을 가르치려고 한다. 지난 주말 두 가족이 놀이공원 입장표를 사면서 있었던 에피소드로 학생들의 주의를 집중시킨 후, (3X+2Y)+(2X+Y)를 예로 들면서, '미지수가 2개인 다항식의 덧셈을 할 수 있다.'라는 수업목표를 알려 준다. 이 수업목표를 달성하기 위해, 홍 교사는 지난 수업 시간에 가르친 다항식의 개념을 상기해 주면서, 다항식의 덧셈 절차를 단계적으로 보여 주며 가르친다.
> (가) 부호화(encoding)를 촉진하기 위해 문자가 같은 항끼리 더하는 데 도움이 되는 그림이나 단서를 제공해 준다.
> (나) 학생이 다항식 덧셈의 각 단계를 밟아 놀이공원 입장료를 계산하도록 한다. 학생이 입장료를 정확히 계산하면, 그 사실을 확인해 주고, 틀리면 교정해 준다. 또 학생이 배운 규칙을 이용하여 다양한 다항식 덧셈 문제를 풀도록 하고 이를 평가한다.
> (다) 마지막으로 다항식 덧셈 절차를 노트에 적어 가며 복습하고, 배운 것을 다양한 형태의 다항식 덧셈 문제에 일반화하도록 한다.

	(가)	(나)	(다)
①	선수학습 회상하기	수행 유도하기	파지 및 전이 향상시키기
②	주의 획득하기	수행 유도하기	파지 및 전략 점검하기
③	주의 획득하기	피드백 제공하기	파지 및 전략 점검하기
④	학습 안내 제시하기	수행 유도하기	파지 및 전이 향상시키기
⑤	학습 안내 제시하기	피드백 제공하기	파지 및 전이 향상시키기

2 다음은 오수벨(D. Ausubel)의 선행조직자 교수모형이다. (가)단계에서 교사가 수행하는 대표적인 교수활동으로 옳은 것을 〈보기〉에서 고른 것은? 〈2012년도 중등기출문제〉

선행조직자 제시 → 학습과제와 자료제시 → (가)

ㄱ. 학습결과를 분석하여 선행조직자의 개선을 위한 자료를 수집한다.
ㄴ. 수업목표를 제시하고 점진적 분화의 원리에 따라 학습 자료에 나오는 개념이나 명제를 학습하도록 유도한다.
ㄷ. 학습자가 학습자료의 내용을 다른 시각에서 살펴보거나 숨겨져 있는 가정이나 추론 등에 대해 도전하게 한다.
ㄹ. 학습자료에 제시된 여러 가지 개념이나 명제들 사이의 공통점과 차이점을 학습자의 선행학습 내용에 근거하여 비교·설명한다.

① ㄱ, ㄴ
② ㄱ, ㄷ
③ ㄴ, ㄷ
④ ㄴ, ㄹ
⑤ ㄷ, ㄹ

3 가네(R. Gagné)의 교수 · 학습이론에 대한 진술로 옳은 것만을 〈보기〉에서 모두 고른 것은? 〈2011년도 중등기출문제〉

ㄱ. 학습을 주관적 경험에 근거한 개인적 의미 창출 과정으로 본다.
ㄴ. 학습 영역(learning outcomes)을 언어 정보, 지적 기능, 운동, 기능, 태도, 인지 전략으로 나눈다.
ㄷ. 학습자의 내적 학습 과정을 지원하기 위한 9가지 외적 교수사태(events of instruction)를 제안한다.
ㄹ. 학습 영역(learning outcomes)을 세분화하여 제시한 메릴(M. D. Merrill)의 내용요소 제시이론(component display theory)의 토대가 되었다.

① ㄱ, ㄹ
② ㄴ, ㄷ
③ ㄱ, ㄴ, ㄷ
④ ㄱ, ㄴ, ㄹ
⑤ ㄴ, ㄷ, ㄹ

4 박 교사는 오수벨(D. Ausubel)의 유의미 수용학습 이론에 따라 수업을 하고자 한다. (가), (나), (다)에 들어갈 내용을 바르게 짝지은 것은? 〈2010년도 중등기출문제〉

> 박 교사는 학생들에게 먼저 수업목표를 명확히 제시하고, 수업내용을 쉽게 이해하도록 하기 위해 수업내용을 포괄하는 예를 (가) 로 제시하였다. 박 교사는 (가) 가 학생들의 인지구조 내에서 새로운 학습내용을 (나) 하여 의미 있는 수용학습이 이루어지도록 촉진할 것이라고 기대하였다. 그 이유는 수업내용을 학습하기 전에 수업내용에 관한 포괄적인 예를 제시하면 그것이 (다) 의 역할을 수행하여 학습의 정교화를 촉진할 것이기 때문이다.

	(가)	(나)	(다)
①	비교조직자	대조	정착 아이디어(anchoring ideas)
②	비교조직자	포섭	지식망(knowledge network)
③	설명조직자	대조	정착 아이디어(anchoring ideas)
④	설명조직자	포섭	지식망(knowledge network)
⑤	설명조직자	포섭	정착 아이디어(anchoring ideas)

5 다음 가네(R. Gagné)의 9단계 수업사태에서 ㉠~㉤에 해당하는 교사의 수업활동에 대한 설명으로 가장 적합한 것은? 〈2009년도 중등기출문제〉

> ㉠ → 학습목표제시 → ㉡→ 자극 제시 → ㉢ → 수행 유도 → ㉣ → 수행 평가 → ㉤

	단계	교사의 수업활동
①	㉠	학생들이 내용의 핵심을 선택적으로 지각하여 용이하게 저장할 수 있도록 안내하였다.
②	㉡	학생들이 유의미한 지식구조를 구축하는데 초점을 맞추어 필요한 기법을 활용하였다.
③	㉢	학생들이 배운 내용을 단기기억에 저장하도록 다양한 흥미 유발 기법을 활용하였다.
④	㉣	성공적 수행에 대해서는 강화를 제공하고, 잘못된 수행은 교정할 수 있도록 정보를 제공하였다.
⑤	㉤	학생들이 선수학습 점검 질문에 답을 못할 경우, 다시 가르치기보다는 일단 새로운 학습을 진행하였다.

정답

1. ④ 2. ⑤ 3. ⑤ 4. ⑤ 5. ④

주관식

1 스키너(Skinner)의 프로그램 수업에 대해 설명하시오.

2 브루너(Bruner)의 3단계 표상양식과 수업이론의 구성요인에 대해 설명하시오.

3 오수벨(Ausubel)의 수업이론 주요 원리에 대해 약술하시오.

4 가네(R. Gagné)의 9가지 수업사태에 대해 설명하시오.

정답

1. 스키너의 프로그램 수업이란 학생이 정반응을 하도록 이끌고 그 정반응에 대해 강화를 제공할 수 있도록 자료를 배열하는 수업이다. 프로그램 수업에 대한 특징들을 설명하면 된다.
2. 브루너의 3단계 표상양식인 작동적, 영상적, 상징적 표상에 대해 설명하고, 학습자의 내적 동기 자극, 유목과 속성, 지식의 구조, 학습의욕 등에 대한 설명을 하면 된다.
3. 오수벨의 수업이론에서 점진적 분화의 원리, 통합적 조정의 원리, 선행학습의 요약 및 정리 원리, 내용의 체계적 조직원리, 선행조직자 원리, 학습준비도 원리 등에 대한 특징들을 설명하면 된다.
4. 가네의 9가지 수업 사태인 주의집중 유도하기, 학습자에게 수업목표 안내하기, 선행학습 회상 자극하기, 학습과제 자극 제시하기, 학습안내하기, 수행유도하기, 피드백 제공하기, 수행-형성 평가하기, 파지와 전이 증진시키기에 대한 특징들을 설명하면 된다.

CHAPTER

09

교육평가의 이해

1. 교육평가의 개념
2. 교육평가의 목적
3. 교육평가의 기능
4. 교육평가의 유형
5. 교육평가의 문항유형
6. 평가도구의 양호도

교육에 관련된 모든 대상과 사건에 대한 판단이 행해지고, 그에 따른 의사결정이 수반됨에 따라 최근에 교육평가의 대상을 학생에 국한시켰던 관점에서 벗어나 학생에 영향을 미치는 교사, 교육과정, 학교환경, 교육제도 등에 이르기까지 대상이 점차 확대되고 있다.

교육과 관련해 볼 때에도 우리는 평가와 관련한 행위나 현상을 자주 접하고 있다. 가장 먼저 떠오르는 것으로는 학교에서의 시험, 대학입학시험과 같은 진학시험, 승진이나 취업 등을 위한 각종 시험이 있을 것이며, 교사평가, 학교평가, 시·도 교육청평가, 대학평가, 기관평가 등도 친숙할 것이다. 교육평가란 교육목표의 달성정도나 교육과정의 효율성을 판단하기 위하여 학습자의 행동변화 및 학습과정에 관한 제반정보를 수집하고 이용함으로써, 교육적 의사결정을 하는 데 도움을 주거나 더 나아가 의사결정을 하는 과정을 의미한다. 이와 같은 의사결정의 제 과정은 교육적인 가치를 판단하는 일이다. 여기에서는 교육평가의 개념, 교육평가의 목적, 교육평가의 영역, 교육평가의 유형, 교육평가의 문항유형, 평가도구의 양호도에 대해 살펴보기로 한다.

1 교육평가의 개념

1) 일반적 의미

교육평가(educational evaluation)는 교육목적의 달성정도를 판단하고, 일정한 기준을 가지고 교육활동의 효율성을 가늠하여 나타난 결과에 대한 가치를 판단하는 체계적인 과정을 의미한다. 교육평가에 대한 일반인의 인식은 단지 교육현장에서 실시되는 각종 고사 혹은 입학시험에서 학습자 선발이나 분류를 위한 활동으로 국한해서 생각하는 경향이 있다. 그러나 이것은 극히 일부분일 따름이다. 이러한 의미에서 학자들은 교육평가를 다음과 같이 정의하고 있다.

첫째, 타일러(Tyler, 1951)는 교육평가를 '교육과정과 수업활동을 통해 교육목표가 실제로 어느 정도 실현되었는지를 밝히는 과정'으로 정의한다.

둘째, 크론바흐(Cronbach, 1984)와 스터플빔(Stufflebeam, 1971)은 교육평가를 '교육과 관련된 의사결정을 내리는 데 필요한 정보를 수집하는 활동 또는 그 과정'으로 정의를 내린다.

셋째, 교육평가를 '교육과 관련된 어떤 대상의 장점, 질 가치 등을 판단하는 과정과 그 산물'로 정의하며, 그 대표적인 학자로는 스크리븐(Scriven)과 스테이크(Stake)를 들 수 있다.

이러한 정의를 종합해 볼 때, 학교교육에서 교육평가는 교육목표의 달성정도나 교육과정의 효율성을 판단하기 위하여 학습자의 행동변화 및 학습과정에 관한 제반정보를 수집하고 이용함으로써, 교육적 의사결정을 하는 데 도움을 주거나 더 나아가 의사결정을 하는 과정을 의미한다. 의사결정의 제 과정은 교육적인 가치를 판단하는 일이다.

2) 평가의 관점

교육평가라는 용어가 교육활동과 관련되어 어떻게 사용되는지를 살펴보면 측정, 평가, 총평이라는 용어들과 혼용되거나 심지어 같은 의미로 사용되고 있다. 여기서 이들 개념 간에 분명하게 구별되는 차이점과 특성을 살펴보면 다음과 같다.

(1) 발달적 교육관과 선발적 교육관

❶ 발달적 교육관

모든 학습자에게 적절한 교수-학습의 방법만 제시된다면, 누구든지 주어진 교육목표에 도달할 수 있다고 보는 교육관이다. 교육을 통한 인간의 행동변화의 가능성에 긍정적 견해를 보이고 있는 교육관으로, 학생은 현실성보다 가능성이 크고 주어진 조건보다 계발될 수 있는 잠재가능성이 무한하다고 본다.

모든 학생이 의도한 바의 수업목표를 달성할 수 있도록 모든 학습자에게 적절한 학습방법을 제시하기 위한 평가로 주어진 수업목표 달성도 평가에 중점을 두며, 교육평가는 계속적이고 종합적이어야 함을 강조한다. 학업실패의 책임은 교사에게 있으며, 모든 학습자는 교육 받을 능력이 있는데 그러한 능력이 발휘되지 못한 것은 적절한 교수방법을 사용하지 못한 교사의 책무라는 것이다. 이는 평가관의 입장이며, 학업성취도는 절대평가에 의한 부적 편포를 이룬다.

❷ 선발적 교육관

일정한 교육수준이나 교육목표에 달성 가능성이 있는 소수의 우수자를 사전에 선발하기 위한 평가에 초점을 맞춘 교육관이다. 일정한 학습 후에 개인차 변별에 관심을 갖는데, 이는 각 학습자가 갖고 있는 특성을 명확히 파악하는 것이 선발적 교육관 실현의 전제가 되기 때문이다. 이 교육관에서는 학업성취의 실패의 책임은 학생에게 있다고 보며, 측정관의 입장을 취한다. 학업성취도는 상대평가에 의한 정상분포를 이룬다.

〈표 9-1〉 발달적 교육관과 선발적 교육관

구 분	발달적 교육관	선발적 교육관
기본가정	누구나 교육받을 능력을 가지고 있다.	특정능력이 있는 학습자만이 교육을 받을 수 있다.
관련된 '검사관'	'평가관'과 밀접	'측정관'과 밀접
교육에 대한 1차 책임	교 사	학습자
강조되는 학습관	교육방법	학습자의 개별 특성
연관된 평가유형	목표지향평가(절대평가)	규준지향평가(상대평가)

(2) 측정관, 평가관, 총평관

❶ 측정

측정(measurement)이란 어떤 대상이나 사건에 대하여 체계적으로 숫자를 부여하는 것이다. 측정의 최대 장점은 주어진 어떤 준거를 확인할 때 손쉽고 간편하게 이용할 수 있다는 점이다.

측정이란 어떤 대상에 대해 일정한 규칙에 따라 수치를 부여하는 것으로, 학습자가 어떤 특성을 어느 정도 소유하고 있는가를 양적으로 표현하는 과정을 의미한다. 측정의 전제는 존재하는 모든 실재는 안정성이 있다는 것이다. 따라서 어떤 현상이든 정확하고 정밀하게 측정할 수 있다. 측정관에서는 개인반응점수의 신뢰도와 객관성의 유지에 강조를 두고, 그것을 추정하는 표집오차에 관심을 갖는다. 이러한 신뢰성과 객관성 있는 측정을 위해 측정절차나 방법에서의 표준화를 요구한다. 또한 환경변인을 정확성을 저해하는 방해변인으로 간주하고 그 효과를 통제하거나 극소화하려고 한다. 측정의 결과는 주로 선발, 분류, 예언, 실험에 활용되며, 최대 장점은 능률성에 있다. 즉, 주어진 어떤 준거의 정보를 가장 손쉽고 간편하게 경제적으로 수집하려는 것이 주요목표라고 할 수 있다.

❷ 평가

평가(evaluation)란 측정보다 더 폭넓은 개념으로 양적 기술의 측정뿐만 아니라 질적 기술을 포함하며, 더 나아가 이러한 양적·질적 기술에 대한 가치판단까지 포함한다. 특히 교육학이나 심리학 분야에서 측정의 개념은 평가단계까지 이르는 경우가 많으므로 두 용어는 상호 교환적으로 혹은 '측정 및 평가'의 형태로 쓰이는 경향이 있다.

평가란 교육목표에 비추어 학습자의 성취도를 알아보는 것으로, 학습자의 성취도와 목표와의 일관성을 확인하는 일이다. 평가의 전제는 모든 실재나 인간의 행동특성은 안정성이 없고 언제나 변화한다는 것이다. 평가관에서는 측정관에서 강조한 신뢰성·객관성·검사의 효율성은 부차적인 것으로 여기고, 평가도구의 내용타당성과 목표타당도를 강조하며, 교육목표 달성에 관한 증거에 관심을 갖는다. 목표가 다양함에 따라 다양한 증거를 수집할 것을 요구하며 동시에 증거수집의 절차도 다양해야 한다.

평가관은 인간의 행동변화에 관심을 두지만, 동시에 행동변화를 위해 투입된 교육과정, 교과목, 교사, 수업방법, 수업교재, 행정체제 등 환경변인의 평가도 중요시한다. 평가관에서는 환경을 중요한 변화의 원천으로 보고 환경변화를 평가에 영향을 미치는 유의미한 요인으로 간주한다. 교육평가의 주된 과제는 교육목표에 구체화된 행동을 의미 있게 변화시킬 수 있는 학습환경과 교육적 환경이 무엇인가 하는 것이다. 평가결과는 평점, 자격수여, 배치, 진급 등 개인을 분류하고 판단하는 데 사용된다. 평가관의 최대 장점은 개인의 바람직한 행동특성을 발달시키기 위해 검사라는 체계적인 과정을 활용한다는 점이다. 교육목표에 근거를 둔 인간행동의 변화를 우선시한다.

❸ 총평

총평(assessment)이란 개인의 행동 특성을 특별한 환경, 과업, 상황과 관련하여 의사결정을 하려는 전인적 평가다. 이는 개인과 환경에 관한 증거를 추구하는 데 있어 인간의 행동변화 이해에 중요한 역할을 한다.

총평은 개인과 환경의 상호작용에 관심을 갖는다. 따라서 환경에서 요구하는 압력이나 역할의 분석을 하고, 개인의 특성이 여기에 적합한가를 분석한다. 그 분석방법은 개인이 달성해야 할 어떤 준거의 분석과 개인이 생활하고, 학습하고, 작업해야 할 환경의 분석에서 출발한다. 정보의 수집은 양적·질적 형태의 다양한 형태가 된다. 즉, 고도로 구조화된 객관식 검사나 비구조화된 투사적 방법이 따라 쓰일 수 있다. 총평의 핵심적 과정은 다양한 형태의 증거를 수집하여 다양한 사람이 평가해서 어느 합치점에 도달하는 것이다. 총평의 용도는 예언, 실험, 분류에 쓰이며, 최대 장점은 개인과 환경의 양 측면에서 증거를 탐색한다는 데 있다.

총평관은 전인격적 평가 또는 임상적 평가라고도 한다. 임상적 평가방법은 전체적이며, 때로는 직관적 판단이나 질적인 평가방법, '과거-현재-미래'를 통합한 판단이 이용되는데, 이는 총평관의 입장과 유사하다. 총평관에서는 1차적으로 구인타당도를 강조하고, 개인과 환경의 구체적인 상호작용을 이용한 쪽의 특성에 관한 정보에 의해 얼마나 잘 예언할 수 있는가의 예언타당도에 관심을 갖는다.

〈표 9-2〉 측정관, 평가관, 총평관의 비교

구분	측정관	평가관	총평관
환경을 보는 시각	• 환경의 불변성 신념 • 환경요인의 통제 및 영향의 극소화 노력 • 환경을 오차변인으로 간주	• 환경의 변화성 신념 • 환경변인의 이용 • 환경을 행동변화의 자원으로 간주	• 환경의 변화성 신념 • 환경-학습자 간의 상호작용을 이용 • 환경을 학습자 변화의 한 변인으로 간주
인간행동 특성을 보는 시각	• 항구적이고 불변적인 것으로 간주 • 개인의 정적 특성	• 안정성이 없고 가변적인 것으로 간주 • 개인의 변화하는 특성	• 환경과의 상호작용에 의한 가변적인 것으로 간주 • 환경과 개인의 역동적 관계에서 변화하는 특성
검사에서의 강조점	• 규준집단에 비추어 본 개인의 양적 기술 강조 • 간접적 측정 • 객관도와 신뢰도 중시	• 교육목적에 비추어 본 개인의 양적·질적 기술 강조 • 직접적 평가 • 내용타당도, 목표타당도	• 전인적인 기능, 혹은 전체 적합도에 비추어 본 질적 기술 강조 • 간접 및 직접적 기술 • 구인타당도 중시
검사결과의 이용	• 예언, 분류, 자격부여, 실험 • 검사영향의 완전 배제 및 통제 • 진단에는 관심 없음	• 예언, 실험, 교수 프로그램 효과 판정 • 검사영향의 최대 이용, 성적 증진, 동기화의 수단으로 이용 • 교육목표 달성도의 진단	• 예언, 자격부여, 분류, 실험, 선발 • 검사조건하에서의 측정의 영향을 강조 • 준거상태나 역할에 비추어 본 진단 및 예진
검사결과의 해석	• 집단규준에 비추어 본 해석	• 교육목적에 비추어 본 해석	• 준거의 분석에서 추리한 가설, 구인모형에 비추어본 해석
기본적 증거수집 방법	• 필답 검사(표준화 검사) • 객관적(양적)	• 변화의 증거를 얻을 수 있는 모든 방법 • 주관적 및 객관적(양적 및 질적)	• 상황에 비춘 변화의 증거를 얻을 수 있는 모든 방법 • 주관적 방법(질적)

2 교육평가의 목적

교육평가를 어떻게 정의하느냐에 따라 평가의 목적이 달라지고, 평가의 목적이 다르면 평가의 기능이 달라진다. 왜냐하면 목적이 있는 곳에는 그것을 달성하기 위한 행위가 수반되고, 그 행위를 흔히 기능이라고 하기 때문이다.

파킨슨(Parkinson)은 교육평가는 교수-학습과정에서 학생을 도울 수 있어야 하고, 학생의 장점과 단점을 확인하는 데 도움이 되어야 하며, 교사가 자신의 교수-학습을 평가하는 데 도움이 되어야 한다. 아울러, 학생, 학부모 그리고 관련 당사자에게 학생을 발전 및 성취에 관한 정보를 제공해야 한다고 하였다.

이처럼 교육평가는 학생들에게는 교육목표의 달성도를 파악하고, 이를 바탕으로 교사는 교육활동에 대한 자기반성적 자료를 획득해야 한다. 결국 교육평가의 궁극적 목적은 교육과정과 교육계획을 개선하기 위해서이다.

3 교육평가의 기능

교육평가는 대체로 다음과 같은 기능을 한다.

첫째, 교육평가는 학생을 이해하고 진단하여 치료하는 기능을 한다.

둘째, 교육평가의 결과는 생활지도 및 상담의 자료로 활용된다.

셋째, 교육평가는 교육정치의 기능을 한다. 교육정치(教育定置)란 학생들을 그들의 능력이나 조건에 맞게 위치를 주는 것이다.

넷째, 교육평가는 선발의 기능을 한다.

다섯째, 교육평가는 학교교육의 수준을 유지한다.

여섯째, 교육평가는 교육계획의 개선기능을 한다.

일곱째, 교육평가는 개개 학생의 학업성취도를 평가하는 일을 한다.

여덟째, 교육평가는 개개 학습자 또는 학급 전체가 직면하고 있는 학습곤란을 진단하는 기능을 한다.

아홉째, 교육평가는 교육과정, 수업자료, 수업절차, 학교조직 등 교육적 효과성을 평가하는 일을 한다.

열째, 교육평가는 교육의 제 문제를 이해하고 건전한 교육정책 및 일반정책을 수립하는 데 도움을 줄 수 있도록 전 학생집단의 교육 진보를 사정하는 기능을 한다.

4 교육평가의 유형

교육평가의 유형은 검사 점수에 가치를 부여하기 위해 어떤 평가기준을 사용하느냐에 따라 준거지향평가와 규준지향평가로, 교수-학습과정의 단계 중 어느 시점에 어떤 목적으로 시행하느냐에 따라 진단평가, 형성평가, 총합평가로 구분된다. 또한 평가대상에 따라 능력참조평가와 성장참조평가로 구분하고 있다.

1) 평가기능에 따른 유형

(1) 진단평가

학교현장에서는 종종 과거 학습의 정도, 준비도, 흥미, 동기 상태 등 학습자의 특성이 교수의 효율화와 학습의 능률을 향상시키는 데 중요한 역할을 하므로, 학습자의 특성을 수업 전에 진단하는 일은 중요하다.

진단평가(diagnostic evaluation)는 교수-학습이 시작되기 전에 학습자의 특성을 체계적으로 측정하는 행위로, 학습자들의 능력과 특성을 사전에 파악하여 교육목표 및 계획을 수립하는 데 목적을 둔다. 다시 말해, 교수활동이 시작되는 초시단계에서 수업전략을 위한 기초 자료를 얻고, 어떤 교수-학습방법이 적절한지를 결정하기 위하여 학습자의 기초 능력을 진단하는 평가라 할 수 있다.

진단평가의 예로는 수업시간 전에 실시하는 쪽지검사나 퀴즈, 수업을 실시하기 전에 복습 여부를 묻는 질문 등을 들 수 있다. 특히 진단평가에서는 준비도 검사, 적성검사, 자기보고서, 관찰법 등의 다양한 평가도구를 사용할 수 있다(김대현 외, 2010).

(2) 형성평가

형성평가(formative evaluation)는 수업이 진행되는 상태에서 교육행위가 계획한 대로 진행되고 있는지를 확인하는 행위다. 즉, 교수-학습과정 중에 가르치고 배우는 내용을 학습자들이 얼마나 잘 이해하고 있는지를 수시로 점검하고, 학습자들의 수업능력, 태도, 학습방법 등을 확인함으로써 교육과정을 개선하고 교재의 적절성을 확인할 수 있다. 따라서 형성평가는 학습 및 교수가 진행되고 있는 도중에 학습의 진전 상황에 관한 정보를 수집·분석하여 그 수업 및 학습을 개선하기 위해 실시하는 활동이다. 이렇게 형성평가는 수업 중이나 단원을 학습하는 중에 수시로 실시할 수 있다.

스크리븐(Scriven, 1967)은 형성평가의 주된 기능을 첫째, 학습자들의 학습진행속도를 조절하고, 둘째, 학습자의 학습에 대한 강화의 역할을 하며, 셋째, 학습곤란을 진단, 교정하고, 넷째, 학습지도방법의 개선에 이바지할 수 있다고 제시하였다(김대현 외, 2010).

(3) 총합평가

총합평가(summative evaluation)란 교수-학습이 끝난 다음 교수목표의 달성, 성취 여부를 종합적으로 판정하는 평가 형태로 총괄평가라고도 한다. 즉, 총합평가는 한 과목과 학기, 그리고 교육 프로그램이 끝나는 시점에서 실시하는 평가로 성취 혹은 숙달정도와 교육목표 달성여부를 결정하는 활동으로 정의할 수 있다. 따라서 총합평가는 학습자가 도달하도록 설정된 교육목표를 어느 정도 성취하였는지에 주된 관심이 있다(김대현 외, 2010).

〈표 9-3〉 진단, 형성, 총합평가의 비교

평가유형 특성	진단평가	형성평가	총합평가
평가목적 및 기능	• 학습결손의 진단 • 학습준비도 확인	• 학습과제 성취여부의 결정 • 교수전략 개선	• 학업성적 판정 • 자격부여 및 당락 결정
평가시기	• 수업 전, 수업초기	• 수업진행 도중	• 학기말 또는 학년말
평가대상	• 학습의 준비도	• 학습과제 수행과정	• 학습과제 수행의 결과
평가활용	• 수업전개 시 정보 제공	• 즉각적인 수업의 개선	• 학생 및 학부모에게 학업성취 결과 통보

2) 평가기준에 따른 유형

(1) 준거지향평가

준거지향평가(criterion-referenced evaluation), 혹은 절대비교평가는 학습자의 현재 성취 수준이나 행동목표의 도달 정도를 알아보기 위한 평가방법이다. 즉, 다른 학습자와 상대적인 비교를 하는 것이 아니라 교육목표에 비추어 평가하는 것이다. 이런 면에서 준거지향평가를 목표지향평가 또는 절대평가라고도 한다. 다시 말해, 준거지향평가란 학습자가 무엇을 얼마만큼 알고 있는지, 학습자가 정해진 준거나 목표에 도달하였는지를 판단하는 평가이다. 또한 준거지향평가는 발달적 교육관에 바탕을 두고 있다. 이는 학습자의 선발이나 개인차에 관심을 가지는 것이 아니라, 가능한 한 모든 학습자가 의도하는 대로 수업목표를 달성할 수 있도록 적절한 학습방법을 제공하고 배치를 위해 평가하는 것이다. 그리고 학습 후 학습결과에 대한 평가에서도 학습자 간의 개인차보다는 수업목표를 어느 정도 달성하였는지에 관심이 집중된다. 이러한 준거지향평가의 특징은 다음과 같다(김대현 외, 2010).

첫째, 검사의 타당도를 강조한다. 왜냐하면 원래 측정하려고 계획하였던 수업목표를 얼마나 충실하게 측정하고 있느냐에 중점을 두기 때문이다.

둘째, 검사 점수의 부적 편포를 기대한다. 즉, 모든 학습자가 설정된 교육목표를 달성해주기를 바라므로 검사 점수의 분포가 오른쪽으로 치우친, 정상분포에서 벗어난 부적 편포를 기대한다.

셋째, 학습자 개개인에 적합한 교수-학습의 기회를 제공하면 주어진 학습목표에 도달할 수 있다는 발달적 교육관을 바탕으로 한다.

아울러 준거지향평가의 장점으로는 교수-학습이론에 적합하고, 교육목표, 교육과정, 교수방법 등의 개선에 용이하다. 또한 상대평가에 치중하지 않으므로 이해, 비교, 분석, 종합 등의 고등 정신능력을 배양할 수 있으나, 평가기준이 되는 수업목표의 성취기준을 설정하는 일이 어렵다. 준거지향평가에서는 검사 점수의 정상 분포를 부정하기 때문에 점수를 통계적으로 활용하기 어려우며, 개인차의 변별이 쉽지 않다. 즉, 준거지향평가는 학습자 개인 간의 비교 및 우열을 판정하기 어렵다. 또한 준거의 설정기준이 문제가 될 수 있다. 다시 말해, 교육에서의 절대기준은 교수목표이지만 이러한 교수목표를 누가 정하느냐 혹은 어떻게 정하느냐는 고도의 전문성이 요구되는 문제다.

(2) 규준지향평가

규준지향평가(norm-referenced evaluation), 혹은 상대비교평가에서는 한 학생이 받은 점수가 다른 학생들이 받은 점수에 의해 상대적으로 결정되는 평가 방식이다. 즉, 학습자의 평가결과를 그가 속한 집단에 비추어 상대적인 위치를 밝혀 보는 평가방법이다. 어떤 학습자의 성취 수준을 규준을 이용하여 그가 속한 집단(학급, 학교 등)에서의 상대적인 위치에 비추어 해석한다.

이러한 평가관은 선발교육관에 바탕을 두고 있으며, 소수의 우수자, 즉 목표나 수준에 도달한 학생을 가려내거나 학습 후에 학생집단 내에서의 학업성취 수준의 차이를 밝히려는 입장을 취한다. 따라서 학습자가 무엇을 얼마만큼 알고 있느냐에 대한 관심보다는 개인의 성취 수준을 비교 집단의 규준에 비추어 상대적 서열을 판다하는 것에 관심을 둔다. 여기서 규준(norm)이란 원점수의 상대적 위치를 설명하기 위하여 쓰이는 척도로, 모집단을 대표하기 위하여 추출된 표본에서 산출한 평균과 표준편차로 만들어진다. 이러한 규준지향평가의 특징은 다음과 같다(김대현 외, 2010).

첫째, 검사의 신뢰도를 강조한다. 즉, 규준지향평가에서는 학습자들의 개인차를 얼마나 오차 없이 정확하게 측정하였는가에 중점을 둔다.

둘째, 검사 점수의 정상 분포를 기대한다. 높은 점수나 낮은 점수 쪽에 편포되기보다는 좌우 대칭적이고 중앙이 높은 정상분포곡선이 나타나기를 기대한다.

셋째, 학습자의 개인차를 극대화하는 선발적 기능을 강조한다. 규준지향평가의 장점으로는 개인차의 변별이 가능하며, 객관적인 검사의 제작기술을 통해 성적을 표시하기 때문에 교사의 편견을 배제할 수 있다. 또한 학습자들이 경쟁을 통하여 동기를 유발하는 데 유리하다. 특히 등급이나 당락을 결정할 경우의 평가는 보다 강력한 동기유발을 촉진할 수 있다. 그러나 학습자 간에 학력의 상대적 위치 또는 순위를 결정하기 때문에 과다한 경쟁심리가 조장되고 이로 인해 인성 교육을 방해할 우려가 있다. 이들은 무엇을 얼마만큼 알고 있는지에 관심을 두지 않기 때문에 교육목표, 교육과정, 교수방법, 학습효과 등을 경시하는 경향이 있다. 즉, 학습자의 학업성취도에 대한 결과해석은 참다운 의미를 지니지 못한다.

〈표 9-4〉 준거지향평가와 규준지향평가의 비교

특성 / 평가유형	준거지향평가	규준지향평가
교육적 신념	기대했던 목표에 누구나 다 도달할 수 있다.	성공하는 학생과 실패하는 학생은 존재한다.
인간관	발달적 교육관	선발적 교육관
이론적 근거	부적으로 치우친 편포곡선을 가정	정상분포곡선을 가정
개인차	개인차란 교육의 누적적 실패에서 오는 결과이다.	개인차란 필요 불가결한 현상이다.
성적의 결정과정	주어진 교육목표 달성도에 의하여 그 학생의 성적을 결정한다.	평가기준을 한 집단 내부에서 결정한다.
평가준거	개인의 학습목표 달성도	집단의 학업성취 평균값에 의한 상대적 서열
평가도구의 의미	타당도	신뢰도

3) 평가대상에 따른 유형

(1) 능력참조평가

능력참조평가(ability-referenced evaluation)란 학생이 지니고 있는 능력에 비추어 얼마나 최선을 다하였느냐에 초점을 두는 방법이다. 개인을 위주로 하는 평가방법으로 각 학생의 능력과 노력에 의하여 평가된다. 예를 들어, 우수한 능력을 지녔음에도 불구하고 최선을 다하지 않은 학생과 능력이 낮더라도 최선을 다한 학생이 있을 때 후자의 성취 수준이 낮더라도 더 좋은 평가결과를 얻을 수 있다. 이와 같이, 능력참조평가는 각 학생의 능력과 노력에 의하여 평가되는 특징을 지닌다(성태제, 2000).

(2) 성장참조평가

성장참조평가(growth-referenced evaluation)는 교육과정을 통하여 얼마나 성장하였느냐에 관심을 두는 평가방법으로, 학생들에게 학업증진의 기회를 부여하고 개인차를 강조한다. 최종 성취수준에 대한 관심보다는 초기 능력수준에 비추어 얼마만큼 능력의 향상을 보였느냐를 강조하는 평가다. 즉, 이는 사전 능력수준과 관찰된 시점의 측정된 능력수준 간의 차이에 관심을 둔다. 그러므로 성장참조평가는 학생들에게 학업증진의 기회를 부여한다(성태제, 2000).

〈표 9-5〉 능력참조평가와 성장참조평가의 비교

능력참조평가	성장참조평가
최대능력 발휘	능력의 변화
개별학습	개별학습
수행정도와 소유능력	성장, 변화의정도
고려하지 않음	고려하지 않음
최대능력 발휘, 교수적 기능 강조	학습 향상, 교수적 기능 강조

〈표 9-6〉 규준·준거·능력·성장참조평가 비교

구분 내용	규준참조평가	준거참조평가	능력참조평가	성장참조평가
강조점	상대적인 서열	특정영역의 성취	최대능력 발휘	능력의 변화
교육신념	개인차 인정	완전학습	개별학습	개별학습
비교대상	개인과 개인	준거와 수행	수행정도와 소유능력	성장, 변화의정도
개인차	극대화	극대화하지 않으려고 함	고려하지 않음	고려하지 않음
이용도	분류, 선별, 배치 행정적 기능 강조	자격부여, 교수적 기능 강조	최대능력 발휘, 교수적 기능 강조	학습 향상, 교수적 기능 강조

5 교육평가의 문항유형

1) 선택형

선택형 문항은 지시문에 여러 개의 선택지를 제시해 놓고 그 중에서 적합한 답지를 선택하도록 하는 문항 형식으로, 진위형, 배합형, 선다형이 선택형 문항에 해당한다.

장점은 채점결과에 대한 신뢰성과 객관성이 높고 내용표집의 대표성이 높은 반면, 양질의 문항을 만드는 데 시간과 노력이 많이 들고, 문항제작에 특별히 유의하지 않으면 별로 중요하지 않은 단편적인 사실에 대한 기계적인 기억을 측정하는 문항이 출제될 가능성이 높다.

(1) 진위형

진위형은 응답자에게 진술문을 제시한 다음 그것의 진위, 정오, 또는 긍정-부정에 대한 이분적인 판단을 요구하는 문항 형식이다.

장점은 진위형 문항은 단위 검사시간에 많은 양의 문항을 출제할 수 있고, 이것은 곧 많은 교수목표를 포함시킬 수 있다. 반면에 학생반응에서의 추측, 우연의 오차를 통제하기 힘들고, 많은 진위형 문항이 단편적인 정보를 재고 있기 때문에 학생들로 하여금 극히 피상적인 학습을 할 가능성이 크다는 단점을 지니고 있다.

(2) 배합형

배합형은 일련의 전제와 일련의 답지 2개 군으로 구성되는 것이 보통이고, 지시문에 따라 상호관계가 있는 것끼리 연결하는 방법이다.

장점은 문항제작이 비교적 간단하고 채점이 신뢰할 수 있고 객관적이나, 동질적인 전제와 동질적인 답지를 만들기가 쉽지 않기 때문에 무리한 억지 답지가 생길 가능성이 있고, 배합이 진행되어 가면서 차츰 배합의 항목이 적어지고 정답의 단서를 주게 될 가능성이 높다는 단점이 있다.

(3) 선다형

선다형은 진술문과 몇 개의 답지 또는 선택지를 같이 제시하여 놓고 응답자로 하여금 정답을 고르도록 하는 형식이다.

장점은 교재 전반에 걸쳐 비교적 많은 수의 문항을 골고루 출제할 수 있기 때문에 문항 표집의 대표성이 높으나, 좋은 문항을 제작하는 데 시간과 노력이 많이 소요되고, 추측 요인에 의해 정답을 맞힐 가능성이 있다는 단점이 있다.

2) 서답형

서답형 문항은 문항만 제시하여 응답자로 하여금 답을 생각해서 쓰도록 하는 형식의 문항이다.

장점은 학생의 다양하고 자유로운 반응을 이끌어 낼 수 있고 문항 제작이 쉬우며 고등정신능력을 측정하거나 표현력을 학습시키는 데 효과적이나, 많은 문항을 출제하는 것이 어렵고, 채점하는 데 시간과 노력이 많이 들며 채점의 객관성과 신뢰성 확보가 쉽지 않다는 단점이 있다.

(1) 단답형

단답형은 학습자가 갖고 있는 단순 지식이나 정보를 측정하는 데 적합한 문장형태이다.

장점은 문항 제작이 용이하고 정의, 개념, 사실 등에 대한 질문을 통해 넓은 범위의 교과 내용을 평가할 수 있으나, 짧은 답을 요구하는 문항유형의 특성상 고차적 학습능력을 평가하기보다는 단순 지식, 개념, 사실들을 측정할 가능성이 높다는 단점이 있다.

(2) 완성형

완성형은 진술문의 일부분을 비워놓고 거기에 적합한 단어, 구, 기호 등을 써넣게 하는 방법이다.

장점은 단답형에 비해 채점의 객관성이 높고, 출제하기가 용이하나, 적용력, 분석력, 종합력과 같은 고등정신능력을 요구하는 학습 성과를 평가하기가 곤란하다는 단점이 있다.

(3) 논문형

논문형은 한 개 또는 여러 개의 문항으로 구성된 문제 상황을 제시해 놓고 응답자에게 몇 개의 문장 또는 여러 페이지에 걸쳐 논술식으로 답을 작성하게 하는 문항 형식이다.

장점은 반응의 자유도가 크고, 고등정신능력을 평가할 수 있으며, 문항제작이 쉬우나, 채점의 객관성과 신뢰성을 유지하기 어렵고, 문항의 표본 수가 제한되어 학습한 내용을 골고루 평가하지 못하여 어느 일부분에만 치우친 평가가 되기 쉬우며, 채점하는 데 많은 시간과 노력이 든다는 단점이 있다.

6 평가도구의 양호도

1) 타당도

타당도(validity)란 평가도구가 측정하고자 하는 구체적인 목표나 내용을 제대로 측정하고 있는가의 정도를 말하는 것으로, 타당도는 어디에 초점을 맞추는가에 따라 내용타당도, 준거타당도, 공인타당도, 구인타당도가 있다.

(1) 내용타당도

평가도구가 평가하려고 하는 내용(교육목표)을 어느 정도 충실히 측정하고 있는지를 분석 측정하려는 것이다. 내용타당도는 수량적 계산보다는 전문가나 검사 제작자가 검사 내용을 살펴봄으로써 결정된다. 내용타당도는 성격검사나 적성검사보다는 능력검사에서 더 중요시된다.

(2) 준거타당도

준거타당도는 경험타당도 또는 예측타당도라고도 한다. 예측타당도는 검사 점수와 미래와 행동자료를 비교하는데, 특히 인사선발이나 배치에 유용하다. 공인타당도는 예측타당도의 대체물로 사용된다. 공인타당도는 예측타당도를 측정하는 것보다 더 단순하고, 비용이 더 적게 들며, 시간도 더 적게 걸린다. 미래를 예측하기보다는 현 상태를 진단하고자 하는 심리검사에서는 공인타당도를 알아보는 것이 더 적합하다.

(3) 구인타당도

조작적으로 정의되지 않은 인간의 심리적 특성이나 성질은 심리적 구인으로 분석하여 조작적 정의를 내린 후, 검사 점수가 조작적 정의에서 규명한 실리적 구인들을 제대로 측정하였는가를 검증하는 방법을 말한다. 이는 지나치게 주관적인 판단에 의존하는 내용타당도와, 적절한 외적 준거가 무엇인지에 대한 합의를 이끌어 내기가 어려운 준거타당도의 문제점을 보완한다.

2) 신뢰도

신뢰도(reliability)란 측정하려는 것을 얼마나 안정적으로 일관성 있게 측정하느냐 하는 측정의 일관성과 안정성을 의미한다.

(1) 검사-재검사 신뢰도

한 개의 평가도구를 동일한 피험자에게 일정한 시간 간격으로 두 번 실시하여 그 전후의 결과에서 얻은 점수로 상관관계를 산출하는 방법이다. 여기에서 첫 번째 검사와 두 번째 검사의 실시간격을 어떻게 잡느냐에 따라 오차가 있을 수 있으며, 검사 실시에서 여러 가지 조건인 내적 동기 상태, 수업태도, 검사지시, 속도검사의 검사시간 등을 똑같이 통제하기가 어렵다는 문제점이 있다.

(2) 동형검사 신뢰도

동형검사 신뢰도는 측정하려는 내용과 난이도는 같지만 형태가 서로 다른 두 개의 검사를 동일한 피험자에게 실시하여 신뢰도를 얻는 방법이다.

이 신뢰도의 장점은 기억, 연습효과를 최소한으로 감소시킬 수 있지만 문항내용과 문항 난이도가 같은 동형검사 도구를 제작하는 것이 쉽지 않다.

(3) 반분검사 신뢰도

하나의 검사 도구를 둘로 나누고, 나누어진 두 부분검사 점수 간의 상관계수를 구하고, 부분검사로부터 구해진 상관계수를 전체검사의 값으로 확대한 수치이다.

(4) 문항 내적 일관성 신뢰도

문항 하나하나를 독립적인 검사로 보고 각 문항들이 일관되게 동일한 능력을 측정하고 있는 정도를 수치화하는 방법으로, Cronbach alpha 계수를 들 수 있다.

3) 객관도

객관도(objectivity)란 검사자의 신뢰도라 할 수 있는데, 검사의 채점자가 얼마나 객관적인 입장에서 어느 정도 일관되고 공정하게 채점하느냐 하는 문제와 관련된 것이다. 즉, 평가자 혹은 채점자의 채점에 대한 일관성 정도이다. 예를 들어, 동일한 피험자의 답안지를 가지고 A라는 교사는 90점, B라는 교사는 70점, C라는 교사는 50점을 부여했을 경우, 객관도는 신뢰롭지 못한다. 이와 같은 경우는 보통 두 가지 이유를 들 수 있는데, 하나는 채점자 자신의 소양 문제이고, 다른 하나는 측정도구 자체의 불완전성의 결과로 볼 수 있다.

4) 실용도

실용도(usability)란 평가방법이나 도구의 제작과정에서뿐만 아니라 시행방법이나 절차, 그리고 평가결과를 채점하거나 분석하기 위해 소요되는 인적·물적 자원의 양과 질이 주변 여건에 비추어 실용적인가를 나타내는 정도를 의미한다. 평가방법이나 도구의 실용도와 관련하여 고려해야 할 사항은 실시방법이 쉬워야 하며, 실시하는 데 소요되는 시간이 적절해야 하며, 채점하기가 쉽고, 결과를 해석하거나 활용하기가 쉬워야 한다. 또한 평가실시 비용이 적절해야 한다.

5) 타당도와 신뢰도와의 관계

신뢰도는 타당도를 높이는 필요조건이나, 타당도는 없으나 신뢰도는 높을 수 있다. 그러나 신뢰도 없는 타당도 높은 측정도구는 존재할 수 없다. 그러므로 신뢰도는 타당도의 선행조건이 된다.

연습문제

객관식

1 어떤 평가에서 의도하고 있는 내용을 제대로 측정하고 있느냐의 정도를 가리키는 개념은?

① 신뢰도 ② 타당도 ③ 객관도
④ 실용도 ⑤ 주관도

2 어떤 평가에서 측정의 일관성, 정확성, 정밀성, 안정성과 관련이 있는 것은?

① 신뢰도 ② 타당도 ③ 객관도
④ 실용도 ⑤ 주관도

3 어떤 평가 도구가 지능을 측정하려고 제작되었는데 이것이 국어 교과의 지식을 측정하고 있다면 이 도구는 무엇이 부족한 도구인가?

① 신뢰도 ② 타당도 ③ 객관도
④ 실용도 ⑤ 주관도

4 여러 가지 평가 방식 중 수업과정에서 학습의 진행을 점검하고 강화하는 역할을 하는 평가는?

① 진단평가 ② 형성평가
③ 총괄평가 ④ 추후평가
⑤ 수행평가

5 형성평가의 역할에 대한 다음 설명 중 적당하지 않은 것은?

① 학생이 학습진도를 자기의 학습능력에 맞추어 나갈 수 있도록 도와준다.
② 수업과정에서 학생들이 겪고 있는 학습곤란을 발견하여 학습결손을 보충할 수 있도록 해 준다.
③ 학습진행을 강화시키는 역할을 한다.
④ 학생들이 이룩한 학업성취도를 종합적으로 평가하여 성적을 판정하게 해 준다.
⑤ 학습목표를 인지적 영역과 정의적 영역으로 구분해준다.

6 두 개의 독립된 별개의 검사간의 득점이 얼마나 일관성이 있느냐를 신뢰도의 기준으로 삼고 있는 것이 아닌 것은?

① 재검사 신뢰도 ② 반분 신뢰도
③ 동형검사 신뢰도 ④ 문항 내적 합치도
⑤ 예언타당도

정답

1. ② 2. ① 3. ② 4. ① 5. ④ 6. ④

주관식

1 교육목적의 달성정도를 판단하고, 일정한 기준을 가지고 교육활동의 효율성을 가늠하여 나타난 결과에 대한 가치를 판단하는 체계적인 과정을 의미하며, 학교교육에서 교육목표의 달성정도나 교육과정의 효율성을 판단하기 위하여 학습자의 행동변화 및 학습과정에 관한 제반정보를 수집하고 이용함으로써, 교육적 의사결정을 하는 데 도움을 주거나 더 나아가 의사결정을 하는 과정을 무엇이라고 하는지 쓰시오.

2 교수–학습이 시작되기 전에 학습자의 특성을 체계적으로 측정하는 행위로, 학습자들의 능력과 특성을 사전에 파악하여 교육목표 및 계획을 수립하는 데 목적이 있다. 그 예로는 수업시간 전에 실시하는 쪽지검사나 퀴즈, 수업을 실시하기 전에 복습 여부를 묻는 질문 등이 여기에 해당되는데 이러한 기능을 가진 평가의 유형은 무엇인지 쓰시오.

3 학습자의 현재 성취 수준이나 행동목표의 도달 정도를 알아보기 위한 평가방법으로 다른 학습자와 상대적인 비교를 하는 것이 아니라 교육목표에 비추어 평가하는 것이다. 목표지향평가 또는 절대평가라고도 하며 학습자가 무엇을 얼마만큼 알고 있는지, 학습자가 정해진 목표에 도달하였는지를 판단하는 평가유형을 무엇이라고 하는가?

4 교육과정을 통하여 얼마나 성장하였느냐에 관심을 두는 평가방법으로 학생들에게 학업증진의 기회를 부여하고 개인차를 강조한다. 최종 성취수준에 대한 관심보다는 초기 능력수준에 비추어 얼마만큼 능력의 향상을 보였느냐를 강조하는 평가로 사전 능력수준과 관찰된 시점의 측정된 능력수준 간의 차이에 관심을 두며, 학생들에게 학업증진의 기회를 부여하는 평가의 유형은 무엇인지 쓰시오.

5 평가도구가 측정하고자 하는 구체적인 목표나 내용을 제대로 측정하고 있는가의 정도를 무엇이라고 하는가?

6 측정하려는 것을 얼마나 안정적으로 일관성 있게 측정하느냐 하는 측정의 일관성과 안정성을 무엇이라고 하는가?

7 측정하려는 내용과 난이도는 같지만 형태가 서로 다른 두 개의 검사를 동일한 피험자에게 실시하여 신뢰도를 얻는 방법으로 이 신뢰도의 장점은 기억, 연습효과를 최소한으로 감소시킬 수 있지만 문항내용과 문항 난이도가 같은 동형검사 도구를 제작하는 것이 쉽지 않다는 단점을 가진 신뢰도의 종류는 무엇인가?

정답

1. 교육평가 2. 진단평가 3. 준거지향평가 4. 성장참조평가 5. 타당도 6. 신뢰도
7. 동형검사 신뢰도

기출문제 2000~2005

공립 초등학교, 유치원, 특수학교(유치원, 초등, 치료교육) 교사 임용후보자 선정 경쟁시험(교육심리학 영역)

1 형성평가에 대한 설명으로 맞게 묶인 것은?

〈보 기〉
가. 평가의 주요 목적은 교수-학습 방법의 개선에 있다.
나. 일련의 교수-학습 과정이 종료되는 시점에 실시한다.
다. 평가도구 제작시 최소 성취기준에 근거하여 문항을 출제한다.
라. 평가 전문가가 개발한 표준화검사를 평가도구로 활용한다.

① 가, 나
② 가, 다
③ 나, 다
④ 다, 라

2 선택형 문항제작 원리에 대한 설명으로 옳은 것은?

① 답지의 길이와 형태를 다양하게 만든다.
② 긍정 질문과 부정 질문은 동일한 비율로 유지한다.
③ 틀린 답지에 '절대' 혹은 '항상'이라는 단어를 사용한다.
④ 문항의 질문에 정답을 암시하는 내용을 포함시키지 않는다.

3 다음 자료 가운데 (가)는 어느 학급의 국어와 수학의 시험결과에 대한 기술통계표이고 (나)는 표준정규분포표의 일부이다. A학생의 국어 점수는 80점, 수학 점수는 70점이라고 할 때, 다음 중 옳은 것은?

(가) 국어·수학 시험

과목	평균	표준편차
국어	65	15
수학	50	10

(나) 표준정규분포표의 일부

z	−3.0	−2.0	−1.0	0	1.0	2.0	3.0
P	.0013	.0228	.1587	.5000	.8413	.9772	.9987

① 국어에 비해 수학에서 학생들의 개인차가 컸다.

② A학생은 수학에 비해 상대적으로 국어를 더 잘했다.

③ 수학시험에서 상위 1%내의 학생들은 90점 이상을 받았다.

④ 국어시험에서 전체집단의 15%가 A학생보다 높은 점수를 받았다.

4 다음 중 검사도구의 양호도에 대한 설명으로 적절한 것은?

① 신뢰도는 타당도의 충분조건이다.

② 반복 시행하여 일관성 있는 검사 결과를 얻었다면 타당한 검사도구이다.

③ 성취도 검사를 제작하기 전에 이원분류표를 작성하면 내용타당도를 높일 수 있다.

④ 속도검사(speed test)의 신뢰도는 검사를 전후로 분할하여 반분검사신뢰도로 추정한다.

5 10개의 문항으로 이루어진 국어 시험에서 4개의 문항에 대한 학생들의 응답이 다음과 같을 때 문항 변별도가 가장 높은 문항은? (○: 정답, ×: 오답)

학생 \ 문항번호	1번	2번	…	9번	10번	검사총점
기영	×	○	…	×	○	3점
소림	○	×	…	×	○	6점
민지	○	×	…	○	○	6점
대환	○	×	…	○	×	8점

① 1번 ② 2번 ③ 9번 ④ 10번

6 연구결과의 타당성을 확보하기 위한 방법으로 적절한 것은?

① 조사연구의 원활한 진행을 위해 편의로 표본을 추출한다.

② 연구의 변인들을 측정할 검사도구의 내용은 예비검사를 통해 수정한다.

③ 처치효과를 최대화하기 위해 실험집단과 통제집단을 이질적으로 구성한다.

④ 연구의 목적을 충분히 알려 주어 피험자로부터 연구자가 기대하는 반응을 유도한다.

7 질적 연구 방법의 특징과 가장 가까운 것은?

① 연구결과를 일반화하기 위해 수집된 자료를 양화한다.

② 초기에 설정한 연구 가설은 연구 과정 중에 바꿀 수 없다.

③ 인간 행동을 가능한 한 행위자 외부의 객관적 관점에서 본다.

④ 연구자는 비통제적이며 자연스러운 태도를 유지하려고 노력한다.

8 〈보기〉에 제시된 상담이론과 인간에 대한 관점이 옳게 짝지워진 것은?

〈보 기〉

a. 합리적 정서적 상담	가. 인간은 무의식의 지배를 받는다.
b. 인간중심적 상담	나. 인간은 현상적 장에 대하여 체제화된 전체로서 반응한다.
c. 행동적 상담	다. 인간의 모든 행동은 학습된 것이다.
d. 개인심리학적 상담	라. 인간은 자신에게 정서적 혼란을 일으키는 생각을 만들어 낸다.

① a - 라　　② b - 다

③ c - 가　　④ d - 나

9 다음은 프로이트(Freud)의 이론에서 가정하는 인간의 성격구조를 그림으로 표현한 것이다. 이 그림에서 A의 특징에 해당되는 것은?

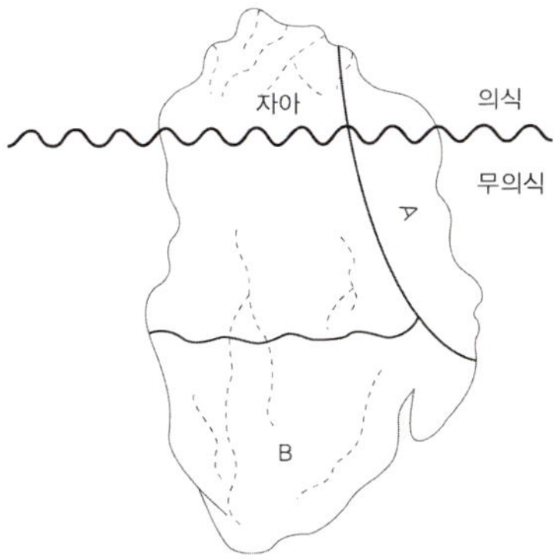

① 현실원리를 따른다.

② 너무 강하면 불안을 야기한다.

③ 인간정신의 모든 것을 관장한다.

④ 인간의 정신에너지가 저장된 창고이다.

10 수업시간이 너무 소란스러워 떠드는 아이들에게 체벌을 가하였더니 조용해졌다. 이런 일이 반복된 후 교사의 체벌이 잦아졌다. 이러한 사태를 행동주의 학습이론 중 강화이론으로 해석할 때, 교사의 체벌행동의 빈도를 높인 강화물은?

① 학생들의 소란행위
② 학생들의 조용해진 행동
③ 체벌을 받는 학생의 생각
④ 체벌행동을 하는 교사의 의지

11 대개의 어린 아이들은 엄마 혹은 인형, 베개 등 특정한 대상에 집착하는 경향이 있는데, 이러한 현상은 애착이론에 의해 설명될 수 있다. 할로우(Harlow)의 실험을 통해 이러한 애착발달의 중요한 요인으로 밝혀진 것은?

① 동일시
② 접촉위안
③ 활동경험
④ 수유욕구의 충족

12 다음은 스완슨(Swanson)의 단순화된 정보처리모형이다. 그림에서 A의 특징에 해당되는 것은?

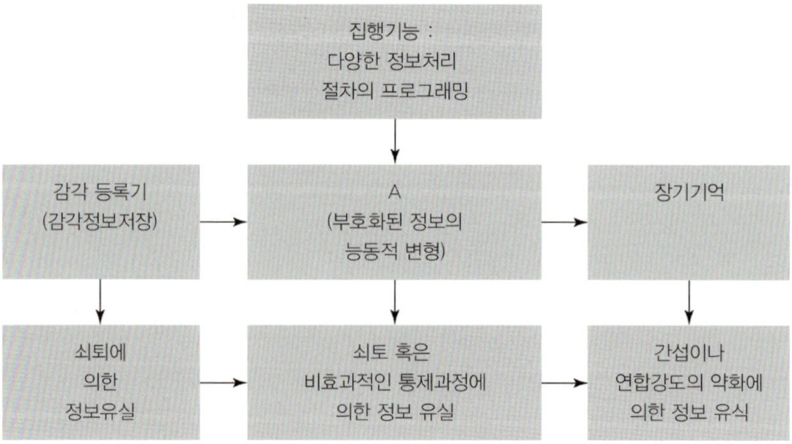

① 이 곳의 정보 내용은 대개 의식되지 않는다.
② 여기서는 정보를 아주 짧은 기간(1~2초)동안 보유한다.
③ 이 곳은 보통 7±2 의미단위(chunk)의 정보를 저장할 수 있다.
④ 여기에 들어갈 수 있는 정보의 양이나 정보가 머무는 시간은 한계가 없다.

13 **피아제(Piaget)에 의하면, 전조작기의 아동들은 다른 아동들이 듣거나 반응하는 것과는 상관없이 자기가 하고 싶은 말을 반복하는 자기중심적 언어를 사용한다. 이러한 자기중심적 언어에 대한 비고츠키(Vygotsky)의 견해는?**

① 서열화 능력이 바탕이 된다.
② 보존성 개념으로 설명된다.
③ 자기중심적 사고의 반영이다.
④ 내적 언어단계 이전에 나타난다.

14 **문화기술연구법(ethnography)의 장점에 대한 설명으로 옳은 것은?**

① 변인간의 인과관계를 밝히는 데 적합하다.
② 거시적인 사회구조를 드러내는 데 적합하다.
③ 가설의 타당성을 검증하고 일반화하는 데 적합하다.
④ 인간의 의미세계를 심층적으로 이해하는 데 적합하다.

15 **인간중심 상담이론가인 로저스(Rogers)는 상담자가 내담자를 평가 판단하지 않고 내담자가 나타내는 감정이나 행동 특성들을 있는 그대로 수용하며 내담자를 소중히 여기고 존중하는 태도를 무엇이라고 하였는가?**

① 진지성(sincerity)
② 일치성(congruence)
③ 공감적 이해(empathic understanding)
④ 무조건적인 긍정적 관심(unconditional positive regard)

16 다음 보기에서 절대기준평가와 관련된 특성을 바르게 묶은 것은?

> ㄱ) 학생들 사이의 지나친 경쟁을 방지할 수 있다.
> ㄴ) 평가 결과로 얻어진 점수의 의미는 중요하지 않다.
> ㄷ) 변별도나 곤란도보다는 타당도의 개념이 더욱 강조된다.
> ㄹ) 학생의 학습 능력 개선을 위해 지도·조언하는 것을 중시한다

① ㄱ, ㄴ, ㄷ   ② ㄱ, ㄴ, ㄹ
③ ㄱ, ㄷ, ㄹ   ④ ㄴ, ㄷ, ㄹ

17 다음 보기는 어느 부모의 육아일기에서 일부 발췌한 것이다. 이것을 피아제(Piaget)의 인지발달 단계에 맞게 순서대로 나열한 것은?

> ㄱ) 동일한 양의 물을 모양이 다른 그릇에 담아도 물의 양이 같은 것을 알았다.
> ㄴ) 공을 가지고 놀다가 공이 안 보이는 곳으로 굴러가 버리자 찾지 않았다.
> ㄷ) 어떤 문제에 대해 여러가지 해결의 가능성을 상상하였다.
> ㄹ) 과자를 한개 가지고 있는데도 더 달라고 졸라서, 엄마가 그 과자를 둘로 쪼개어 주었더니, 아이는 더 달라고 하지 않고 만족스러워 했다.

① 나-가-다-라   ② 나-라-가-다
③ 라-나-가-다   ④ 라-다-가-나

18 다음 보기의 내용을 강조하는 학자는?

> • 아동은 타인과의 관계에서 영향을 받으며 성장하는 사회적 존재이다.
> • 아동의 자기중심적 언어의 사용은 단순히 자기만의 생각을 표현하는 것이 아니라 문제해결을 위한 사고의 도구이다.
> • 아동은 근접발달영역(ZPD) 내에서 문제를 파악해야 하고, 교사나 다른 아동과의 상호작용에 의해 제공된 발판을 필요로 한다.

① 브루너(Bruner)   ② 콜버그(Kohlberg)
③ 피아제(Piaget)   ④ 비고츠키(Vygotsky)

19 수학 과목을 싫어하는 학생에게 수학 과제를 마친 후에 그가 아주 좋아하는 축구를 할 시간을 주는 것은 프리맥(Premack)원리에 해당된다. 이 원리는 어느 학습이론에 기초하고 있는가?

① 오수벨(Ausubel)의 유의미 학습이론
② 스키너(Skinner)의 조작적 조건형성이론
③ 가네(Gagnéé)의 정보적 처리적 학습이론
④ 파블로프(Pavlov)의 고전적 조건형성이론

20 다음 보기의 내용과 관계 있는 지능이론은?

- 감성지능(EQ), 도덕지능(MQ), 성공지능(SQ)과 같은 새로운 지능이론들이 출현하는데 기여하였다.
- 지능검사는 학생들의 각기 다른 능력을 드러낼 수 있도록 달라져야 하며, 학교교육도 개인의 장점을 극대화할 수 있도록 개선되어야 한다.
- 언어적 능력, 논리수학적 능력만을 지나치게 강조하는 종래의 지능이론에 대해 거부감을 표시한다.

① 써스톤(Thurstone)의 다요인이론
② 길포드(Guilford)의 지능구조이론
③ 가드너(Gardner)의 다중지능이론
④ 스턴버그(Sternberg)의 삼위일체지능이론

21 다음 교수활동에서 밑줄 친 부분은 가네(Gagné)의 9가지 수업사태 중 무엇에 해당하는가?

〈보 기〉

최교사는 교통안전 교육을 위해 교통 표지의 개념과 식별방법에 대해 교육하였다. 그 후 <u>다양한 모양의 표지판을 여러 상황과 관련지어 제시하면서 학습자로 하여금 교통안전과 관련한 실제 상황에 적용할 수 있는 연습의 기회를 제공하였다.</u>

① 주의집중 획득
② 학습자 수행 유도
③ 전이와 파지의 증진
④ 자극의 제시와 학습안내

22 다음의 〈보기〉는 비고츠키(Vygotsky)가 말하는 사적언어(Private speech)에 대한 설명이다. 맞는 것만으로 묶은 것은?

〈보 기〉
가. 인지적 미성숙의 표시이다.
나. 자신의 행동과 사고를 안내한다.
다. 나이가 들어감에 따라 점차 증가된다.
라. 과제가 어렵고 혼동될 때 많이 사용된다.

① 가, 나
② 가, 다
③ 나, 다
④ 나, 라

23 다음 〈보기〉는 에릭슨(Erikson)이 주장하는 심리사회적 발달을 촉진하기 위한 지도방법이다. 어떤 성격의 발달과 가장 관련이 있는가?

〈보 기〉
• 학생이 자신이 성취를 확인할 수 있도록 한다.
• 독립심과 책임감을 보일 수 있는 기회를 준다.
• 어려운 과제의 완성에 대한 기쁨을 경험하게 한다.

① 신뢰감
② 생산성
③ 근면성
④ 자아 정체감

24 영희는 수학시간에 5개의 문제를 잘 풀어 담임선생님으로부터 칭찬을 받았고, 국어시간에도 3개의 문제를 잘 풀어 담임선생님으로부터 칭찬을 받았다. 영희의 담임선생님이 사용한 강화계획은?

① 고정비율강화
② 변동비율강화
③ 고정간격강화
④ 변동간격강화

25 **학생들이 책을 읽는 동안 글자를 해독하는 데 지나치게 집중하면 읽고 있는 내용의 의미를 잘 파악하지 못하는 경우가 있다. 이런 현상이 나타나는 원인은?**

① 단기기억의 제한된 용량
② 감각등록기의 제한된 용량
③ 장기기억의 무제한적 용량
④ 초인지 능력의 무제한적 용량

26 **오수벨(Ausubel)의 교수단계에서 선행조직자를 제시하는 목적으로 적절하지 않는 것은?**

① 스키마의 활성화
② 용어에 대한 인식
③ 유의미 학습의 촉진
④ 관련 정착 지식의 구축

27 **다음의 사례를 보고 인지치료적 접근을 하는 상담자가 취하게 될 판단이나 행동으로 적절한 것은?**

〈사 례〉
내담자는 성적이 상위권인 모범생이다. 그러나, 시험준비를 할 때가 되면 항상 긴장이 심하고 두통, 설사, 몸살로 고생을 한다. 또 시험을 잘못 보면 어쩌나 하는 걱정이 항상 떠나지 않고 시험에 실패하는 상상을 하면서 괴로워 한다.

① 불안을 수용하고 공감하는 방법을 모색한다.
② 시험과 관련된 어떤 나쁜 경험이 있었을 것으로 판단된다.
③ 불안 반응을 대체할 수 있는 이완기법을 가르치는 프로그램을 고려한다.
④ 불안을 지속시키고 증폭시키는 내담자의 생각이 무엇인지를 알려고 한다.

28 다음은 교류분석 이론에서 볼 수 있는 내담자의 대인 관계를 나타내는 그림이다. 화살표가 나타내는 대인관계 유형의 예로 가장 적절한 것은?

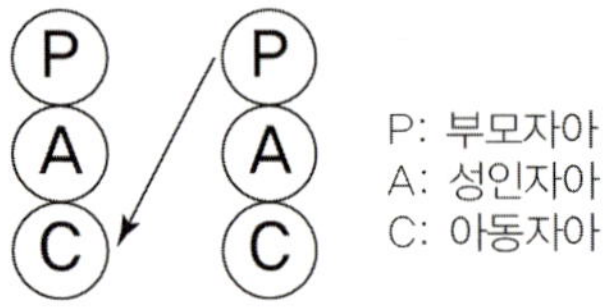

① "나하고 같이 농구하고 가지 않을래"?"
② "나는 너하고 함께 있으면 항상 마음이 편하고 즐겁단다."
③ "야, 사소한 일에 너무 신경쓰지 말고 어른스럽게 그냥 넘겨버려."
④ "야, 나이에 맞게 행동해, 그런 쓸데없는 일에 시간을 낭비하면 못써!"

29 아동의 지적 발달에 있어서 현재의 상태뿐만 아니라 미래의 잠재가능성도 설명하는 개념은?

① 스키마(schema)
② 직관적 사고(intuition)
③ 발달과업(developmental task)
④ 근접발달대(zone of proximal development)

30 선다형 문항을 제작할 때 고려할 사항으로 가장 적절한 것은?

① 전문적인 용어를 사용한다.
② 일반화를 강조하는 용어의 사용을 피한다.
③ 긍정문장과 부정문장을 균등하게 사용한다.
④ 형용사나 부사 같은 질적 표현을 많이 사용한다.

31 크론바흐(Cronbach)의 알파계수는 다음 중 어느 유형의 신뢰도에 속하는가?

① 반분 신뢰도
② 재검사 신뢰도
③ 동형검사 신뢰도
④ 문항내적 신뢰도

32 서술형 문항의 객관적인 채점을 위해 고려할 사항으로 가장 적절한 것은?

① 학생단위가 아닌 문항단위로 채점한다.
② 검사를 실시한 후에 채점기준표를 만든다.
③ 학생의 선행 학습수준을 고려하면서 채점한다
④ 어려운 문항부터 쉬운 문항의 순서로 채점한다.

33 다음 질문에 근거해서 판단하고자 하는 타당도로 가장 적합한 것은?

- 검사가 원래 의도한 것을 측정했는가?
- 검사가 학생들의 학습 동기 유발에 효과가 있었는가?
- 검사가 교수·학습 방법에 긍정적 변화를 유도했는가?

① 예언타당도
② 공인타당도
③ 구인타당도
④ 결과타당도

34 아래 자료는 학생 100명이 응시한 검사에서 4개 문항에 대한 반응을 분석한 것이다. 이들 문항 중 가장 양호한 문항은? (단, 표 안의 '◀'는 정답 번호를 의미함.)

문항	답지 번호	응답자 수(명)		
		상위집단	하위집단	합
A	①	16	17	33
	②	18	16	34
	③◀	5	3	8
	④	11	14	25
B	①	6	12	18
	②◀	35	15	50
	③	5	11	16
	④	4	12	16
C	①◀	42	38	80
	②	3	5	8
	③	2	3	5
	④	3	4	7
D	①	6	7	13
	②	20	8	28
	③	7	8	15
	④◀	17	27	44

① 문항 A

② 문항 B

③ 문항 C

④ 문항 D

35 교수·학습 과정에서 활용되는 평가에 대한 설명으로 옳지않은 것은?

① 진단평가는 학생의 출발점 행동을 알아보기 위해 실시된다.

② 형성평가는 교수·학습 활동을 개선하기 위한 정보를 제공해 준다.

③ 형성평가에서는 교사가 제작한 검사보다는 표준화검사가 사용된다.

④ 총괄평가는 학습 목표 달성 여부를 판정하여 성적을 산출하는 데 활용된다.

26 A 학교에서는 수학과 학기말 고사를 실시하여 최저 성취수준에 미달되는 학생들을 대상으로 특별보충학습을 하려고 한다. 이러한 목적을 지닌 검사 도구를 제작할 때 유의해야 할 점이 아닌 것은?

① 검사문항의 대표성
② 교육목표의 재확인 및 상세화
③ 서열을 산출하기 위한 규준의 작성
④ 최저 성취수준을 판단하기 위한 준거의 설정

36 〈보기〉 중 질적 연구에서 주로 사용하는 방법은?

〈보 기〉

가. 무선표집과 변인통제
나. 면담에 의한 자료 수집
다. 현장 조사 및 참여 관찰
라. 통계적 추리에 의한 가설 검증

① 가, 나
② 가, 라
③ 나, 다
④ 다, 라

37 박교사는 A 초등학교 5학년 2개 학급을 대상으로 프로젝트 학습이 학업성취도에 미치는 효과를 알아보기 위해 아래와 같이 연구 설계를 하였다. 이 연구 설계에서 연구의 내적 타당도를 높이기 위해 통제해야 할 변인이 아닌 것은?

G_1	X	O_1
G_2		O_2

G_1 : 실험집단　　G_2 : 통제집단
X : 프로젝트 학습
O_1, O_2 : 학업성취도 검사

① 지능
② 성숙
③ 학습동기
④ 선수학습정도

38 다음은 인근한 A, B, C 세 초등학교의 4학년 학생을 대상으로 한 수학과 학업성취도 검사 점수의 분포이다. 이들 점수 분포에 대한 해석으로 옳은 것은?

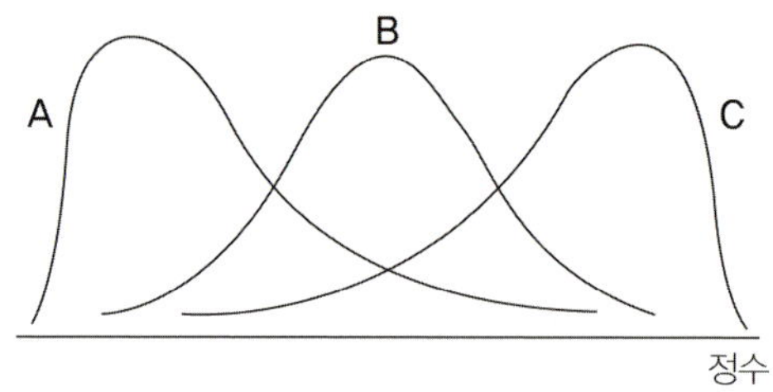

① A 학교 학생들의 점수는 부적으로 편포되어 있다.

② B 학교의 학생들의 평균점수가 가장 높다.

③ C 학교 학생들의 집중경향값 중 평균이 최빈값보다 크다.

④ A, B 학교 학생들보다 C 학교 학생들에게 쉬운 시험이다.

39 다음과 같은 특징을 지닌 심리검사는?

> • 아동에게 실시하는 지능검사이다.
> • 언어성 검사와 비언어성 검사를 모두 포함한다.
> • 문화적 편향을 극복하기 위한 목적으로 개발되었다.
> • 순차처리척도, 동시처리척도 및 습득도척도로 구성된다.

① Bender-Gestalt

② K-ABC

③ Stanford-Binet

④ WISC-R

⑤ K-WISC Ⅳ

40 다음은 상담을 담당하는 김교사가 자기 반 학생을 접수면접하는 과정에서 행한 내용이다. 이 내용과 가장 밀접하게 관련되는 상담윤리는?

> "상담실에서는 담임도 학생도 아닌 한 인간으로서 인격적으로 동등한 관계여야 해. 그리고 상담실을 나가면 우리는 다시 학생과 담임의 관계로 돌아갈 수 있어야 하거든. 그래야 상담이 될 수 있단다. 그럴 수 있겠니?"

① 상담자는 내담자에게 해로운 영향을 끼칠 수도 있는 이중적 관계를 피해야 한다.
② 상담자는 상담 전 내담자에게 상담의 목표, 기술, 규칙, 한계 등을 알려 주어야 한다.
③ 상담자는 자기가 속한 기관의 목적 및 방침에 모순되지 않는 활동을 할 책임이 있다.
④ 상담자는 상담을 통해 알게 된 내담자의 정보에 대해서 비밀을 보장할 책임이 있다.

41 다음은 조작적 조건형성을 위한 방법을 제시한 것이다. '라'에 해당하는 조건형성의 예를 적절히 기술한 것은?

강화자극		자극의 성질	
		유 쾌	불 쾌
제시 방식	제 시	가	나
	제 거	다	라

① 숙제를 다하면 나가서 놀게 한다.
② 관심을 끌려는 행동을 모른 체 한다.
③ 소란을 피울 때 자유시간을 박탈한다.
④ 착한 일을 할 때 교실청소를 면제한다.
⑤ 숙제를 안하면 벌을 준다.

42 아동의 과제 처리 능력의 발달을 '작업기억에서 조작공간은 감소하지만, 저장공간은 증가하는 것'으로 해석하는 것과 가장 관련 있는 개념은?

① 평형화
② 부호화
③ 정교화
④ 자동화
⑤ 시연

43 집단상담의 초기 탐색단계에서 지도자가 취해야 할 행동으로 가장 적절한 것은?

① 구성원들이 자신감과 적극성을 갖고 문제를 처리할 수 있도록 도와준다.
② 구성원들이 서로 협력하는 자세를 갖고 소속감과 신뢰감을 형성할 수 있도록 격려한다.
③ 특정 구성원이 직면한 문제를 다른 동료가 이해·공감하며 공동으로 해결하도록 격려한다.
④ 지도자와 구성원 모두가 집단 과정에서 배운 것을 생활에 어떻게 적용할 것인지 평가한다.
⑤ 구성원들의 개인 정보에 관련된 사항을 파악한다.

44 〈보기〉 중 정교화와 조직화 전략의 공통적인 기능은?

〈보 기〉

가. 수업 내용의 이해를 도와준다.	나. 작업기억 공간을 유지시켜 준다.
다. 장기기억의 용량을 확장시켜 준다.	라. 정보의 인출을 용이하게 한다.

① 가, 다
② 가, 라
③ 나, 다
④ 나, 라
⑤ 나, 다

45 〈보기〉 중 가드너(H. Gardner)의 지능이론을 적용한 교육 프로젝트의 일반적인 특징은?

〈보 기〉
가. 교육과정과 평가 간의 경계를 분명하게 구분한다.
나. 평가는 의미 있는 실세계의 활동과 관련된다.
다. 지능을 사정할 때 지능검사의 사용을 선호한다.
라. 인지 능력뿐만 아니라 작업 양식에도 관심을 갖는다.

① 가, 나
② 가, 다
③ 나, 라
④ 다, 라
⑤ 나, 다

46 김교사는 수업태도가 좋은 학생들에게 방과 후 교실청소를 면제해 주었다. 이런 방식으로 학생들의 학습활동을 증진시키는 행동수정 방법은?

① 벌
② 소거
③ 정적 강화
④ 부적 강화
⑤ 모델링

정답

1. ② 2. ④ 3. ④ 4. ③ 5. ① 6. ② 7. ④ 8. ① 9. ② 10. ② 11. ② 12. ③
13. ④ 14. ④ 15. ④ 16. ③ 17. ② 18. ④ 19. ② 20. ③ 21. ③ 22. ④ 23. ③
24. ② 25. ① 26. ② 27. ④ 28. ④ 29. ④ 30. ② 31. ④ 32. ① 33. ④ 34. ②
35. ③ 26. ③ 36. ③ 37. ② 38. ④ 39. ② 40. ① 41. ④ 42. ④ 43. ② 44. ②
45. ③ 46. ④

강갑원·김정희·김종백·박희순·이경화·장인실(2008). **교육심리학 이론과 실제**. 서울: 시스마프레스.

강진령 외 1인(2002). **학교상담**. 경기: 양서원.

강진령 외 1인(2004ㅋ). **학교상담 프로그램 1-2**. 서울: 학지사.

강진령 외 1인(2009). **중학생을 위한 학교상담 프로그램**. 서울: 학지사.

고벽진·이인학·이미연·이위환·이경혜·이춘옥 (2006). **신교육심리학**. 서울: 교육과학사.

공석영 외 1인(2005). **생활지도와 상담**. 서울: 동문사.

곽금주·박혜원·김청택(2001). **한국 웩슬러 아동 지능검사(K-WISC-Ⅲ)**. 서울: 도서출판 특수교육.

곽금주·오상우·김청택(2011). **한국 웩슬러 아동 지능검사(K-WISC-Ⅳ)**. 서울: 학지사 심리검사연구소.

구광현·가영희·이규영(2006). **교육심리학**. 서울: 동문사.

구광현·가영희·이규영(2012). **교육심리학**. 서울: 동문사.

권대훈(2006). **교육심리학**. 서울: 원미사.

권대훈(2009). **교육심리학의 이론과 실제**. 서울: 학지사.

권대훈(2015). **교육심리학의 이론과 실제**. 서울: 학지사

권요한 외(1995). **특수교육학서설**. 경기: 교육과학사.

권해수 외 14인(2006). 학교청소년상담사를 활용한 학교상담매뉴얼. 서울: 한국청소년상담원.

금명자 외 1인(1992). 상담참여자(상담자와 내담자)의 내현적 과정에 관한 개관 연구. 한국심리학회.

김계현 외 3인(2004). **상담과 심리검사**. 서울: 학지사.

김계현 외 6인(2012). **학교상담과 생활지도**. 서울: 학지사.

김계현 외 6인(2013). **학교상담과 생활지도**. 서울: 학지사.

김기정(1984). 학업성취와 지각된 양육태도가 자아개념에 미치는 영향. 중앙대학교 박사학위논문.

김대현·김석우(2008). **교육과정 및 교육평가**. 서울: 학지사.

김동일·신을진·이명경·김형수(2012). **학습상담**. 서울: 학지사.

김동일 외 6인(2003). **특수아동상담**. 서울: 학지사.

김아영·백화정·설인자·정명숙 공역(2003). **교육심리학**. 서울: 박학사.

김인주·구광현(1998). **신교육심리학**. 서울: 문음사.

REFERENCE

김언주·구광현(2000). **신교육심리학**. 서울: 문음사.

김영숙 외 1인(2004). **교사와 부모를 위한 특수아 상담의 이해**. 경기: 교육과학사.

김영욱 외 8인(2009). **특수교육학**. 경기: 교육과학사.

김윤옥 외 9인(2006). **특수아동 교육의 실제**. 경기: 교육과학사.

김재은(1977). **[언어와 사고]에 나타난 피아제의 사상**. 서울: 인물과 사상.

김재춘 외 3인(2011). **교육과정과 교육평가**. 경기: 교육과학사.

김제한·권순달·이현주(2007). **교육심리학.** 경기: 양서원.

김제한·권순달·이현주(2011). **교육심리학.** 경기: 양서원.

김종미 외 5인(2010). 교육심리학, 서울: 학지사

김진규·윤길근(2013). **교육평가의 탐구**. 서울: 동문사.

김진규(2008). **교육과정과 교육평가**. 경기: 교육과학사.

김청자(2011). **교육심리학의 이해**. 서울: 동문사.

김청자(2012). **교육심리학의 이해**. 서울: 동문사.

김청자(2014). **교육심리학.** 서울: 동문사.

김환 외 1인(2006). **상담면접의 기초**. 서울: 학지사.

김희수(2011). **교육심리학**. 서울: 신정.

김희진(1984). 아동의 자아개념 발달에 관한 연구. **교육연구 52호**.

노경희(1991). 진로탐색 집단 상담이 자아개념과 진로의식성숙에 미치는 효과. 이화여자대학교 석사학위논문.

노안영(2005). **상담심리학의 이론제 실제**. 서울: 학지사.

문선모(2010). **교육심리학의 이해**. 경기: 양서원.

문수백·변창진(1997). **카우프만 아동용 지능검사**. 서울: 학지사.

문승한·서동기·정다운(2014). **교육방법 및 교육공학**. 진주: 경상대학교출판부.

문은식·박선환·정미경(2008). **교육심리학**. 서울: 공동체.

문은식·박선환·정미경(2011). **교육심리학.** 서울: 공동체.

박도순 외 1인(2007). **교육평가-이해와 적용**. 경기: 교육과학사.

박선영 외 4인(2010). **교육학개론**. 서울: 원미사.

박승배, 부재율, 설양환, 이미자, 조주연, 최욱 공역(2002). **효과적인 교수법**. Gery. D. Borich(2000). Effective Teaching MethodS(fourth edition). Prentice Hall. Inc. 서울: (주)피어슨 에듀케이션 코리아.

박아청(1997). **현대의 교육심리학**. 서울: 학문사.

박아청(2002). **교육심리학의 이해**. 경기: 교육과학사.

박혜원·곽금주·박광배(1996). **K-WIPPSI 실시요강**. 서울: 도서출판 특수교육.

성낙돈·김운삼(2008). **교육심리학**. 창지사.

성태제·강대중·강이철·곽덕주·김계현·김천기·김혜숙·봉미미·유재봉·이윤미·이윤식·임웅·홍후조(2013). **최신 교육학개론**. 서울: 학지사.

성태제(2000). 교육평가의 변화와 역할. **한국교육평가의 쟁점과 논의.** 황정규 편. 경기: 교육과학사.

성태제(2002). **교육연구방법의 이해**. 서울: 학지사.

송인섭·최명구 외(2006). **교육심리학**. 서울: 학지사.

송인섭 외(2000). **교육심리학**. 경기: 양서원.

송인섭(1998). **인간의 자아개념 탐구**. 서울: 학지사.

송인순(2008). 자아개념과 불안이 특성화고 학생의 진로성숙도에 미치는 영향. 연세대학교 교육대학원 석사학위논문.

신명희·강소연·김은경·김정민·노원경·박성은·서은희·원영실·황은영(2010). **교육심리학 2판**. 서울: 학지사.

신명희 외 8인(2012). **교육심리학**. 서울: 학지사.

신민섭 외 7인(2005). **웩슬러 지능검사를 통한 아동정신병리의 진단평가**. 서울: 학지사.

신봉호 외 10인(2013). **미래교육연구 제7호**. 광주: 해성출판사.

신봉호 외 14인(2014). **교육학개론**. 서울: 동문사.

신봉호(2010). 중학교 학교상담 프로그램 개발 및 효과. 순천대학교 박사학위논문.

신종호 외(2015). **교육심리학**. 서울: 학지사.

신현기 외 9인(2009). **특수교육의 이해**. 경기: 교육과학사.

안영진(2009). **교육심리학.** 경기: 정민사.

연문희 외 1인(2002). **학교상담: 21세기의 학교상담**. 서울: 학지사.

염태호·박영숙·오경자·김정규·이영호(1992). **K-WAIS 실시요강**. 서울: 한국가이던스

염태호(1990). 성격의유형과 특성. 경희대학교, **학생생활연구, 7**, 149-198.

염태호, 김정규(2003). **16PF(다요인인성검사)의 이해와 활용**. 서울: 한국가이던스

오광현(1992). 인지발달과 학습에 관한 이론적 접근: 측정 및 교수방법에 대한 시사점. **대 신대학 논문집 제12집**. 인문과학편. 3-37.

오만록(2004). **교육심리학**. 경기: 교육과학사.

오만록(2008). **교육심리학**. 경기: 교육과학사.

REFERENCE

유기섭(2009). **교육심리학**. 서울: 동문사.

유승구(2012). **교사를 위한 교육심리학.** 서울: 공동체

유형근(2002). 초등학교 학교상담 교육과정 구안. 한국교원대학교 박사학위논문.

윤가현 외 14인(2012). **심리학의 이해 4판**. 서울: 학지사

윤종건(1996). **교육개혁 잘해보시오**. 서울: 원미사

이경화·고진영·최병연·정미경·박숙희(2010). **효과적인 교수-학습을 위한 교육심리학**. 경기: 교육과학사.

이명기·홍재호(2011). **교육학개론**. 서울: 학지사.

이병환, 박미란(2012). **예비교사를 위한 지침서 교직실무**(제2판). 경기: 교육과학사.

이상주(1983). 기성세대와 청소년. **현대사회와 청소년**. 서울: 아산사회복지사업재단.

이성진 외 7인(2009). **교육심리학서설**. 서울: 교육과학사

이성진 외(1990). **교육심리학의 새로운 쟁점과 이론**. 경기: 교육과학사.

이성진(1983). **학업성취의 요인**. 서울: 교육출판사.

이성진(2000). **교육심리학서설**. 서울: 교육과학사

이성진·박성수(1996). **교육심리학**. 한국방송통신대학교출판부.

이시용 외 1인(1994). **생활지도**. 경기: 교육과학사.

이신동·최병연·고영남(2013). **최신교육심리학**. 서울: 학지사.

이용남·강민철·김계현·방선욱·송인섭·이신동·이재신·최진승(1999). **신교육심리학**. 서울: 학지사.

이용남·정창윤·김진옥·송기주·정환금·부지영·김은아·이민영·이영길·강만철·정일선·오영란(2012). **교육학: 교육의 이해**. 경기: 교육과학사.

이장호 외 1인(1992). **상담연습교본**. 서울: 법문사.

이장호(1995). **상담심리학**. 서울: 박영사.

이장호(1997). **상담면접의 기초**. 서울: 중앙적성출판사.

이장호(2005). **상담심리학 입문**. 서울: 박영사.

이재창(2005). **상담지도와 상담**. 서울: 문음사.

이주영·권동택(2013). **학습자중심교육에서의 발달이 갖는 교육적 의미**. 한국열린교육학회 춘계학술대회 논문집.

이지연·김태준(2011). **유아교사를 위한 교육심리학**. 경기: 양서원.

이창우·서봉연(1974). K-WISC 실시요강. 서울: 교육과학사.

이현림 외 1인(2008). **새롭게 보는 교육심리학.** 경기: 교육과학사.

이형득 외 4인(1994). **상담이론**. 경기: 교육과학사.

임경희·신봉호(2007). 중학생용 진로탐색검사 개발을 위한 연구. **한국아동교육학회, 16**(1), 241-258.

임규혁 외 1인(2009). **교육심리학.** 서울: 학지사.

임규혁(1996). **학습효과를 위한 교육심리학**. 서울: 학지사.

임규혁(1997). 인간발달 연구의 최근 발전동향과 적용. **교육심리연구, 10**(1), 67-85.

임은미 외 4인(2013). **생활지도와 상담**. 서울: 교육과학사.

임인재·김신영(1993). **교육, 심리, 사회연구를 위한 논문 작성법**. 서울대학교출판부.

임인재(1980). **심리측정의 원리: 교육과학신서(제5권)**. 파주: 교육출판사.

임정훈·한기순·이지연(2008). **교육심리학**. 경기: 양서원.

임준환(1993). 자아개념과 학업성적 및 적응행동의 관계. 단국대학교 석사학위논문.

장재윤·박지영(2011). **내모자 밑에 숨어 있는 창의성의 심리학**. 서울: 가산출판사

정범모·박용헌 (1970). **성취동기**. 서울: 배영사.

정종진(1996). **학교학습과 동기**. 서울: 교육과학사.

정찬기오, 문승한, 이광우, 김훈희, 강순상, 이준우, 양은진, 정다운, 윤양수, 왕창수, 박종훈, 김성렬, 조양래, 김혜경(2016). **교직실무**. 경기: 양서원.

조벽(2000). **조벽 교수의 명강의 노하우 & 노와이**. 서울: 해냄.

조붕환·임경희(2011). **교사를 위한 생활지도와 학교상담**. 서울: 아카데미프레스.

조붕환·임경희(2013). **교사를 위한 생활지도와 학교상담**. 서울: 아카데미프레스.

조아롱(2005). 학교상담자에 대한 역할기대와 학교상담. 이화여대 석사학위논문.

조양자(2003). **Vygotsky의 유아교육사상에 관한 연구, 제21권 제**2호, 동남보건대학논문집.

허승희 외 3인(2004). **아동을 위한 발달적 생활지도**. 서울: 학지사.

허승희(2000). 우리나라 초등학교 상담의 전문성을 확립하기 위한 과제: 초등학교 전문상담 교사 양성과정을 중심으로. **초등교육연구, 15**(2), 515-532.

홍경자(1986). **성장을 위한 생활지도**. 서울: 탐구당.

홍경자(2005). Wellbeing 시대와 상담. **2005 한국상담학회 연차대회 학술논문자료집, 5-16,** 한국상담학회.

황순택 외 2인(2012). **임상심리학의 이해**.

황정규(1995). **인간의 지능**. 서울: 민음사.

황정규(1998). **학교학습과 교육평가**. 경기: 교육과학사.

REFERENCE

Amabile, T. M.(1982). Social Psychology of creativity: A consensual assessment technique. *Journal of Personality and Social Psychology, 43*, 997-1013.

Amabile, T. M.(1983). *The social Psychology of creativity*. New York: Springer-Verlag.

Amabile, T. M.(1983). The social Psychology of creativity: A componential conceptualization. sensual assessment technique. *Journal of Personality and Social Psychology, 45*, 357-377.

Amabile, T. M.(1985). Motivation and creativity: Effects of motivational orientation on creative writers. J. *Personality and social Psychology, 48*, 393-9.

Amabile, T. M.(1995). The p*ersonality of* creativity In M. Joyce, S. Isaksen, G. Puccio, F. Davidson, and C. Coppage (Eds.), *An introduction to creativity* (pp. 71-75). Acton, MA:Copley.

American School Counselor Association.(1997). Position statement: Comprehensive programs. http://www.schoolcounselor.org/content.cfm?L1=10000&L2=9.

American School Counselor Association.(1998). *The school counselor and comprehensive school counseling programs,* Alexandria, VA: Author.

American School Counselor Association.(1999). *A guide to state laws and regulations on professional school counseling*. Alexandria, VA: Author.

American School Counselor Association.(2003). The ASCA national model: A framework for school counseling programs. *Professional School Counseling, 6*, 165-168.

American School Counselor Association.(2004). State certification requirements. Retrieved from http://www.schoolcounselor.org/content.asp?contentid=243.

Ausubel, D. P.(1968). *Educational psychology: A cognitive view*. NY: Holt, Rinehart & Winston.

Baker, Stanley B.(2000). *School Counseling for the twenty-first century*(3rd ed.). Anglewood Cliffs, NJ: Prentice Hall.

Bandura, A.(1971). *Social learning theory*. New York: General Learning Press.

Bandura, A.(1973). *Aggression: A Social Learning Analysis*. Englewood Cliffs, NJ: Prentice-Hall.

Bandura, A.(1977). *Social Learning Theory*, NJ: Prentice-Hall.

Bandura, A.(1986). *Social foundations of thought and action: A social cognitive theory*. Englewood Cliffs, NJ: Prentice-Hall.

Bandura, Ross, & Ross.(1965). Influence of a model's reinforcement contingencies on the acquisition of imitative responses, *Journal of personality and social psychology, 11*, 589-595.

Barron, F.(1988). Putting creativity to work. In R. J. Sternberg (Ed.), *The nature of creativity* (pp. 70-98). Cambridge, MA: Cambridge University Press.

Barron, F., & Harrington, D. M.(1981). Creativity, intelligence and personality. *Annual Review of Psychology, 32*, 439-476.

Barron, R. A.(1998). *Psychology* (4th ed.). Boston: Allyn & Bacon

Beck, A. T.(1972). *Depression: Cause and treatment*. Philadelphia: University of Pennsylvania Press.

Bell-Gredler, M. E.(1986). *Learning and instruction*. NY: Macmillan Publish Company.

Berne, E.(1964). *Principles of group treatment*. New York: Oxford University Press.

Binet, A., & Simon, T.(1916). *The development of intelligence in children.* Baltimore: Williams & Wilkins.

Blackman, G. J.(1977). *Counseling theory, process and practice*. Belmont, CA: Wadsworth.

Blocher, D. H.(2000). *Counseling: A developmental approach*(4th ed.). Danvers, MA: John Wiley & Sons, Inc.

Bloom, B. S.(1956). *Taxonomy of educational objectives handbook I: cognitive domain.* New York: David McKay.

Bloom, B. S.,(ed.)(1985). *Developing talent in young people*. New York: Ballentine Books.

Bloom, B., Englehart,. M., Hill, W., Furst, E., & Krathwohl, D.(1984). *Taxonomy of educational objectives: The classification of educational goals. Handbook I : Cognitive domain*. New York: Longman Green.

Borich, G. D., & Tombari, M. L.(1995). *Educational psychology*. Harper Collins College Publishers.

Bower, E. M.(1981). *Early identification of emotionally handicapped children in school* (3rd ed.). Springfield, IL: Tomas.

Bower, G. H., & Hilgard, E. R.(1981). *Theories of learning*(5th ed.). Englewood Cliffs, NJ: Prentice-Hall.

Bowers, J. L., & Hatch, P. A.(2002). *The National Model for School Counseling Programs*. VA: American School Counselor Association.

REFERENCE

Bowma, Robert & Susan.(1998). *Individual counseling activities for children(grades K-6)*. Chapin, SC: Youthlight, Inc.

Bradley-Johnson., S., & Dean, V. J.(2000). Role change for school psychology: The challenge conginues in the new millennium. *Psychology in the Schools, 37*(1), 1-5.

Brammer, L.(1988). *The helping relationship: Process and skills*. Englewood Cliffs, NJ: Prentice Hall.

Bransford, J., Barclay, J. R., & Franks, J. J.(1972). Sentence memory: A Constructive versus interpretive approach. *Cognitive Psychology, 3,* 193-209.

Bransford, J., Derry, S., Berliner, D., Hammerness, K., & Beckett, K. L.(2005). Theories of learning and their roles in teaching. In L. Darling-Hammond & J. Bransford (Eds.), *Preparing teachers for a changing work: What teacher should learn and be able to do*. San Francisco: John Wiley & Sons.

Broudy, H. S., Ennis. R. H., & Kimmerman, L. E.(1973). *Philosophy of educational research*. New York: John Wiley & Sons. 517.

Brubaker, Hal., & Partin, Ronn.(1986). *Implementing Effective Schools Research: The Audit Process High School Observations*. San Francisco: Jossey-Bass Publishers.

Bruner, J. S.(1966). *Toward a theory of instruction*. Cambridge, MA: Belknap.

Campbell, Chari A., & Dahir, Carol A.(1997). *The national standard for school counseling. Alexandria.* VA: The American School counselor Association.

Cattell, R. B.(1971). *Abilities: Their structure, growth, and action*. Boston: Houghton Mifflin.

Cervero, Ronald M., & Wilson, Arthur L.(1994). *Planning responsibly for adult education: a guide to negotiating power and interests*. San Francisco: Jossey-Bass Publishers.

Chapman, Helen, & Noel, Elizabeth.(1987). Toward developmental guidance and counseling in Connecticut: counselors taking charge of change. *Dialog, No. 14*, Fall/Winter. 3-9.

Clifford Beers.(1908). *A Mind That Found Itself.* Pittsburgh & London: University of Pittsburgh Press.

Collet, Jeanne Bleuer.(1991). *Comprehensive Guidance Program Design*. Highlights: Ann Arbor, Mich.

Connecticut State Dept. of Education.(1991). *K-12 Developmental guidance and counseling curriculum*. Alexandria, VA: ASCA.

Connecticut vocational-technical school system.(1997). *Developmental guidance lessons*. Connecticut state department of education.

Corey N. S., & Corey, G.(1993). *Becoming a helper*. Pacific Grove. CA: Brooks/Cole.

Corey, G.(2005). *Theory and Practice of counseling and psychotherapy*(7th ed.). Belmont, CA: Brooks/Cole.

Corey, S. M.(1971). The nature of instruction. In M. D. Merrill(Ed.), *Instructional design: Readings*. Englewood Cliffs, NJ: Prentice-Hall.

Council for the Accreditation of Counseling & Related Educational Program.(2002). 2001 standards. Retrieved from://www.counseling.org/cacrep/200?standards700.htm.

Cronbach, L. J., & Snow, R. E.(1977). Apitutes and instruction method: A handbook for research on interaction. NY: Irvington.

Cropley, A. J.(1972). A five-year longitudinal study of the validity of Creativity test. *Developmental Psychology, 6,* 119-124.

Cropley, A. J.(1995). **교육과 창의성**(김선 역). 서울: 집문당.

Cropley, A. J.(1997). Fostering Creativity in the Classroom: General Principles. In Runco, M (Ed.), *The Creativity Research Handbook(Volume I)*. Hampton Press, Inc: Cresskill, New Jersey.

Cropley, A. J.(2000). Defining and measuring creativity: Are creativity testd worth using? *Roeper Review, 23*, 72-79.

Cropley, A. J.(2004). **창의성 계발과 교육**(이경화, 최병연, 박숙희 역). 서울:학지사(원저는 2001년 출간).

Csikszentmihalyi, M.(1988). Society, culture, and person: A systems view of creativity. In R. J. Sternberg(Ed.), *The nature of creativity: Contemporary psychological perspectives* (pp.325-39). New York: Cambridge University Press.

Csikszentmihalyi, M.(1996). *Creativity*. New York: Harpercollins.

Cuthbert, M. L.(2000). Large group developmental guidance. In J. Wittmer (Ed.), *Managing your school counseling program* (pp.123-134). Minneapois, MN: Educational Media.

Dahir, C. A.(2001). The national standards for school counseling programs: Development and implementation. *Professional School Counseling, 4*, 320-327.

Dahir, Carol, Sheldon, Carolyn & Valiga, Michael.(1998). Implementing the national standards for school counseling programs. *ASCA*, Alexandria, VA.

Damon, W.(1988). *The moral child.* New York: Free Press.

Damon, W., & Hart, D.(1988). *Self-understanding in childhood and adolescence.* New York: Cambridge University Press.

David Baker.(1993). *Evaluation.* Steven Phillips: Library Association Pub.

De Bono, E.(1968). New think. New York: Basic.

De Bono, E.(1990). *Lateral thinking.* London: Penguine Books.

Dinkmeyer, D. C.(1968). *Guidance and counseling in the elementary school: readings theory and practice.* NY: Holt Rinehart & Winston.

Dinkmeyer, D. C., & Galdwell, E.(1970). *Developmental counseling and Guidance: A comprehensive school approach.* New York: McGraw-Hill.

Dinkmeyer, D. C., & Pew, W. N.(1978). *Adlerian counseling program and psychotherapy.* Monterey, CA: Brooks. Cole.

Dollarhide, C. T., & Saginal, K. A.(2003). *A school counseling in the secondary school: A comprehensive process and program.* Boston, MA: Allyn & Bacon.

Drier, H., & Jones, L.(1985). *Legislative provisions for the development of comprehensive community-based career guidance programs.* Wooster, OH: Bell & Howell.

Driscoll, M. P.(1994). *Psychology for instruction.* Needham Heights, MA: Allyn & Bacon.

Dusek, J. B.(1991). *Adolescent development and Behavior*(2nd ed.). Englewood Cliffs, NJ: Prentice-Hall.

Eccles, J. S., Midgleyl, C., Wigfield, A., Buchanan, C. M., Reuman, D., Flanagan C., & MacIver, D.(1993). *Developmental guidance program.* Farmington, CT.

Eggen, P. D., & Kaucgak, D.(2004). *Educational Psychology Windows on classrooms* (6th ed.).

Ellis, A.(1962). *Reason and Emotion in psychotherapy.* NY: Cyle Stwart.

Ellis, A.(1973). *Humanistic psychotherapy: The rational-emotive approach.* New York: Julian Press.

Erikson, E. H.(1968). *Identity: Youth and society.* NY: W. W. Norton & Company.

Erikson, E. H., Erikson, J. H., & Kivnick, H. Q. (1986). *Vital involvement in old age.* New York: Norton.

Fagan, T. K.(1986). School psychology's dilemma: Reappraising solutions and directing attention to the future. *American Psychologist, 41*, 851-861.

Fagan, T. K.(1992). Compulsory schooling, child study, clinical psychology, and special education: Origins of School Psychology. *American Psychologist, 47*, 236-243.

Fagan, T. K.(1999). Training school psychologists before there were school psychologist training programs: A history 1890-1930. In C. R. Reynolds, & T. B. Gutkin(Eds.). *The Handbook of School psychology*(3rd ed.), 2-23, New York: Wiley & Sons.

Fagan, T. K., & Warden, P.(Eds.).(1996). *Historical encyclopedia of school psychology*. Westport, CT: Greenwood Press.

Faust, V.(1968). *The counselor-consultant in the elementary school*. Boston, MA: Houton Mifflin.

Feyereisen, Kathryn, et al.,(1970). *Supervision and curriculum renewal: A systems approach*. Englewood Cliffs, NJ: Prentice Hall.

Finch, J., Mattson, D., & Moore, J.(1993). Selecting a theory of counseling: Personal and Professional congruency for counseling students. *TCA Journal, 21*, 97-102.

Forness, S., & Knitzer, J.(1992). A new proposed definition and terminology to replace 'serious emotional disturbance' in Individuals with Disabilities Educational Act. *School Psychology Review, 21*, 12-20.

Freeman, J.(1985). Emotional aspects of giftedness. In J. Freeman (Ed.), *The psychology of gifted children* (pp.247-264). John Wiley & Sons.

French, J. L.(1964). *Pictorial Test of Intelligence: manual*. Boston: Houghton Mifflin.

Freud, S.(1960). *A general introduction to psychoanalysis*. New York: Washington Square Press.

Gagné, R. M.(1977). *The conditions of learning*(3rd Ed.). NY: Holt, Rinehart & Winston.

Gagné, R. M.(1985). *The conditions of learning and theory of instruction*.(4th ed). New York: Holt Rinehart & Winston.

Gardner, H.(1983). Frames of mind: The theory of multiple intelligences. New York: Basic Book.

Gardner, H.(1993). *Multiple intelligences: the theory in practice*. New York: Basic Book.

Gardner, H.(1999). *Intelligences reframed: multiple intelligences for the 21st century*. New York: Basic Book.

Garriety, James, Parkman, Gary, & Sierkowski, Donarld.(1989). Needs assessment. *Dialog*

No. 15, April, 16-23.

Getzels, J. W., & Csikszentmihalyi, M.(1976). *The creative vision: A longitudinal study of problem finding in art.* New York: Wiley.

Getzels, J. W., & Jackson, P. W.(1962). *Creativity and intelligence.* New York: Wiley.

Gibson, R. L., Mitchell, M. H., & Basile, S. K.(2003). *Counseling in the elementary school: A comprehensive approach*. MA: Allyn & Bacon.

Gladding, S. T.(2000). *Counseling: A comprehensive profession*. New Jersey: Prentice Hall, Inc.

Gladding, S. T.(2004). *Group work: A counselling specially.*(3rd ed.). Upper Saddle River, NJ: Prentice-Hall.

Gladding, S. T.(2007). *Counselling: A comprehensive profession*(Updated 5th Ed.). Columbus, Ohio: Pearson Prentice Hall.

Glasser, W.(1980). Reality therapy. In W. N. Glasser.(Ed.). *What are you doing*, 48-60, New York: Harper & Row.

Goldfried, M. R., & Davison, G. C.(1976). *Clinical behavior therapy*. New York: Holt Rinehart & Winston.

Guilford, J., P.(1959). Three faces of intellect. *American Psychologist, 14*(8).

Guilford, J., P.(1967). *The nature of human intelligence.* New York: McGraw-Hill

Guilford, J., P.(1977). *Way beyond the IQ: Guide to improving intelligence and creativity. Buffalo:* Barely Limited.

Guilford, J., P.(1988). Some changes in the Structure-of-Intellect model. *Educational and psychological Measurement, 48*(1).

Guthrie, E. R.(1935). *The Psychology of Learning*. NY: Harper & Row

Gysbers, N. C.(1997). Comprehensive guidance program that work. *Greenboro*, NC: ERIC Counseling & Personnel Services Clearinghouse.

Gysbers, N. C., & Henderson, P.(1997). *Developing and managing your school guidance program*(2nd ed.). Alexandria, VA: American Counseling Association.

Gysbers, N. C., & Henderson, P.(2000). *Developing and managing your school guidance program*(3rd ed.). Alexandria, VA: American Counseling Association.

Gysbers, N. C., & Henderson, P.(2001). Comprehensive guidance and counseling programs: A rich history and a bright future. *Professional School Counseling, 4*, 246-256.

Gysbers, Norman & Henderson, Patricia.(1994). *Developing and managing your school guidance program. Alexandria*, VA: ACA.

HaHatzichriston, C.(1996). Cross-national and cross-cultural reflection on the future development of school psychology. *The School Psychologist, 50*, 52-53.

Hall, G. S.(1904). Adolescence: Its Psychology and its relations to physiology, anthropology, *sociology, sex, crime, religion, and education*(2 vol.). New York: Appleton.

Hallahan, D. P., & Kauffman, J. M.(1994). *Exceptional children: Introduction to special educational*(6th ed.). Boston: Allyn & Bacon.

Harrison, T. C.(2000). The school counselor as consultant. In J. Wittmer. *Managing your school counseling program,* 183-191, Minneapolis, MN: Educational Media.

Harter, S.(1988). Developmental processes in the construction of the self. In T. D. Yawkey & J. E. Johnson.(Eds.), *Integrative processes and socialization: Early to middle childhood.* Hillsdale, NJ: Erlbaum.

Harvighurst, R. J.(1972). *Developmental tasks and educational*(3rd ed.). New York: David Mckay.

Hayslip, J. B.(2000). Using National Standards and Models of Excellence as Frameworks for Accountability. *Journal of Career Development, Vol. 27*. No. 2.

Henderson, S. J.(2000). Follow your bliss: A process for career happiness. *Journal of Counseling and Development, 78*, 305-315.

Heward, W. L.(1995). *Exceptional children: An introduction to special education.*(5th ed.). Englewood Cliffs, NJ: Prentice Hall.

Hocevar, D.(1980). Intelligence, divergent thinking and creativity. *Intelligence, 4,* 25-40

Hocevar, D., & Bachelor, P.(1989). A taxonomy and critique of measurements use in the srudy of creativity. In. J. A. Glover, R. Ronning, & C. R. Reynolds (Eds.), *Handbook of creativity* (pp.53-76). New York: Plenum.

Hohn, R. L.(1995). *Classroom learning and teaching.* NY: Longman Publishers.

Houtz, J.(2003). The Educational Psychology of Creativity. [김정희 역(2007)]. **창의성을 부르는 심리학**. 서울: 시그마프레스.

Howard Gardner, Mindy L. Kornhaber, Warren K. Wake.(1995). [김정휘 역(2006)]. **지능심리학 제1판, 다양한 관점에서 지능연구하기**. 서울: 센게이지러닝코리아(주).

Howard Gardner, Mindy L., Kornhaber, Warren K. Wake. [김정휘 역(2006)]. **지능심리학**.

서울: 센게이지러닝코리아(주).

Hutchins, D. E., & Cole, C. G.(1986). *Helping relations and strategies*. Pacific Grove, CA: Brooks/Cole.

Jacobs, E., & Chris, S.(2002). Small group counseling. IN C. Sink (Ed.), *Contemporary school counseling, 82-115*. Boston: Mifflin.

Jeanne, Ellis Ormrod. [이명숙 외 5인 역(2011)]. **교육심리학**. 서울: 아카데미프레스.

Jeannine, R. Studer.(2005). *The Professional School Counselor: An Advocate for Students*. Knoxville: The University of Tennessee.

Johns, H. B., & Johnson S. K.(1982). Competency based training of career development specialist or let's get off the calf path. *Vocational Guidance Quarterly, 32*, 327-335.

Jones, J. A.(1970). *Principles of guidance*. New York: McGraw Hill Book Company.

Kagan, J., & Kogan, N.(1970). Individual variation in cognitive processes. In P. H. Mussen (Ed.), *Carmichael's manual of child psychology*(Vol. 1, pp. 1273-1365). New York: Wiley.

Kagan, J., Rosman, B. L., Day, D., Albert, J., & Phillips, W.(1964). *Information processing in the child: Significances of mental growth*. Grade Teacher Magazine 79, 123-130.

Kaufman, J. M.(1985). *Characteristic of children's behavior disorders*(3rd ed.). OH: Merrill.

Keller, J. M. (2010). *Motivational design for learning and performance: The ARCS model approach*. New York: Springer.

Keller, J. M., & 송상호.(199). **매력적인 수업설계; 주의집중, 관련성, 자신감 그리고 만족감**. 서울: 교육과학사.

Kirk, S. A., & Chalfant, J. C.(1984). *Academic and developmental learning disabilities*.

Köhler, W.(1925). *The mentality of apes*. London: Routledge & Kegan Paul.

Kottler, J. A., & Brown, R. W.(1992). *Introduction to therapeutic counseling*. Pacific Grove, CA: Brooks/Cole.

Lane, K., Falk, K., & Wehby, J.(2006). *Classrom management in special education classrooms and resource rooms*. In C. M. Evertson & C. S. Weinstein.(Eds.), Mahwan, NJ: Erlbaum.

Liebertt, R., & Morris L.(1967). Cognitive and emotional components of teat anxirty: A distinction and some initial data *Psychological Reports, 20,* 975-978.

Luckasson, R., except 10 person(2002). *Mental retardation*(10th ed.). Washington, DC: American Association on Mental Retardation.

Maher, C. A., & J.(1989). School based counseling. In Maher & J. E. Zins(Ed.), *Psychoeducational intervention in schools*. NY: Pergamon Press.

Martindale, C.(1991). *Cognitive Psychology: A Neural-Network Approch.* Belmont: Wadworth.

Mayer, R. E.(1987). *Educational psychology: A cognitive approach*. Boston, MA: Little Brown and Company.

Mednick, S. A.(1962). The associative basis of the creative process. *Psychological Review*, 68 220-32.

Michalko, M.(2001). *Cracking Creativity:* The Secrets of Creative Genius Paperback.

Miller, G. A.(1956). The magical number seven plus or minus two: Some limits on our capacity for processing information, *Psychological Review, 63*, 81-97.

Molnar, Alex.(1990). *School reform proposals: the research evidence*. Greenwich, Conn.: Information Age Pub.

Mumford, M. D.(2001). Something old, Something new: Revisiting Guilford's conception of creative problem solving, *Creativity Research Journal, 13,* 267-276.

Muro, J. J., & Kottman, T.(1995). *Guidance and counseling in the elementary and middle schools*. Dubuque, I. A.: Brown Communications, Inc.

Myrick, R. D.(1993). *Developmental guidance and counseling: A practical approach*(2nd ed.). Minneapolis, MN: Educational Media Corporation.

Myrick, R. D.(1997). *Developmental guidance and counseling: A practical approach*(3rd ed.). Minneapolis, MN: Educational Media Corporation.

Myrick, R. D.(2003). *Developmental guidance and counseling: A practical approach*(4th ed.). Minneapolis, MN: Educational Media Co.

National Board for Certified Counselors.(2004). 2005 Application packet for the NCSC credential. Retrieved from http://www.hbcc.org/pdfs/cert/NCSC.pdf. Needham Heights, MA: Allen & Bacon.

Nelson-Jones, R.(1990). *Human relationships*. Pacific Grove, CA: Brooks/Cole.

REFERENCE

Neukrug, E. S.(1999). *The world of the counselor*. Pacific Grove, CA: Brooks/Cole.

New York State School Counselor Association.(2003). New York State comprehensive school counseling program: A guide for K-12 implementation of comprehensive, *Developmental school counseling programs*. Leicester, NY: Author.

Nicholls, J. G.(1967). The opinions on co-education of a group of secondary modern school children in the Machester area. There teachers and their parents. British Journal of Educational *Psychology, 37,* 396-397.

Nugent, F. A.(1990). *An introduction to professional counseling*(2nd ed.). Columbus, OH: Merrill.

Nugent, J. K.(1994). The Cultural Context of Infancy: Vol. 2. *Multicultural and Interdisciplinary Approaches to Parent-Infant Relations*. MI: Wayne State University Press.

Olson, M., & Hergenhahn, B. R.(2009). *An Introduction to the Theories of Learning*(8th ed.). Prentice Hall, Inc.

Ormord, J. E.(2006). *Educational Psychology: Developing learners*(5th ed.). Upper Saddle River, NJ: Merill/Prentice Hall

Ormrod, J. E.(2008). *Educational psychology: Developing learners*(5th ed.). Upper Saddle River, NJ: Merill/Prentice Hall.

Ormrod, J. E., 이명숙, 강영하, 박상범, 송재홍(2011). **교육심리학 7판**. 서울: 아카데미프레스.

Oscsodal, Peter B. D., Syracuse University(2005). Perspectives of school counselors compared with the comprehensive school counseling-guidance model of Gysbers and Henderson: A qualitative study of a school counseling-guidance program (Norman C. Gysbers, Patricia Henderson).

Parsons, F.(1909). *Choosing a vocational*. Boston: Houghton Mifflin.

Partin, Ronald L.(1990). School Counselor's Time: A Comparison of Counselors and Principals' Perceptions and Desires. Ohio: S. N.

Patterson, C. H.(1971). *An introduction to counseling in the school*. New York: Harper & Row Publisher.

Pavlov, I. P.(1928). *Lectures on Conditioned Reflexes.* New York: Liveright.

Perkin, D. N(1981). *The mind's best work.* Cambrige, MA: Harvard University Press.

Perkin, D. N(1988). Creativity and the quest for mechanism. In R. J. Sternberg & E. E. Smith(Eds.), *The psychology of buman though*(pp.309-336). New York: Cambrige University Press.

Perls, F. S.(1975). Group vs individual therapy. In J. O. Stevens (Ed.), *Gestalt is. Moab*, UT: Real People press.

Perusse, R., Goodnough, G. E., & Norl, C. J.(2001). A national survey of school counselor Perceptions of school counselors and school principals about the National Standards for School Counseling Programs and the Transforming School Counseling Initiative. *Professional School Counseling, 7*, 152-161.

Perusse, R., Goodnough, G. E., Donegan, J., & Jones, C.(2004). Perceptions of school counselors and school principals about the National Standards for School Counseling Programs and the Transforming School Counseling Initiative. *Professional School Counseling, 7*, 152-161.

Peterson, L. R., & Peterson, M.(1959). *Short-term retention of individual items Journal of Experimental Psychology, 58*, 193-198.

Premack, D.(1965). Reversibility of the Reinforcement Relation, *Science, 136*, 255-257.

Quay, H. C., & Werry, J. S.(1979). *Child psychopathology*(2nd ed.). New York: John Wiley.

R. C. Arkinson & R. M. Shiffrin.(1968; 1971). Human memory: A proposed system and its control processes. In K. W. Spence & J. T. Spence(Eds.). *The Psychology of learning and motivation: Vol. 2*. Advances in research and theory. New York: Academic Press.

Renzulli, J. S., & Reis, S. M.(1985). *The school wide enrichment model*. Creative Learning Press, Inc.

Rogers, C. R.(1942). *Counseling and psychotherapy*. Boston: Houghton Mifflin Company.

Rogers, C. R.(1951). *Client-centered therapy*. Boston: Houghton Mifflin Company.

Rothwell, William, J. Cookson., & Peter S.(1997). *Beyond instruction: comprehensive program planning for business and education*. San Francisco, Calif.: Jossey-Bass Publishers.

Sattler, J. M.(1992). *Assessment of children*. SanDiego, JM: Sattler Publisher.

Schmidt, J. J.(1993). *Counseling in Schools: Essential services and comprehensive programs*. Boston: Allyn & Bacon.

Schmidt, J. J.(1999). [노안영 역(2000)]. **학교상담**. 서울: 학지사.

Schmidt, J. J.(1999). *Counseling in Schools: Essential services and comprehensive program* (3rd ed.). Boston: Allyn & Bacon.

Sears, S. J., & Granello, D. H.(2002). School counseling now and in the future: A reaction. *Professional School Counseling, 5*, 164-171.

Secretary's Commission on Achieving Necessary Skills(1992). *Learning a living: A blueprint for high performance*. Washington, DC: US. Department of Labor.

Shuell, T.(1986). Cognitive conceptions of learning. *Review of Educational Review, 84* 127-90.

Shuell, T.(1996). Teaching and learning in a classroom context. In D. Berliner & R. Calfee(Eds.), Hanbook of educational psychology. New York: Macmillan.

Simonton, D. K.(1984). Genius, Creativity and leadership. Cambridge, MA: Harvard University Press.

Simonton, D. K.(1994). Greatness: Who makes history and why? New York: Guilford.

Simonton, D. K.(1999). *Origins of Genius: Darwinian Perspectives on Creativity*. New York: Oxford.

Simonton, D. K.(2000). Creative development as acquired expertise: Theoretical issues and empirical test. *Development Review, 20,* 283-318.

Skinner, B. F.(1953; 1972). *Science and Human Behavior*. New York: Macmillan.

Skinner, B. F.(1957). *Verbal learning*. New York: Appleton-Crofts.

Skinner, B. F.(1974). *About behaviorism*. New York: Alfred A. Knopf.

Snowman, J., & Biehler, R.(2003). *Psychology applied to teaching*(10th ed). Houghton Mifflin.

Snowman, J., Biehler, R., 강영하, 송재홍, 정미경, 정종진(2004). **교육심리학: 수업을 위한 심리학적 원리와 적용**. 서울: 아카데미프레스.

Spearman, C.(1904). “General intelligence” objectively determined and measured. *American Journal of Psychology*, 15, 201-292.

Spielberger, C. D.(1972). Anxiety as an emotional state. In C. D. Spielberger(Ed.), *anxiety: Current in theory and research* (vol. 1, pp. 23-49). New York: Academic Press.

Spielberger, C. D., Vagg, P. R.(1995). Test anxiety: A transactional process model Speilberger, C. D., Vagg, P. R. Test anxiety: Theory, assessment and treatment (pp.3 - 14). Bristol: Taylor & Frances.

State of Iowa Department of Educational.(2001). Traditional vs Developmental Counseling. *Iowa Comprehensive Counseling and Guidance Program Development Guide*. 20.

Stein, M. I.(1955). *The Thematic Apperception Test*. Cambridge: Addison-Wesley Publishing Com.

Sternberg, R. J.(1985). *Beyond IQ: A triarchic of Human intelligence.* New York: Cambridge University Press.

Sternberg, R. J.(Ed.).(1988). The nature of creativity: Contemporary psychological perspectives. New York: Cambridge University Press.

Sternberg, R. J., & Detterman, D. K.(1986). *What is intelligence?* Norwood, NJ: Ablex

Sternberg, R. J., & Lubart, T. I.(1991). An investment theory of creativity and its development, *Human Performance*, 34(1), 1-31.

Sternberg, R. J., & Williams, W. M.(2010). **스턴버그의 교육심리학 제2판**(김정섭, 신경숙, 유순화, 이영만, 정명화, 황희숙 역). 서울: 시그마프레스.

Stone, C. B., & Clark, M. A.(2001). School counselors and principals: Partners in support of academic achievement. *NASSP Bulletin, 85*(1), 46-53.

Stufflebeam, Daniel L.(1994). *Evaluation of Superintendent Performance: Toward a General Model*. Kalamazoo, MI.: Center for Research in Educational Accountability & Teacher Evaluation.

Stufflebeam, Daniel L., & Shinkfield, Anthony J.(1995). *Teacher evaluation: guide to effective practice*. Boston; Dordrecht; London: Kluwer Academic.

Swanson, Gordon I., & Elam, Stanley.(1969). *Educational planning in the United States*. Itasca: F. E. Peacock.

Synder, B. A.(2000). Managing an elementary school development counseling program: The role of conscelor. In J. Wittmer(Ed.), *Managing your school counseling program: K-12 developmental strategies*(2nd ed., pp.37-48), Minneapolis, MN: Educational Mdeia Co.

Tappan, M. B.(1998). Sociocultural psychology and caring pedagogy: Exploring Vygotsky's "hidden curriculum" *Educational Psychologist, 33*(1), 23-33.

REFERENCE

Thorndike, E. L.(1931). *Human learning*. New York: Century.

Tomm, K.(1987). Interventive interviewing Part Ⅰ: Strategizing as a fourth guideline for the therapist. *Family Press, 26*, 3-13.

Torrance, E. P.(1974). *Torrance Test of creative thinking: Norms-technical manual.* Bensenville, IL: Scholastic Testing Service.

Torrance, E. P.(1988). The nature of creativity as manifested in its testing. In R. J. Sternberg(Ed.). *The nature of creativity: Contemporary psychological perspectives* (pp.43-75). New York: Cambridge University Press.

Torrance, E. P.(1995). *Why fly?: A philosophy of creativity.* Norwood, NJ: Ablex Publishing Co.

Tyler, Ralph Winfred, Madaus, George F., Stufflebeam, Daniel L.(1988). *Educational evaluation: classical works of Ralph W. Tyler*. Norwell, MA: Kluwer Academic.

Webb, J. T.(1993). *Nerturing social-emotional development of gifted children*. In K.

Weiss, L. G., Saklofske, D. H., Prifitera, A., & Holdnac, J. A.(2006). *WISC-IV Advanced Clinical Interpretation*. San Diego: Elsevier.

West, C. K., Framer, J. A., & Wolff, P. M.(1991). *Instructional design: Implications from cognitive science.* Englewood Cliffs, NJ: Prentice-Hall.

Whiston, S. C.(2002). Response to the past, present, and future of school counseling: Raising some issues. *Professional School Counseling, 5*, 148-157.

Whiston, S. C., & Sexton, T. L.(1998). A review of school counseling outcome research: Implications for practice. *Journal of Counseling and Development, 76*, 412-426.

Wiles, J., & Bondi, J.(2001). *The new American middle school: Educating pre-adolescents in an era of change*. Upper Saddle River, NJ: Merrill/Prentice Hall.

William, R. Shadish.(1997). *Evaluation for the 21st century: A handbook*. Thousand Oaks: Sage Publications.

Williamson, E. G.(1950). *Counseling and Psychology*. Boston: Houghton Mufflin.

Witkin H. A., Moore, C., Goodenough, D., & Cox, P.(1977). Field-dependent cognitive style and their education implication. *Review of Educational Research, 47*, 1-64.

Wittmer, J.(2000). M*anaging your school counseling program: K-12 developmental strategies*(2nd ed.). Minneapolis, MN: Educational Media Co.

Wittmer, J., & Thompson D.(2000). *Large group guidance activities: A K-12 sourcebook.*

Minneapolis, MN: Educational Media Co.

Wolpe, J.(1958). *Psychotherapy by reciprocal inhibition.* CA: Stanford University Press.

Woolfolk, A. E.(2007). *Educational psychology*(10th ed). Boston: Allen & Bacon.

Worzbyt, John C., O' Rourke, Kathleen, Dandeneau, Claire J.(1996). *Elementary school counseling: a commitment to caring and community building.* New York, NY: Brunner-Routledge.

Worzbyt, John C., O' Rourke, Kathleen.(1989). *Elementary School Counseling: A Blueprint for Today and Tomorrow.* Indiana: S. N.

Young, M. E.(1998). *Learning the Art of Helping,* Upper Saddle River, Nj: Merrill. 강갑원·김정희·김종백·박희순·이경화·장인실(2008). **교육심리학 이론과 실제**. 서울: 시스마프레스.

Zaccaria, J. S.(1969). *Approach to guidance in contemporary education.* International Textbook Co.

<참고사이트>

네이버 이미지(http://image.search.naver.com)

네이버 지식백과(http://terms.naver.com).

위키피아(https://ko.wikipedia.org).

Cry of an enfant sauvage(www.telegraph.co.uk)

Index

용 어

Index

Index

Index

Index

Index

인 명

저자소개

• 신봉호

순천대학교 대학원 교육학 박사(교육상담 전공)
현) 한국상담평가학회, 전남미래교육연구회 이사
한국아동교육학회 심사위원
국립순천대학교 겸임교수
순천향림중학교 교장
저서: 교육학개론(공저, 동문사, 2015), 학부모와 함께하는 학교교육(공저, 전라남도교육연구정보원, 2013)

• 전상준

순천대학교 대학원 교육학(교육과정 전공) 박사과정수료
전) 순천대학교 교육대학원, 한영대학 외래교수
중학교 2학년 도덕 교과서 편찬 검토위원(1995)
현) 중등교사, 청암대학교 외래교수
한국지역사회교육·문화연구소장
저서: 교육학개론(공저, 동문사, 2015)

• 이수진

전북대학교 대학원 교육학 박사(교육심리 전공)
전) 순천대학교 학생생활연구소 연구 및 상담 조교
전라남도청소년상담지원센터 팀장
재단법인 전라남도청소년종합지원센터 팀장
현) 전북대학교, 전주교육대학교, 순천대학교, 동신대학교, 전주대학교 외래교수
저서: 청소년 심리 및 상담(공저, 창지사, 2013)

• 조영옥

순천대학교 대학원 교육학(상담심리 전공) 박사과정수료
전) 청암대학교 학생생활연구소 카운슬러
현) 순천대학교 외래교수
저서: 교육학개론(공저, 동문사, 2015)

• 조혜영

순천대학교 대학원 교육학(상담심리 전공) 박사과정수료
전) 순천대학교 인력개발원 학생상담실 전임상담원
현) 순천대학교 외래교수
한국지역사회교육·문화연구소 학술담당팀장
저서: 교육학개론(공저, 동문사, 2015), 자유학기제 진로지도프로그램(연구개발, 대전광역시교육청, 2014)

• 김희엽

순천대학교 대학원 교육학(상담심리 전공) 박사과정수료
현) 순천대학교 외래교수
전라남도여수교육지원청
한국지역사회교육·문화연구소 부소장
저서: 교육학개론(공저, 동문사, 2015), 자유학기제 진로지도프로그램(연구개발, 대전광역시교육청, 2014)

• 서동기

경상대학교 대학원 교육학 박사(교육심리 및 교육방법 전공)
현) 순천대학교, 경상대학교 외래교수
한국지역사회교육·문화연구소 기획팀장
저서: 교육학개론(공저, 공동체, 2015), 교육방법 및 교육공학(공저, 경상대학교출판부, 2014)

• 류윤석

단국대학교 대학원 교육학 박사
현) 청암대학교 유아교육과 교수
저서: 유아교육기관 운영관리(파워북, 2010), 실기교육방법론(동문사, 2010) 외

개정판 교육심리학

초　판 1쇄 발행 / 2016년 2월 29일
개정판 1쇄 발행 / 2016년 8월 30일
개정판 2쇄 발행 / 2018년 8월 30일

•

공저자 / 신봉호 · 전상준 · 이수진 · 조영옥
조혜영 · 김회엽 · 서동기 · 류윤석
발행인 / 이　중　수
발행처 / **동　문　사**

•

서울특별시 서대문구 홍제원 1길 12
(홍제동 137-8)
Tel : 02)736-3718(대), 736-3710, 3720
Fax : 02)736-3719
등록번호 : 제9-17호
가격 : 18,000원

•

ISBN : 978-89-8251-855-3(93370)
E-mail : dong736@naver.com
www.dongmunsa.com